珍藏本
纪念版

汉译世界学术名著丛书

欧文选集

第二卷

柯象峰 何光来 秦果显 译

黄鸿森 沈桂高 校

2017年·北京

Роберт Оуэн

ИЗБРАННЫЕ СОЧИНЕНИЯ

ТОМ II

Издательство академии Наук СССР

Москва-Ленинград

1950

据苏联科学院出版社1950年版译出

罗伯特·欧文

汉译世界学术名著丛书
（120年纪念版·珍藏本）
出 版 说 明

2017年2月11日，商务印书馆迎来120岁的生日。120年前，商务印书馆前贤怀揣文化救国的理想，抱持“昌明教育，开启民智”的使命，立足本土，放眼寰宇，以出版为津梁，沟通中西，为中国、为世界提供最富智慧的思想文化成果。无论世事白云苍狗，潮流左右激荡，甚至战火硝烟弥漫，始终践行学术报国之志，无改初心。

逐译世界各国学术名著，即其一端。早在20世纪初年便出版《原富》《天演论》等影响至今的代表性著作，1950年代后更致力于外国哲学和社会科学经典的译介，及至1980年代，辑为“汉译世界学术名著丛书”，汇涓为流，蔚为大观。丛书自1981年开始出版，历时三十余年，迄今已推出七百种，是我国现代出版史上规模最大、最为重要的学术翻译工程。

丛书所选之书，立场观点不囿于一派，学科领域不限于一门，皆为文明开启以来，各时代、各国家、各民族的思想与文化精粹，代表着人类已经到达过的精神境界。丛书系统译介世界学术经典，引领时代思想，为本土原创学术的发展提供丰富的文化滋养，为推动中国现代学术和现代化进程做出了突出的贡献。

为纪念商务印书馆成立120周年，我们整体推出“汉译世界学术名著丛书”120年纪念版的珍藏本，寄望既利于文化积累，又便于研读查考，同时向长期支持丛书出版的译者、编者和读者致以敬意。

两甲子后的今天，商务印书馆又站在了一个新的历史时间节点上。我们不仅要铭记先辈的身影和足迹，更须让我们的步伐充满新的时代精神。这是商务人代代相传的事业，更是与国家和民族的命运始终紧密相连的事业。我们责无旁贷，必须做好我们这代人的传承与创造，让我们的努力和成果不仅凝聚成民族文化的记忆，还能成为后来人可以接续的事业。唯此，才能不负前贤，无愧来者。

商务印书馆编辑部

2017年10月

目　　录

第　二　卷

1836—1849 年著作

附录(一)

在《危机》杂志上发表的论文和通知

《新道德世界书》摘译

[1. 关于僧侣及其危害][1]

能够享受美好社会的快乐,特别是可以按照自己的意愿同自己最尊敬和最爱慕的人交往。

人在为了保障人类幸福所作的一切尝试中,时常犯下严重的错误。人犯了很多错误,但是始终没认识到:他选择的道路是不正确的,他采取的措施只会造成罪恶和灾祸,而不会产生美德和幸福,在这种情况下,他的行动总是缺乏任何可靠的依据,处事总是盲目不清的。

古往今来,人们在追求幸福方面所犯的错误,莫过于在哪些人应该彼此结合和哪些人不应该彼此结合[2]的问题上所采取的人为的和反自然的措施。之所以采取这种措施,是由于受了全世界的僧侣所制造的妄诞观念和习惯的影响。

自然赋予人们以某些能够吸引他人的品质;这些品质在某些

---

① 我们在这一部分选译了欧文的《新道德世界书》(1842—1844 年)的数章,对于理解欧文的社会思想极为重要,并且可以独立成篇。方括号里的题目是本选集的编者加的。这一章是依据《新道德世界书》第 3 篇第 8 章原作编成的。——俄译者

② 欧文所说的人们的结合,首先指的是结婚。参看本卷第 5—6 页。——俄译者

人身上比在另一些人身上表现得较多。在迄今存在的这种荒谬的社会制度下，人们吸引人的特性比较少，不够发达，不太稳定，不像在可以培养和训练男男女女获得有理性的人的特性并使他们学会理解自己的本性的社会中那样。

在使人们处于能从美好社会得到**快乐**的环境中以前，必须先建设这种社会。现在到哪里能找到这种社会呢？要到哪个国家、哪个地区去找这种体现美好社会的人们的结合呢？在人间暂时还找不到这种结合。全世界的僧侣和他们的黑暗王国，使得这种美好社会的建设和一般存在成为不可能。“美好社会”的精髓是知、慈、善、爱、诚。

这些品质怎么能够同僧侣阶级并存呢！僧侣阶级经常告诫人们必须按照他们的任意指示去信什么和爱什么，而这在可以说真话或写真事的社会状态下，就会构成人所能犯的最大的罪行。

只有男男女女经过教育，在感情、思想和行为上成为有理性的人，没有欺骗或犯罪的动机，而是用纯朴而适当的语言说真话，才能把美好的社会建设起来。

产生僧侣阶级的谬见，僧侣在长期统治中借助于他们所玩弄的玄妙、虚伪和各种荒谬行为所制造的谬见，使人类变得矫揉造作，缺乏理性，以致人们现在不相信自己可能成为诚实的、善良的和幸福的人。他们说，这种恶将永远存在下去，因为“人就其本性来说是有罪的”。

僧侣阶级首先采取最有效的手段去制造恶习，并迫使人们学坏，而在达到它的目的以后，又变换手法，说什么“人就其本性来说是有罪的”。

这些谬见和这种手法由来已久，以致目前这一代僧侣已经养成一种真正的信念：好像他们是全体活人中的佼佼者，好像他们学到的一切不但是真理，而且甚至是**神的**真理。但是，这是一种相当简单的真理。因此，被他们当作神的真理教给人们的一切，一般都是同简单的真实情况相矛盾的。当人们自以为了解超自然的现象或超自然的存在的时候，那就表明他们已经变成没有理性的人，而不管他们是愚蠢到真正相信有超过人的理解力的东西也罢，还是一面高谈阔论什么人的健全思想和来自可感知事物的直接信念不容许他们行为放纵，一面却背道而驰也罢。

尽管全世界的僧侣过去已经表明是一种非常有害于人类和破坏人类幸福的势力，而且现在仍旧是这样，但是其中个别的教士，由于僧侣制度在一向有僧侣阶级的各国占统治地位而感到十分苦恼。教士们变成装腔作势很不自然的人，头脑里装满许多虚假的和无用的观念，而且有一套专门用来迷惑僧侣本身和欺骗他人的非常有害的辞令。

以往所教的一切神学，世界目前所知的一切神学，不但无益，而且有害。要使人类树立理性思想，第一步是应该采取有效的措施，以保障而且要好好保障各教派僧侣的生活，因为他们是社会的产物；第二步是应该废除僧侣制度；第三步是应该销毁一切制造缺乏理性的神学著作，因为现在操各种各样语言的人都受着这种缺乏理性的折磨。

人们可以给后代作出的这一极其伟大的贡献。随着仁慈、幸福和知识的增长，这一点总有一天会实现，而且已经为期不远了。但是，要做到这一点，不能使用暴力，不能为过去遭受的苦难而怀报复之心，而是要依靠对我们的嫡系后裔和一切后代的最纯真的爱。

因此，当僧侣阶级不再给人们制造痛苦，不再破坏人的理性的时候，理性制度就不难建立。这种制度将使人人都能受到这样的教育和过着这样的生活，即每个人都为一切人创造最大的利益，而且“能够享受美好社会的快乐，特别是有可能按照自己的意愿同自己最尊敬和最爱慕的人交往”。

从人的本性来说，最大快慰就在于此。因为十分清楚，与我们衷心热爱的人同居茅舍，共度清贫，比起身居华屋，享受富贵，而却不得不与自己所不尊敬或不爱慕的人相处周旋来，能得到多得多的精神上的满足和持久的幸福感，尤其是在这些人的气质与我们不相投，使我们不能爱他们一伙和不愿同他们打交道的时候。

全世界的僧侣阶级通过自己的错误领导在人们身上产生令人不快和引起反感的特性，却不采取适当的措施去防止这种特性的产生。他们培养这种特性或者不用极其简单而自然的办法去预防它们，结果造成一种制度，迫使成为他们奴隶的穷人相互进行违背双方的一切自然情感的密切而经常的交往。如果不说这是地地道道的发狂行为，那就很难说还有什么是发狂行为了。

如果在每个人出生以后，就只根据人类特性在这个人身上的具体结合，细心地培养出符合他本性的优良的、最完美的和令人喜爱的品质，如果人们说的都是真话，而且有高度发展的智慧和最良好的习惯，那么，人们就会拒绝强加给他们的结合。这种结合受到僧侣阶级的支持，或者出于现在依然发生作用的其他违反自然的人为原因，或者出于某些其他理由，但绝不是出于真诚的尊敬和爱慕。

如果把社会改造得(目前容易办到)使每个人都受到旨在获得高度的理性、最好的习惯和只会令人喜爱的品质的教育,如果在这种措施以外,再加上现在能够容易实行的其他措施,使社会有可能热火朝天地为每个人生产丰裕的财富,那么,一切人类社会都将成为美好的社会,人们也将只同他们所喜爱的人交往。但是,人们的这种状况,这样的交往,社会的这种性质,是与现存的毫无用处的制度逐渐形成的粗暴的、无知的、虚伪的、荒谬的和没有理性的目前社会截然不同的。我们的孩子对这种鄙陋而困苦的生活条件竟能保持如此长久,对他们祖先的无知能够延续这么多世纪,一定会感到吃惊。

人类社会由于缺乏真正的知识而变得非常复杂。下一代的一切人将在童年的时期就能轻而易举地完全懂得人们现在甚至在个别部分或细节上都没有弄清楚或完全没有懂得的东西。人类本应养成互相关怀照拂的感情,培育引人喜爱的品质,从而使人们彼此之间相亲相爱,可是,全世界的僧侣不但不培养人们具有仁慈心怀,甚至不教人们懂得什么是真正的仁慈心怀。人们不但没有获得令人喜爱的特性,甚至不懂得究竟怎样才能养成个人的令人喜欢的品质,更不用说整个人类了。

在新道德世界中,在新的世界中,在不久就要产生的世界中,在复兴的世界中,当人类得到新生和获得新思想、新感情、新精神、只说真话的新语言、新道德、新习惯和新行为方式的时候,所有的人都必然会彼此相爱,每个不耍滑头的人都将感受到爱情,人人都能得到他人的爱,而且大家都会知道什么事情是最值得赞扬的。

使人类变得温和的爱，是悲哀中的慰藉，是人类社会中的最高的喜悦和最大的快乐的源泉，它不会使人堕落到淫乱的地步，而且不能用任何东西来换取，除了用同样纯洁的爱以外。这种爱不是僧侣阶级的无知所强加于人的爱，而且也不是只为了僧侣阶级的利益和需要而强加于人的爱。这种爱不施于在公私生活方面有各种各样的恶习和罪行的人。爱这种人，只会给全人类招来欺骗、虚伪和灾难，生育出在身体上和智能上满是缺陷的可怜的后代，从而使人们远远不如许多禽兽，且不说不如大多数禽兽；人只是在发明各种破坏性机器和工具方面超过了禽兽，现在人们就是靠了这些机器和工具施展残忍的阴谋诡计，才使得禽兽屈服于自己。

现在，爱经常变成一种卑贱的感情，并且由于力图牺牲其他各界人们的利益以保障自己持久的幸福和权势的僧侣阶级的错误行径，也在使人变得卑贱。在理性社会中，这种爱将成为一种使人的性格高尚起来的感情，教人们把高尚的精神和品格作为一种美好的东西接受下来，从而使人有能力把赞美与爱结合起来，而不必担心和害怕遇见别人的某种抵触或厌恶的情绪。

如果采取合理的措施生产和分配现在就能够生产和分配的足够供所有人享用的大量财富，如果每个人的性格用现在就能够用来培养一切人的性格的那种方法进行培养，如果对人们的管理用现在就能够实行的那种管理人们的办法进行，那么就会到处产生使人类幸福的情感，就会产生一种完美的爱，这种爱会把各种惊恐、各种畏惧和人与人关系中的疑虑心理一扫而空；人类将不知嫉妒心和复仇心为何物。因此，人们将在历史上第一次成为有理性的人，他们的情感、思想和行为将永远彼此和谐。这种情感、思想和行为，与目前住在地球上可居地区并且滥施人力、极尽骨肉相残之能事的无理性的人的情感、思想和行为是截然不同的。

这一伟大的变革在人类前进运动中理应实现的时日已经来到，而在这一变革完成的时候，大地就会变成人们有史以来一直向往的人间天堂。

[2. 关于迷信][①]

破除迷信，不怕超自然的东西，不怕死。

什么样的意识能够无动于衷地静观人类自古以来因为迷信、怕超自然的东西和怕死而遭到的骇人听闻的苦难呢？迷信、怕超自然的东西和怕死，是人类生存的灾祸，引起了人类智力的衰退；它们使全世界的僧侣确立起权力，它们是人类丧失理性的第二个原因。

迷信、怕超自然的东西和怕死，早在人类蒙昧无知和毫无经验的时期就已有之，它们使人类陷入理智无光的黑夜，必须熬过黑夜，方能看到由经验带来的知识的曙光。只有这种知识才能驱散这个恐怖之夜的黑暗。在这个黑夜里，人们就像疯子一样，干着流血、破坏、屠戮和残杀的勾当。在这一时期，人们说的话全是谎话，他们的一切行为全是还没有脱离最粗暴的无理性阶段的生物的行为。

当人尚未脱离这一理智的幼稚时期的时候，不能期望他成为有悟性和有理性的人。怕超自然的东西和怕死，使人变成了世界

---

① 《新道德世界书》第 3 篇，第 10 章。

上最受压抑的精神奴隶。甚至在大不列颠这个被人认为比其他任何国家都有较大的公民自由和宗教自由的国家，它的居民，特别是小城市和乡村的居民，即使不同意僧侣的迷信观念，也不敢发表自己的看法，因为害怕他们的事业会受到损害或失掉工作；对于劳动人民来说，这是剥夺他们的生计的另一种方式。现在，这个理智衰落时期应该结束，而要求并支持人的信仰自由权利（这是人类的自然而不可剥夺的权利）的政党应当前进。这个政党应当确立思想自由，使人们变成有理性的人，最后获得人的本性所固有的身心快乐。

目前，甚至全世界都泛滥着迷信、怕超自然的东西和怕死的思想。尽管这种恐惧的、这种无意义的形势和仪典的名称是那么多种多样，可是精心散播在儿童心中的这种恐惧的种子却逐渐使僧侣阶级在财富和权势方面获得丰收。

一切为人所不能理解的东西，一切对于人来说仍然是不可思议的东西，一切削弱着人的意识中各种理性力量的东西，和人有什么关系呢？

只要人处于迷信、怕超自然的东西或怕死的思想的影响之下，他就不可能成为有理性的或善良的人，他自己也没有理由奢望被认为是有理性的人，而不被看作是无知的、无理性的、一味妄想比其他动物聪明的动物。虽然一切活人的最大目的都是为了获得幸福，而人的一切行为却在证明他是一切动物中最缺乏理性的动物。

犹太教徒认为基督教徒胡说八道，基督教徒认为印度教徒胡说八道，而印度教徒则认为伊斯兰教徒是狂人。可见各种迷信都在迷乱信徒的智力，使他们只认为异教的迷信才是荒谬绝伦的。

人们啊，你们这些看不见过去、看不见现在、看不见将来的瞎子啊！这样的日子会很快到来的，那时候你们会停止狂奔，反躬自问：上帝或自然力从古往今来发生的宗教战争、屠戮和残杀中究竟能够得到什么好处呢？在人们关于人的理智所不能理解的超自然的事物的争论中，究竟含有什么理性的火花或健全思想的种子呢？既然一切有机物都有出生、成长和死亡的过程，那么为什么要向人们灌输恐惧的思想，使他们被死亡的预感折磨得终生不幸呢？自然界的真谛是：由数量显然不多的元素创造出多得无法胜数的有机物。这些有机物经过或长或短时期的生长，然后衰落或解体，以便再在其他生物体中改组和再造。这是自然界的普遍规律。人为什么仍然不知道这一过程呢？这一过程为什么要引起人的害怕和惊慌呢？灌输恐惧思想只能使人在身体上和精神上成为软弱和不幸的人；全世界僧侣的欺骗手段和胡言乱语，至今给人类所造成的只是这种结果。

现在，谁从这种欺骗、荒谬和疯狂的制度中得到好处呢？任何一个人和任何一个动物都没有！这种制度使人对自己、对同类、对其他动物都很残酷无情；废除这种制度以后，人很快就会变成圣人，对待一切创造物都怀着知、慈、善、爱。他一有机会使一切有生命的东西得到为其本性所能接受的幸福就感到快乐；他将保证人人获得依靠我们自然知识所能达到的最大幸福。

不要向人们灌输怕死的思想（这是幼年教育的一个问题），而要教导他们正确地认识死亡，即把它看作是自然界普遍规律。这一规律是无法排除的，大概不仅是必要的，而且可能对于一切有生命的东西的最终结果也是极其有利的。因此，从幼年时期起，就要使人们理解一切与我们所知道的各种自然规律有关的东西，让他们熟悉直接影响个人和人类的规律，教导人们不要害怕不可避免的东西，甚至要感到高兴，因为他们已经度过充满理性、幸福的一生，在自己沉沦之后，将要经历无穷无尽的更新，成为完善的存在。因此，不要无目的地和无理性地虚度一生，不要破坏理性生活的可能性，而要使每个人的这种生活成为更有自觉、更有兴趣的和更加充满高尚快乐的生活。

人类接近理性生活时期的真正标志是：在人类的教育制度中不再宣传迷信、怕超自然的东西和怕死的思想。所有这些荒唐的东西将为对自然规律的直接研究所代替。自然规律不是来自我们的无知而缺乏经验的祖先的混乱观念，而是来自明显的、不变的、现在和将来都永远如此的事实。

在这种变革没有实行和人还没有成为有理性的人的时候，人就不会获得本身幸福所需要的条件，而只能是软弱无力的可怜虫。

[3. 居民的一般制度][1]

当社会根据三个合乎真理的基本原则进行改造，并按照关于社会的科学采取有关生产、保管和分配财富，有关培养性格和有关大大改进管理制度的种种措施的时候，立刻就会发现：财富的生产大有盈余，财富的保管和有利于全体成员的分配成为一种愉快的

[1] 《新道德世界书》第 6 篇，第 4 章。为了避免重复，翻译本章时删去了若干段落。——俄译者

消遣和慰乐；任何人都不需要或没有理由为私有财产操心和担忧。这如同住在源源不绝的溪水旁边的人，不会有任何念头和理由去自找麻烦，把水一罐一罐地或一桶一桶地收藏起来，以备不时之需；他们知道，保存这种多余无用的水，只是白白耗用罐、桶，以及时间和空间而已。

借助一些简单而合理的措施，社会现在就能随时掌握它所需要的一切财富，而且绰绰有余。利用百年来的发明和发现，根据科学原理组织起来的、采取简单而合理的平等和正义原则进行管理的社会，可以在每天不到四小时的有益而愉快的劳动条件下，拥有丰裕的质地优良的产品。因此，在这种社会里，为财富而争夺或竞争就不再有合理的根据了。总有一天，这种斗争将随着事物的自然趋势而不复存在。这个时代即将到来，而如果欧美各国政府能够真心诚意地团结起来，实现它们本身最高利益所要求的改造社会的事业，这个时代就会很快来到欧洲和美洲。这项事业不能再拖延或回避了，免得由此招致普遍的暴力革命。人们为了个人的发财致富进行疯狂的斗争，使劳动者阶级饱尝压迫和无法忍受的痛苦，这将引起暴力革命。

私有财产过去和现在都是人们所犯的无数罪行和所遭的无数灾祸的根源，所以人们应该欢迎新纪元的来临。在新纪元里，科学取得成就，人们懂得了培养一切人的完美性格的方法，这就使得继续为个人发财致富而斗争不但成为多余，而且对一切人都非常有害；这种斗争给下层、中层和上层阶级带来的害处是不胜枚举的。拥有私有财产，可使它的持有人变成无知的利己主义者，而且这种利己主义的严重程度通常与财产的数量成正比。

私有者是这样利欲熏心，以致其中的很多人，虽然财富年年增加，大大超过他们的合理需要，可是在看到或听到每天有成千上万的同胞因为富人不给工作而死亡的消息时，却无动于衷。富人常常为了豢养那些糟蹋劳动人民所创造的并为他们的生存所需要的财富的野兽，剥夺掉穷人的工作机会，然后再去扰乱劳动人民的安宁，消耗自己的时间和精力，用极其残酷的方法来消灭为供愚昧、自私、没有理性的富人——其实是衣冠禽兽——消遣而受到保护的野兽①。可以非常公正地指出，私有财产对人类害处极大，以致往往把富人变成两脚兽，他们生活中的最大快感和乐事就是消灭四脚兽或两脚禽。这显然可以证明：社会离开粗鄙的野蛮状态没有多远。

此外，私有财产还在不同方面损害着私有者的性格。它引起私有者骄傲和虚荣，喜欢不正义行为和压迫别人，而完全不顾同胞们的不可或缺的自然权利。私有财产把私有者的思想局限在只顾自己的狭隘范围内，妨碍人们去考虑有关人类康乐的远大问题，以及去了解那些可以大大有助于改善人的性格和生活条件的伟大的普遍思想。私有财产把人的思想禁锢在关心私利和琐事的圈子里。如果私有者生下来就得到教育，不受他固有的获取和保存私有财产的欲望的有害影响，他就可以学会懂得共同利益和远大思想的优越性，可以认识关于社会的科学和社会的生活，而沾染不上一点局部观念。要知道，这种观念是被称为社会的那种欺骗和混乱局面的一个小小组成部分。

① 作者指的是狩猎和英国地主贵族为狩猎而把普通田地改成猎场。——俄译者

私有财产使人们的思想彼此疏远，成为社会经常产生仇视的原因，也是人们中间不断发生欺骗和讹诈的根源，并且引起妇女的卖淫。私有财产是我们所知道的人类历史中以往各个时代发生战争的原因，它引起了无数次的屠杀。

目前，私有财产是贫困的唯一根源，由于贫困而在全世界引起各种无法计算的罪行和灾难。它在原则上是那样不合乎正义，如同它在实践上不合乎理性一样。

在合理组织起来的社会里，私有财产将不再存在。即使对它有过某种需要，或者它在机器和化学开始占支配地位以前有过用处，可是现在，它就完全没有用处了，而成为一种无可置辩的邪恶，因为从地位最高到地位最低的每一个人，在有科学根据的社会制度下，终生可以保证得到一切对人真正有用的和可以创造永久幸福的东西，而且比为了取得和保存私有财产而使用斗争和竞争的方法所能获得的东西要充裕得多。

此外，私有财产还经常阻挠和妨害实行对人人有利的社会措施，而这种情况常常只是由于受到错误教育的人的怪癖和任性造成。

当纯粹个人日常用品以外的一切东西都变成公有财产，而公有财产又经常能够绰绰有余的满足一切人需要的时候，当财富的人为价值不再存在，而所需要的只是财富的内在价值的时候，人们自然会了解到财产公有制较之于引起灾祸的财产私有制具有无可比拟的优越性。

在正确组织起来的和有科学根据的财产公有制度下，人人都受同样的教育和处于同样的生活环境，就不再有买卖婚姻或不平等的婚姻,不会再有学坏了的儿童,而现有制度的错误所产生的一切邪恶将全部绝迹。可是在目前,渗透到生活的一切方面而且是非常不合情理的荒唐举动,却被公认为社会秩序。

事实上,只要人们受到适当的教育,并处在符合于社会的最重要和长远的利益的环境,在公有制条件下同在私有制条件下比较起来,所节约的时间、劳动和资本,将超过人的理性所能想象的程度。仅只一个不列颠帝国,这种节约每年就可以达到几十亿英镑。目前进行的个人发财致富的斗争,造成社会各个方面的极大的不合理和浪费,并损害着人的本性的十分良好和高尚的品质,同时也在助长和煽起一切卑鄙的情感和欲念……

旧制度是在承认人对人负责的原则的基础上,借助奖励和惩罚的手段行事的。

人对人负责的原则是从一个最简单的假定出发的。这个假定就是认为人生下来就有能力习得自己所希望的任何一种性格,按照自己的意愿相信什么或者不相信什么,从自己的独立意志出发对一切人和事物表示爱,表示憎,或者表示不关心,这种独立的意志可以使人在这一切方面随心所欲地行动。

因此,现行的制度实质上是依靠人们违反自然法所制定的奖惩规则来支持和管理的一种制度。这种制度是人为的,它始终在制造犯罪和灾难;犯罪和灾难日益增加,因而又要求制定新的法律来纠正旧法律所必然给社会带来的祸害。人们就是这样永无休止地增加人为的法律来反对自然法,但始终毫无成就。完美而有益的自然法,如在完全与之相适应的条件下加以彻底应用,就会不断扩大人类的知识、善行和幸福。

由于把始终同自然法相抵触的人为的法律强加于各国人民，并且不断增加这种法律，妄想由此修正以前公布的种种法律，所以世界已经变成并继续成为犯罪的世界，而且随着这些人为的法律的增加，犯罪事件也有增无已。

人为的法律旨在维护不正义的行为，赋予压迫者和一般不本分、不诚实的人以额外的权力去欺负无辜和正直的人。只要社会准许人为的法律、法律家和一切司法工具存在，这种后果就是不可避免的。

但是，仅用关于人性规律的知识去教育人们，是不够的；还要从人们出生以后就教导他们按照所获得的知识去行事；一切社会生活条件，都应当适应这些自然法，而不要按照至今仍然存在的人为的法律。

自然法本身决定着应当施用于人类的唯一公正的奖惩；自然法在一切情况下都足以达到自然界所提出的目的，足以保障一切国家和各种气候条件下的人民得到幸福；它们与毫无意义而没有远见的人为的法律不同，始终符合于为它们所提出的目的。这一目的显然在于增进人的知识和幸福。人靠自然法获得了现在拥有的知识。人在体验到痛苦和感受到或设想到快乐的时候，经常觉得身上有一种追求新的发现和发明的动力。

但是，人是在用自己所制定的法律来培养自己的性格和管理自己的条件下成长起来的。人的习惯、作风、思想和思想体系，都直接或间接来自这种人为的和有害的本源。结果，人们的意识、语言和生活习惯就陷入混乱状态。这种在个人的性格和行为上的混乱，引起了一切社会事业方面的更大的混乱；最后在整个世界上，人与人彼此仇视，民族与民族互相敌对。但是，自然界本身却使人们相信：只有人与人联合起来，民族与民族联合起来，人类才会获得高度而持久的繁荣和幸福，或者成为有理性的人类。

但是，只要人和全社会还保存这种没有理性的性格，具有这种性格和受尽它的一切害处的人在若干时期内还得用这些非常有害的法律来进行管理。自然法只有在与它相适应的社会中才能应用。

当这种理性的社会建成，而人们不管是个别和全体都学会按照理性社会原则行事的时候，人为的奖惩制度就将不复存在，而且永远不复存在……

“理性的社会制度”，在原理上和实践方法上，都是统一和不可分割的；它的每个部分都是为整体而存在的。这个统一的、长久的和内部协调的制度，以培养一切人的性格和管理他们的事务为宗旨；它基本上是**预防**邪恶的制度，使个人的奖惩成为十分多余的东西，因为这种奖惩是如此不义和有害。相反地，以谬见为基础的现行制度，如不采用个人奖惩办法，就不能继续存在下去；这种由人制定的个人奖惩办法，尽管对于那些本身没有创造自己的任何特性和不知道自己的本性的人来说很不公平，但在整个制度存在期间，仍要存在下去。

当无理性的社会制度消灭时，个人奖惩、无知、低级的情感和欲念、犯罪和贫困都将立刻消失。**当邪恶的原因消除时，邪恶本身也将消失，但它的消失不能早于前者**。人类的灾难的根源，正如已经一再指出的，是三种主要谬见：认为人的性格是自己形成的，认为人能够随心所欲地相信什么或者不相信什么；认为人能够随心所欲地对人和事物表示爱憎、爱好、不关心或嫌恶。只要这些谬见和由此而产生的行为继续成为社会制度的基础，邪恶的根源就要永远存在下去，继续发生作用，不断制造苦难。人的最重要事情就在于发现苦难的**根源**和幸福的**根源**，消除苦难的根源，牢牢地**创造**幸福的根源。

个人奖惩本身就是灾难的经常**根源**，而三种主要谬见又把个人奖惩作为这些谬见继续发生作用的必要条件。因此应当消除这些主要谬见，使产生邪恶的**根源**不再发生作用。

如果只对社会制度进行局部改革，那就不能消除邪恶，人也不能达到愉快享受理性的幸福的生活的境地。现存的制度及其全部机构、社会划分和个人奖惩办法，如果不是同它所造成的痛苦、灾难、争夺、堕落、无数的惊恐和混乱一起继续存在下去，就得完全废除，以便让位于具有正确原则和良好作用的新制度。这种新制度一旦完全实现，就不是使少数人、一个民族或地球上一部分居民永久幸福，而是使全人类世世代代永久幸福，并且使幸福一代代地提高，永远不会倒退。

旧社会的人只是到现在才恍然大悟，开始明白个人奖惩制度是错误而有害的。他们不禁要问：人的哪些特性和个人的体、智、德方面的哪些特性是由本人自己创造或预先决定的呢？或者人出生以后所处的环境有哪些是由人自己创造、安排和决定的呢？人是不是能够解决——哪怕是解决很少一部分也好——下述问题：他将出生在什么时候和世界上的什么地方？他将出生在欧洲、亚洲、非洲还是美洲？他可以生为太平洋上的岛屿的居民吗？他将在哪个王国或地方出世？谁将是他的父母——他们是属于当今的王族还是属于农民阶级或者其他哪一个阶级？他的语言、迷信、习惯、作风将是怎么样的？他的思想和思想体系将是怎样的？

这种重要的和对人有决定性作用的环境，构成了人的情感、思想和行为的基础，既然人丝毫也不能影响环境，那么，他生在这种环境以后，还有什么可能来创造自己的任何一部分未来生活的条件呢？未来的生活条件在由此创造出来的基础上发生作用时，将像日积月累一样，逐日地促进人的性格的形成。

这些事实，如果得到合理的重视，就一定会使那种过去和现在把个人奖惩变成不可避免的东西的制度归于消灭；要知道，如果没有个人奖惩的影响，违背自然的错误的制度就不能存在。奖惩本身是人所创造的一种环境，用来促使他的同胞在违背他们的本性和自身幸福的情况下去感受、思考和行动。但是，这些个人奖惩，在从无理性制度向理性制度过渡期间，还要继续存在。而当人人自幼就学会理解自己本性的规律时，当人人受到教育能够始终按照这种规律行事时，当他们周围的环境符合这种理性规律时，引起必须应用个人奖惩的原因就会消失。从此以后，个人奖惩的不义性质和有害影响将为人所共知，以致它们要被永远消灭……

只要人类还分成各个独立的家庭，每家都有私有财产，家庭成员可以占有或分得家中的财产，自然法就不可能发生作用。引起人与人之间或民族与民族之间利害冲突的个人主义，同以自然法为基础的制度不能同时并存。拥有私有财产的家庭的这种独立的利益和单个的组织，构成现在的无理性制度的重要部分。应当把它们连同整个制度一起消灭。代之而起的，应当是有科学根据的协作社，由男女老幼按照通常的数量比例组成，人数从四五百人到两千人；这种公社将组成一个统一的大家庭，每个成员将尽其智能彼此团结互助，而公社与公社之间也用同样方式联结起来。大概，最好根据当地的条件，先从组织三百、四百或五百人的协作社入手，同时应该建立和组成这样一种协作社，即在完全实现后能够成为一个拥有二千或三千人的联合家庭，并保证成员的丰衣足食。

这种联合家庭是崭新的人类社会组织的基层单位，人人在其中都将获得新的思想、新的情感、新的精神，并具有与旧世界的人完全不同的品行。为保障这些家庭的居住、工作、教育和娱乐而建立的制度，将完全不同于目前存在的生活制度。在这种新制度下，大城市所造成的邪恶将被消除，同时新的公社将把大城市的一切优点集中于一身，而没有大城市所造成的任何害处。公社的每一个成员从广阔的土地上得到的好处，将大大超过在目前的个人主义社会制度下最富有的地主所得到的好处。

受到这种教育的每个人，处于上述环境中，体力和智力将随着联合家庭人数的增加按比例地上升。从基于共同利益而联合起来的家庭的这种扩大中所能得到的利益，远远超过人们所能想象的程度；应当从实践中去观察和体验这种利益。这种新式的大家庭联合，在财富的生产和分配上，以及在性格的形成和地方管理上所节约的时间、劳动和资本，将相当于用完善的机器代替手工劳动（比如，用一台同时纺两千锭纱的机器代替一个纺一锭纱的成年工人）所节约的东西。由此还可以产生其他成千上万种好处，这些好处都是这一前程远大和经过周密考虑的制度的结果。

由于实行新的制度，整个社会生活将大大简化，这对于社会本身十分有利，而且具有许多优点。因为人们出生以后受到的教育使他们在成年以前就成为有理性的人，所以这个制度的整体及其许多细节就容易为男男女女所理解。

每个联合家庭，在整体和基本制度的许多方面，将成为其他一切家庭的模范。向人们提出的要求，只是要他们参加财富的生产、保管和分配，从出生后就好好受教育，管理联合家庭，而不使用强制或欺骗方法，但要遵守秩序，并协助管理一定地区的许多这种联合家庭。此外，在大家感到需要时还应采取措施，进行合理的娱乐和休息，使整个生活变成适应不同年龄的健康而愉快的休息。人们的生活可以轻而易举地变为一种愉快、合理而总是饶有兴趣的娱乐。

当人人出生以后就受到教育，培养出良好的习惯、爱好、作风和善良的行为的时候，当人人都获得有用而宝贵的渊博知识的时候，当人们都被纯洁的博爱精神所鼓舞，同时不只表现在口头上，而且每日每时都付诸实施的时候，当人们用自己的受到合理指导的辛勤劳动为大家生产出丰富物资的时候，当出现大家都清楚理解的一致利益的时候，当目光所及的任何地方一切都处在十分完美的外部条件和事物之中的时候，当人人都受到真正愿意帮助他人获得幸福的教育和培养，并为此而掌握了广泛的机会和知识的时候，生活就会变成饶有兴趣的娱乐。

建立这种规模广大的联合家庭，加上在产品的生产、保管、分配和消费方面，以及在教育和行政管理方面采取其他一些非常重要的经济性措施，就能使土地出产的生活资料所养活的人数，比在目前这种铺张浪费的、极其荒诞的、个人主义的、造成竞争的、腐化堕落的社会制度下至少多三倍……

简单说来，我所提出的各种措施归结起来就是要求放弃至今仍然是社会基础的当代那三种十分明显的谬见，承认三项真理，并用上述的三项真理代替三种谬见;一旦这些真理适当地和完全地确立起来,任何一个有健全理性的人都不会对它们表示怀疑。

什么东西能比刚才所说的思想更加简单明了呢?但是,还没有一个人的思想开明和发展到能够想象出这种变革使人类得到永久保障的那些优越之处。

至今,还没有一个人从保持这三项错误原则或其中任何一项原则中得到过好处。相反地,却没有一个人不因保持这些原则作为社会制度的基础而受到了极大的害处。

不可能有任何一个人由于承认三项真理是新社会制度的基础而会受到丝毫损害。

不可能有任何一个人没有从这一变革中得到重大的好处。

但是,人们出生以后就是在这三种谬见及其不可避免的实践后果的基础上成长起来的,他们所造成的缺乏理智的现象是如此严重,以致全世界的人类现在都对消除人类社会各种邪恶的原则或根源的可能性,对承认人类社会各种善行的原则或根源,表示极端的仇视。前一种原则或根源是一切虚伪和欺骗的原因,后一种原则或根源是真实和正直的原因。

人的思想和情感的这种状况,是他们自幼就在三种谬见及其后果的基础上形成起来的性格的自然结果。

谬见是如此严重,使人类不可避免地在他们的相互关系方面,变得至今一直比任何一种禽兽都更加缺乏理智。用这种谬见教育出来的人,自然要敌视这个极其简单的真理,好像这个真理对于他们的幸福毫不相干似的。正因为如此,才出现各种各样的说服力不大的而且往往十分矛盾的意见,反对用真实的原则代替虚伪的原则,或者反对用最有利的实践措施代替最有害的实践措施。

现在有许多人说,在人口有限的国度或面积不大的孤立地区,根据科学原则建立一些有两千人的家庭协作社可能是合适的,而在庞大的国家或帝国,这种措施就不适当了。

实际上,情况恰恰相反。在科学基础上组织起来的大规模的家庭协作社,是十分适宜而且特别应该加以推广的;有了利益和情感的固定的结合,有了诚恳的同志式的关系,它们将由一个区推广到另一个区,直到普及到全郡;然后,再由一个郡推广到另一个郡,直到普及全州或全邦;随后,通过联合各州或邦的办法成立一个王国,最后组成一个大帝国。到那时候,团结在兄弟般的大家庭中的人类,将和平而协调地分布于全球,包括陆地和海洋,把地球作为大家公有的家庭领地;到那时候,就没有争夺、嫉妒或竞争的根据了,而出生以后就受到理性的培养和教育的每一个人,将变成在任何气候地带和任何地区中都有可能享受各种快乐的主人翁。人人只要用自己的智力和体力去从事有益而愉快的工作,都将拥有充分权利、各种手段和一切机会来享受生活的乐趣。

随着这种新家庭协作社的扩大,它们将团结起来解决局部或范围更广的任务,而且最初由几十个协作社联合起来,然后随着需要它们参加处理、研究和领导的问题和工作的增加,再由几百个、几千个和几万个协作社联合起来。

在这些协作社中间没有优劣之分,不存在那种从事征伐或用暴力和欺骗方法吞并弱邻的王国或帝国;它们不设立开支庞大而有害的外交机关;它们没有破坏性的正规军队,不必用正规军队去保卫这些帝国,或监视其他民族或国家的行动,以防备邻国有什么不轨行动，或防止它们谋取什么不正当的利益。

这种光明的、单纯的、团结的和有理性的社会状况，将与目前的复杂的、混乱的、无秩序的、涣散的和无理性的社会状况截然不同，以致一切人的思想中到处都充满着一种普遍的信任感。现有的各种低级情感和欲念，将失去产生的基础；那种把上述三种谬见从人一生下来就顺利地向人的意识中灌输的根深蒂固的狂妄举动，将完全不复存在。

每个家庭里将永远洋溢着和平的气氛，到处是欢乐的活动，到处有丰裕的财富，货币将变成废物；人们将不再想从事牧师、法学家和医生等无意义的职业，因为这些职业不但对社会无用，而且有害；战争当然要一去不复返了；这些有害行业所浪费的大量时间和劳力将保存下来，而它们对智能的破坏将得到制止。当新的制度已经根深叶茂，使目前的混乱制度下的实际措施都成为无的放矢的时候，便不再有买卖交易，而一般按价交换物资的任何必要性也不存在了。在消灭掉三种主要的谬见、代之以三项真实的基本原则以后，这个时代就会到来。

生活中的主要事情将是生产财富，享用财富，培养一切人的合乎理性的性格；同时，人们将只知道一种工作和一种快乐，那就是经常增进世界上的欢乐和美丽。除了不断积累各种知识，以减少人生中的一切不健康或不愉快的工作以外，这将是社会上唯一的工作。现在，科学知识已经十分发展，以致在合理的社会制度下，通过科学地组织社会和适当地管理社会，可以使每个人都生活得愉快，并且随着人口的增加，可以着手把地球变成永远充满着和平和幸福的人间天堂。

如果组织起由几十家、几百家、几千家等联合而成的能用各种方式互相帮助和彼此协作的大公社，如果完全消除掉可以引起相互矛盾和彼此敌视的条件，那么，知识的增进所取得的发现和改进将超过现在所能设想的一切；一切人所受的教育和所处的环境，都将使他们能用最完善的方法，把自己的力量用于各种艺术和科学活动，而且不必保守秘密，因为一保守秘密，他们的发现就得不到广泛的支持。

在像目前英国人所处的那样条件下接受教育和训练、从事工作和生活的居民，同在理性的社会状况所具有的条件下接受教育和训练、从事工作和生活的同样数量的居民之间是存在着差异的，如果能把这种差异了解清楚，就可以多多少少知道后一种社会状况每年会比前一种社会状况多获得什么成就；但是，在目前条件下培养出来的人，即使他有最先进的思想，也不能正确地评定这两种对立的生活形态之间的重大差异……

在建立现存的社会时，人们没有表现出远见和明智；这种社会没有依据那种经过彻底了解和付诸实现就能建立起对人类的一切部分和各人都合理而有益的制度的根本原则；只有在同极端的贫困和周围的苦难形成对照的人生的短暂时期，才可以见到例外的情况。

在被称为人类知识发展到先进时期的现阶段，从科学观点来分析本身含有彼此对立成分的每一个社会成员，仍然是满脑袋极为荒谬、彼此矛盾和互相敌对的混乱观念。这些观念不但没有事实根据，而且同事实发生矛盾，同一切有关人的本性和社会的合理的原则完全背道而驰。

所有的人和一切生物一样，都希望获得他们的本性或体质所能容许的最大幸福……

目前全世界的社会状态都在证明：人从来不了解人、社会和自然界究竟是怎么一回事。他一开始就不承认合理的原则，不把这些原则付诸实践，而是对人类、社会和自然界制造了一些虚伪的原则，并尽可能实行这种原则。因此，人本身直接同人的本性对立起来，使社会畸形化，并在这方面轻视一切极其明确的一般自然规律。

人对于自己的幸福应当有信心，应当相信自己永远不会缺乏生活必需品和合理的舒适享受。但在目前的畸形社会里，却没有保证人们具有这种信心的条件。

人要想得到幸福，就必须使自己所有的才能、力量和志趣按照自己的本性得到很好的发展，并在自己一生各个相应的阶段得到适当的应用。然而直到现在，还没有采取过什么措施以保证任何一类人得到这种幸福。

只有建立拥有足够数量土地的联合大家庭，很好地利用它们成员的辛勤劳动，才能获得这种幸福，因为辛勤劳动使它们本身就能始终保证一切联合家庭得到必需品和合理的生活条件，使它们免除穷困的忧虑。到那个时候，它们将具有一切手段去培养人们的高尚性格，能用适当的方式在人的一生中按照每个人的天赋才能和力量去利用人们的体、智、德、行的特性。授给联合家庭的土地应当考虑到它们可能达到最大的规模，以便在质量和数量上永远保证它们有获得上述结果的可能。在这些条件得到实现的时候，需要为这些一群人（如果可以使用这个名词的话）采取一些正确的措施，即制定出经过周密研究的合理的规章，以防止发生有害于一些联合家庭或特别是有害于某一群人的人口过剩。对土地要进行排水、平整和绿化，因为这有助于人们的健康和幸福；这样的人类联合体的数目，且不说永远，也不会在千万年内显得过多。有人认为，在土地很多，超过各种合理需要的时候，在财富可以非常轻松愉快地生产出来就绰绰有余的时候，仍然有可能发生争夺土地或财富的斗争，这种推断只能再一次证明，虚伪的根本原则至今仍把称之为人的这种动物控制在有害的无理性之中……

当正确地应用科学所创造的方法可以轻松愉快地为全人类生产出极其丰足的财富的时候，全世界就不会有任何必要去争夺财富了。由于实行合理的措施，所有的人将比现在的任何一个人得到更多的物质保障，不管现存制度使个别人得到多大的好处。

无论你怎样用文字和语言来说明善行和正义，只要不采取措施，按照各人的年龄，根据各人享有和享受权利的能力，给予一切人以平等的优待，人们就不会了解善行和正义的真谛。

人们住宅的建设，人们职业的安排，人们从出生后的培养和教育的实施，都要保证大家终生机会均等。如果能以应有的慎重态度来实现从虚伪和邪恶的制度到真实和善良的制度的过渡，就可以得到符合一切实际目的的结果，也就是使所有的人都可以最大限度地得到那种有高度教养和生活美满的人所能够享有的一切利益。

采用目前易于实现的这种措施，可以消除掉社会生活中产生斗争和人的低劣品性的一切基础。

但是，只要人类没有获得这种正义，这一斗争就不会停止。

现在发生一个问题：在人们当中，谁有权利得到个人的奖励、特权或优惠呢？

只有发现创造自己的能力、各种感觉器官和志趣的方式，能够随意相信什么或者不信什么、随心地表示爱憎或漠不关心、自行决定有关本人出生和生存的时间和条件的问题的人，才能有这项权利。

只有获得这种结果的男男女女，才有权利要求得到这些最高的个人奖励、优惠和特权，而别人都不可能。凡是没有创造和不能创造自己的身体和理性，在自己的理智受到比较强烈的影响时被迫相信什么或者不信什么，爱自己的本性所喜欢的东西而不爱自己的本性所不喜欢的东西的人，都不能对这些使自己与同胞隔离开来的个人奖励、优惠和特权提出合乎理性的要求。而当人们有了理性的时候，任何人都永远不会企求或接受这种不公正的奖励。在有理性的人类社会中，一般是不会在人们之间产生这类差异的，因为人人从出生以后，都会保证得到人的本性所能接受和可以使人在一生的任何时期都感到快乐的一切优惠……

[4. 关于产品的分配][1]

关于人人都能获得最大利益的分配产品的最完善的实际方法。

任何社会的第二个重要而不变的生活要素，就是分配所生产的财富，以维持生活和增进幸福。一切民族都有自己的分配方式，它在各个国家因时代不同而有变化。

北美的印第安人，在他们的习俗遭到持有偏见的白人破坏以

① 《新道德世界书》第 5 篇，第 3 章。

前，曾以最公正的方式进行这种分配。基督教徒在同他们来往时，把他们称为野蛮人，而这些野蛮人的部落，即使不是全部，也是大多数都按照部落成员的自然要求分配最重要的财富即食物的；在食物不足的时候，分配的次序是：先儿童，后妇女，最后轮到获取食物的男子。

但是，我们的祖先所通用的方式，却与印第安人对待公共财物采取的这种简单而真诚的方法不同。在没有发明货币和大部分民族没有普遍使用货币以前，通用的分配方式是个体的物物交换，即用一些货物换取另一些货物。在货币通用后的若干世纪中，货币有不少方便之处；但是后来，货币产生了弊端，而且远远超过它所带来的好处。现在，货币成了最粗暴的不公正的工具和压迫人的手段，特别是在那些自称最文明的民族中。现在，货币成了一种最流行的欺诈工具。富人们通过外行人所不了解的方式，利用货币从那些靠艰苦劳动创造最宝贵财富的人手里诈取这种财富，货币还被利用来使社会上且不说是最有害的成员，至少也是最无用的成员得以积攒财富和享用财富。

按上述方式利用的货币，是人为地创造出来的，它的内在价值极小，或者根本没有。货币是纸、金、银或铜；纸根本没有任何内在价值，而金、银和铜，作为金属来说，其价值还不如铁、钢和其他很多种金属。

在大不列颠和美利坚合众国，即在世界上两个商业最发达的国家中，这种人为的货币给各种骗子和投机商带来了巨大的利益，他们得到了财富，并由此掌握了政权；但是这种货币，对于各国的劳动者阶级是非常有害的。由于人为的作用，货币使社会每年生产的财富不能达到现在实际能够达到的水平。货币是使无知、贫困和不和永远存在于人间的人为手段。它使处于千百万他人之中的个人的利益突出起来，本来，个人对其他人是能够作出贡献的，他人也完全可以因此给予报偿。虽然这种违反人性的人为货币不是**一切**邪恶的根源（因为只有无知才是这种根源），但它毕竟是人类的无数谬见和灾难的原因，是产生与增强愚蠢的利己主义的主要原因。这种利己主义在当代普遍传染了大多数国家的居民，特别是商业最发达的民族。这种人为的工具使不少人依靠牺牲大多数人而获得巨额财富，使居民必然陷入贫困和堕落的深渊。创造真正价值的人忍受上述疾苦，而制造人为价值或发行纸币、金币、银币和铜币的人却享受一切福利，因为现在他们用人为价值换取真正财富，就可以从中得到这种福利。

在理性的社会制度下，这种不合理的财富分配将不复存在，每个人都公平地取其所得，并且对其他一切人都将公平行事。

在现代的社会制度下，一切文明国家的财富分配，从生产者、分配者和消费者的观点看来，都是用挖空心思想出来的最荒谬而恶劣的方式进行的。

这种财富分配制度，是从一切社会至今所依据的错误的基本原则逐渐产生出来的；这是上述谬见在各国所造成的复杂的、混乱的和没有秩序的社会生活状况的必然结果。这些谬见使人们在情感和利益上彼此发生隔阂，把他们变成极其无知和利己主义的动物。由于具有这种性格，人便想为一己一家的利益攫取一切财富，从而丧失了美德、知识和幸福，人处在孤立的状况下，甚至是无法正确地理解美德、知识和幸福的。现在，人如果想在一生中把因此而丧失的利益保住，哪怕是保住其中的十分之一，也显得是个幻想家。目前，社会的财富是由住在市、镇、乡村的零售商和批发商，以及进出口商人、银行家、经纪人、国内外贸易的中介人和收取租金、赋税、俸禄、利息的人分配的。学术专家也参与财富的分配，他们用似乎是必须的而有价值的劳务去向人民换取财富，如同法学家和贵族那样。

但是，在合理组织起来的社会中，他们将没有存在的余地，其中没有一种人是社会所需要的；相反地，除了极少数例外，他们不但无益而且有害。

在人们生产的财富还不足以使一切人丰衣足食以前，在人们还没有形成高尚的性格以前，在目前存在的有害条件还没有被对一切人终生都有利的条件所代替以前，生产财富、教育人们获得真正知识、消灭恶劣的条件并代之以优良的条件，将是一切人在进入理性社会制度时的重大任务。

每个人的首要的和最高的利益，就在于达到上述的目的，他的个人利益和全体的公共利益都在于此，所以人人都要受到可使他们的行为变得适当的教育。

当达到这种理性生活的第一阶段，人人都可以无忧无虑地获得一切生活必需品，而数量可以满足他们健康的需要时，当他们出生以后就开始受到优良的体、智、德、行方面的教育时，当恶劣的条件为良好的条件所代替时，人们就能够理所当然地向文明的下一阶段过渡；他们可以利用多余的时间和财力，在社会拥有的财力和知识所允许的范围内，永无止境地美化和改善生活条件。

为了极其完善地达到这种结果，必须建立这样的制度，使谋取个人私利的零售商、批发商、学术专家、银行家或进出口商人，以及中介人、经纪人和各种游手好闲的人，在那种制度下没有立足的余地。

这几类人在正确安排和合理组织起来的社会中，由于受到良好的教育和得到适当的安置，每年可以轻而易举地生产出三亿或四亿英镑的最有价值的财富，给自己和整个社会带来比现在多得多的利益；可是目前的社会却组织得十分不好，实际生产者每年要为这些人生产大大超过二亿英镑的财富，来供他们消费。

他们有什么功劳叫社会一方面负担这种直接耗费，另一方面又丧失掉他们自己能够创造的财富呢？他们没有这种对于人类任何部分有任何实际价值的功劳；他们一点也没有做那种不做就对付不过去的事情，因为他们的活动不但没有用处，而且直接损害着人民的最重要的和最高的利益，损害着一切人的身心，也就是对他们自己和对别人都有害处。

在这几类人中间，任何一个人都终生没有生产过一点财富，而只是帮助破坏很多本来美好而有用的东西。在人类生存的理性制度下，这几类人中的哪一类都将不再为社会所需要。把人们培养成精明的批发商或零售商，或者培养成学术专家，总是败坏受到这种教育培养的人的性格。贱买贵卖或昧心骗人的企图会破坏高尚的智能。在使人过理性生活的那种制度下，不需要这些什么也不生产的消费者。在新的生活制度下，人人都要受到好好生产财富和传播知识的教育。到那时候，人们能够有益地享用各种最好的财富，从高度的认识中得到快乐，而且处在优越的环境中，这种优越环境是为了使人们直到晚年、直到这种环境所能延长的生命的尽头始终都能身体健康和生活幸福而创造的。

在理性的社会制度下，财富的分配将是一切生活问题中的最简单的问题。

财富生产出来后，将按货物的种类放进仓库或货栈里保存起来，以供消费者使用。在每个社会阶层单位里，即在每个拥有一千到三千名各种年龄的人的联合家庭里，由年龄最适合分配职务的那一组人分配本联合家庭的一切成员每日所需要的物品。在这种简单的制度下不需要把货物从甲地运往乙地，货物不再由于反复过磅而受到损失，各种物品（特别是粮食）不会由于保管在温度不合适的条件下而受到损失；不会由于等待顾客而浪费时间，也不会再有市场的风险；永远消除货物积压造成的损失，永远不会因挑货和讨价还价而浪费时间；零售商因为收入直接依靠顾客而形成的那种低三下四的性格将不复存在；首先是不把人培养成力图贱买贵卖的商人、进出口商、银行家、学术专家和一般游手好闲分子，从而永远不再浪费或错用这些人的能力。这些人的极端有害的影响十分明显，以致永远不会再去恢复这些职业。

因此，分配将变为分发每日都要使用和消费的物品的简单工作。在理性的社会制度下，分配将成为新的联合家庭或公社中的一种正当、愉快而轻松的工作，由经过亲身生产财富的以前几个阶段的二十五至三十岁的成员担任。这种年龄的人受过教育和获得经验以后，就会熟悉他们经手保管和分配的物品的性能和价值。因此，他们应受到良好的训练，以便经济地和最好地为社会全体成员和他们自己的利益服务。

[5. 关于社会的划分][1]

按照社会成员的年龄和经验以及人类的永恒规律对社会进行新的划分。

既然人人都生来无知而没有经验，要获得知识，必须利用自己的或者从先天得来的，或者从周围的外界事物——生物也好，不是他们所创造的无生物也好——得来的自然本能，那么，他们天生就应当有平等的权利。因此，如果说不以本人意志为转移而被创造出来的某人，可以由于他成为什么样的人而比他人受到更多的赞扬或者谴责，那是不公正的。所有的人都具有人的本性所固有的共同特性，而且这种特性由于那种赋予人和一切生物生存的那种力量，而处于彼此相关和结合之中。

阶级和社会地位的差别是人为地造成的；这种差别是人们在蒙昧无知、没有经验和缺乏理性的时期构思出来和确定下来的。由于这种划分产生的谬见和灾祸，我们已在本书的前几篇作了说明。现在，我们建议采取一些措施，借助于合乎自然和理性的社会划分，来逐渐克服这些谬见和灾祸，经验将会证明，为了使人人受益和幸福，应当对社会进行这种划分。应该作为一项基本的正义原则这样规定："任何一个人不曾为别人服务，也就没有权利要求别人为他服务。"换句话说，就是"一切人生下来就有平等的权利"。

如果对社会实行合乎自然和理性的划分，就可以永远保证这

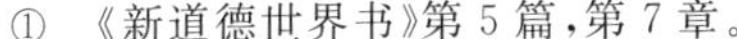

① 《新道德世界书》第 5 篇，第 7 章。

种权利不被破坏。为了全人类最广泛的利益，为了全人类的幸福，应该到处都采用这种划分，因为它可以消除各种恶劣的欲念，终止一切争端（私人的和社会的，个人之间的和各国之间的），并使人类的一切事业秩序井然和明智合理，而不致杂乱无章和没有理性。

人与人之间和国与国之间，将不会为了对社会康乐没有实际意义的事情而发生无谓的争端；正义、仁慈和善良的新精神将会产生，并普及于全世界一切民族，将来一年内为人类的持久康乐和幸福所做的事情，会超过在现有的社会划分情况下一个世纪或任何一段时期内所能做的事情。

合乎自然和理性的社会划分，就是按照年龄大小进行划分，同时使每一年龄组的人所从事的职业，最适合这一组人的本性。

实行这种划分以后，折磨着人类的灾祸的产生原因将永远消除；一切应该做的事情都将做得使每个人都认为非常妥善，感到高兴快乐，而且得到极大的好处。

不会再存在一些人应该从事的而另一些人不应该从事的职业；同时，在这种条件下，所有的人履行自己的职责，都将比现在任何一个阶级的人——上自国王，下至乞丐——处理自己的切身问题还要热情得多。在人的思想和事业处于没有理性的现状下，根本不会有人正确地懂得应当怎样去培养和教育人们在一生的不同时期获得知识和增进知识。

现在还不知道，当人们不再一生下来就被迫接受谬见和虚伪时，当他们不再每天都受有害的习惯和反常的作风影响时，当他们从周围的人的一言一行中只能学到真理时，当指导他们去获得有利于本身的幸福和全社会的康乐的高尚志趣时，当他们在这种教育下获得自然产生的和保证人人有各种各样快乐的独立自主的习惯时，当人们由于这种培养和教育而掌握了宝贵的知识时，最后当他们随着年龄的增加、日益成熟而获得从事实际的社会工作的能力时，人们的能力将会是什么样子。

同时可以断然肯定，每一个通过这种方式培养和教育出来的人，处在上述环境中，都将获得比在现存制度中接受教育、训练和进行社会划分的条件下大多数人所能获得的宝贵得多的知识和能力，取得比他们大得多，而且好得多的成就，因为现存制度所依据的是一种荒谬的观念，认为人在形成自己的信仰、感情和整个性格方面可以随心所欲，现存制度即导源于这种荒谬观念。

但是，由于没有经验补充证明，现在还难以精确决定把哪种年龄的人固定组合在一起是最好的社会划分。我们现在掌握的知识，足以着手解决我们面临的任务，而且必要时，经验还会扩大知识的范围。

大概，在三十岁以内，每五岁作为一个阶段，是良好划分的基础，而各组的职责如下：

第一组——包括由出生到满五岁的儿童。这组儿童的安排培养和教育应该做到使他们在适合他们年龄的气温条件下生活；用最有营养的食品哺育他们；他们的衣服要肥大而轻松；他们要经常在户外新鲜空气中作适当的活动；同时，要把他们的志趣培养得使他们把促进周围一切人的康乐和帮助这些人作为自己的莫大的快乐；只要他们年幼的智力能够办到，就应当使他们获得有关他们所看见的和所接触的一切事物的确切的知识；这时，不要使他们的任何一种感觉受到由于周围的人未对某一问题作出简明的答复而产生的错误观念的影响；不应该使他们知道个人奖惩，不要挫伤他们自由表达自己思想感情的兴趣；一到他们的智力达到能够理解的水平，就应当教导他们知道，别人的思想感情也同他们自己的一样，都反映着人的本性所固有的而不是具有的意向；这样，他们从小就会萌发对一切人仁慈和友爱的幼芽；他们对周围的一切将不会感到害怕，而会怀有完全自然的信任；我们那些来自动物本性的利己主义和个人主义企图应当这样扭转，使人们从促进他人的快乐和幸福当中得到主要的报偿。

这些措施将为产生正确而合理的思想、优良的习惯、自然而善良的作风、高尚的志向，以及为获得有用的知识，打下稳固的基础。通过这些措施，儿童将在结束第一组的生活以前受到十分良好的培养，以致他们将随着年龄的增加而能够合理地想事、说话和行动。因此，到这个时期快要终了的时候，他们将在许多方面超过那些一生任何时期都处于现在这种教育和制度之下的普通人，因为这些人所受到的教育，使他们在一生的任何时期都不可能变成有理性的人。

当然，儿童在这段年龄时期，体力还不如旧世界的成人，获得的感受或印象也不如后者丰富；但是，随着他们年龄增加，他们将拥有健康的身体和巨大的活动能力，他们的志向、习惯、修养和道德将日益完善，在他们的脑子里各种**脱离实际和荒诞无稽的观念**将越来越少，而**正确的**思想则越来越多。这种思想充满着彼此一致并符合于一切已知事实的正确观念，它对人的益处大大超过旧世界成人的理智。在旧世界里，大多数人正确的思想很少；而虚伪的观念则很多。这些虚伪的观念损坏着个别人所获得的不多的正确思想的价值，因为不多的正确观念同大量谬见混在一起，会损害人的判断力，使人的理性发生错乱。

这样，第一组的儿童在幼年受过合乎理性的新式培养和教导以后，便离开保育室和幼儿学校，而转入为**第二组**准备的环境。这一组包括五岁到满十岁的儿童。他们的衣、食、住仍根据与第一组相同的一般原则供给，只按照年龄的需要作某些更改；但在这一阶段，儿童的任务主要在于获得有用的经验。儿童要根据他们的体力和能力，学习某些最容易的日常生活方面的实际技能；可以把这项措施安排得使儿童得到的快乐和欢喜，大大超过旧世界的无益游戏。他们获得知识的方法，主要是依靠亲自了解事物，以及同比他们有经验的人进行友好的交谈。如果这一计划能够通过很合适于达到所定目标的合理措施正确地得到实现，那么两年以后，儿童就可以成为家务劳动和园艺工作中的自愿而通情达理的助手，根据他们的体力每天工作几个小时。按照这种方法培养，七岁到十岁的儿童可以成为他们力所能及的各种工作的好助手；这一切工作，要通过游戏和练习的形式，由他们与同样通情达理的好伙伴们一起来做。这种练习将在第三组的少年儿童的直接监督下进行；可以想见，在合理的教育和正确的措施下，十二岁的少年和年龄再小一点的儿童，能够十分高兴地在有益于社会和自己的情况下为联合家庭或自己家庭做各种家务工作，而且会干得很出色。第二组的儿童也可以帮助管理家庭花园。家庭花园是供他们自己合理消遣，供联合家庭的其他成员，以及从其他同类家庭联合体来这里的许许多多成年朋友消遣之用。

当这些儿童达到应当离开第二组的年龄时，他们在体、智、德、

行方面的成熟程度，已经不是任何一个在以为人可以随心所欲的旧制度下成长起来的没有理性的人所能相比。他们在十岁的时候就成为受到良好教育的通情达理的人，在智慧、习惯、志趣、感情和行为方面都优越于至今存在的一切人；他们体力不足将由于有大量的机械和化学的力量而完全得到弥补；这两种力量都是为他们过渡到下一组而创造和使用的。这些新工作将成为他们的知识和娱乐的经常来源，而且他们会作好准备投入这些工作，并在取得重大的新成就时感到十分欢喜。

第二组的成员在满十岁以后就进入**第三组**，这一组由十岁到满十五岁的儿童组成。它的成员在最初两年，即十岁到十二岁时，要领导第二组七岁到十岁的儿童，帮助他们在自己家里做家务工作，在花园和游戏场做各种活动；而在十二岁到十五岁时，则学习掌握处理比较复杂的重大问题的原则和实践方法；这些知识能使他们在很短时间内产生出大量最有用的财富，而且这种生产既使他自己感到极大的快乐，又对社会非常有利。学习的范围包括农业、矿业、渔业、食品制造方面的各类生产，以及保管食品的技能；教导他们学习烹制每日消费的食品最完善的方法，学习衣料纺织、房屋建筑、家具制造、机器和各种工具制造的技艺，学习生产和制造社会所需要的其他一切物品的一般技艺，以及学习办理社会所需要的各种工作的一般方法，这种教学工作而且要运用社会积累的知识和手段，通过可以达到的最好的方式进行。这一组的十二岁到十五岁的成员，将在不损害他们的体、智、德方面发展的可能情况下，每天以几个小时的时间参加上述一切工作。由于他们以前受过训练，由于下一组成员每日进行良好的领导和协助，他们在

实现要求他们去做的一切工作时，所消耗的力量不会损害他们的身心健康，不会超过维持他们的身心良好状况的需要。在这五年当中，他们在学习科学方面也将获得重大的成就，因为他们将有各种可能在极短期间内得到各种最有价值的知识；这些可能为他们开辟了一条“康庄大道”，由此去获取人们所能掌握的并以目前已知的一切事实为根据的各种知识。这将是成就最大的年龄期，而且也是扩大新型的人的兴趣的时期，这种新型的人将被教育成为人类历史上首次出现的有智慧有理性的人。这时，他们已经作好了准备，就要进入**第四组**。这一组包括十五岁到二十岁的人。

进入这一组，表明人生的最有趣的时期开始了。在这段时期，它的成员在体、智、德方面都将成为新型的人；这种人将大大优越于地球上迄今存在过的一切人；他们的思想和感情是公开地，即没有任何掩饰地形成的；早在前几组的时候，他们就已经自然而十分坦率地彼此敞开思想和感情，而不加以掩饰。由于这种合理的行为，他们的个人爱情和彼此之间的其他各种感受，大家都会知道得清清楚楚。因此，谁同谁彼此情投意合，可以一目了然；当然，性情相投的人便互相匹配结合。这种结合是在社会上最有经验的人所创造的条件下，而且是在十分明智而优良的条件下发生的，因为这些条件最能保证结合者既能得到巨大而持久的幸福，又没有太大困难，而对于社会则毫无害处。

在这种社会划分和与此相适应的制度下，每个人所受的训练和教育将使他们能够用最好的方式尽量发展本人的全部才能和力量；这种发展将在外部条件新的结合下实现，这种外部条件是专门为了使人性中的完善优美的品质不断表现出来而创造的。这样，

所有的人都将在体、智、德、行方面受到良好的教育。在上述的社会划分和相应的联合家庭的制度下，财富在生产上将不再受到现在流行于各国的任何一种人为障碍的限制，可以容易地被创造出来，而且数量非常丰裕；在人人都需要的物品中，最宝贵的东西将按需供应。因此，人人在教育和生活条件上都将一律平等；在他们中间，除了年龄上的差别以外，没有任何的人为差别和一般差别。

到那个时候，由于人们在结合以前有可能很好地了解彼此的性格，而且了解得非常透彻，所以除了由此产生的纯洁的爱慕以外，再没有其他任何东西作为结合的理由或动机。将没有人为的障碍来妨害两性的永久而幸福的结合；在人类生存的新制度下，相亲相爱在得到外界的支持下将成为白首之盟。不必怀疑，男女双方都普遍能够终生相处一如初恋，这比起生活在至今以为人可以随心所欲的各种各样社会条件下，将获得更为持久的爱情，享受更多的快乐和幸福，而却大大减轻了社会的负担。

但是，因为这些用来保证两性获得个人幸福的完善条件在有时还会出现的某些场合下可能不起作用，所以将要定出章程，使男女双方可以在丝毫不损害友谊的情况下离婚，而且要使当事人受到的损害极小，而社会得到的好处极大。

任何不道德的事情，都莫过于在人们由于自然规律不能彼此相爱的时候，特别是在他们热爱另一个人的时候，社会用人为的法律去干涉他们的自然感情，或强迫他们永久共同生活。人类在过去的世世代代中，只是由于这一谬误就遭受多么巨大的苦难！造成多么严重的道德败坏现象！发生多少凶杀事件！有多少难言的隐痛，特别是妇女！现在的世界上还可以看到多少不幸！这种不幸都是由虚构的随心所欲这个错误观念产生的，它把人们支配得这样长久，弄得这样无知，这样不幸！

为了充分阐明这个与如此多的谬见和欺骗有关的问题，需要作很多详细的说明。但是，在此简述一下也就够了，因为本书的其他部分对它已有较充分的阐述。

第四组成员的活动更为积极，他们既是社会所需的各种物品的主要生产者，又是第三组年龄较大的儿童学习他们在未进入第四组前所学的那些知识的善心而明智的指导人。在生活的各个方面实行这样简单的制度的情况下，只要有这种第四组就足以生产出为有理性而完善的人类所需要的丰裕财富，这是完全办得到的，因为机械和化学的力量将全面地帮助他们。但是，为了消除因这部分问题而发生的一切疑虑，为了免除大家生活的忧虑而获得愉快，还必须再加上一组财富生产者和教育方面的领导者，这就是由二十岁到满二十五岁的人组成的**第五组**。

他们是一组年龄最大和经验最多的生产者和领导者。任何人满二十五岁以后，都不必从事生产或领导工作，但是为个人的娱乐和消遣，可以例外。第五组的成员，将担任一切生产和教育部门的领导者和指挥者。他们将把自己的任务完成得十全十美，而现在大生产企业的主要所有者和领导人，以及大学的教授们，却把这项任务完成得很糟。人类生活的最主要问题在于：第一，为了所有人的消费和为了他们的享用而生产丰裕的最有价值的财富；第二，教育人们在生产这些财富之后能够正确地利用它们，并从中得到满足。

我们在规定上述五组生产者和领导者时，似乎已经事先规定了保证财富的生产和形成人的完善性格所需要的一切，以使他们能以最适宜的或合理的方式利用和享受财富。

第六组由二十五岁到满三十岁的人组成。

这一组的工作是保管上述各组所生产的财富，使各种各样产品都得到妥善的保管，不受任何损失，让人人都用到最好的东西。在向仓库领取联合家庭成员每天消费的物品时，这一组还要领导物品的分配工作。如果采用一些应当实行的和为了达到这些目的无疑要采取的措施，这一组的人每天只要用两小时，就足以有条不紊地把自己的职责完成得十分出色。大概，他们可以利用所余的一部分时间，怀着欣慰的心情去访问自己的美好而快乐的联合家庭的各个部门，视察工作的进展情况。由于以前的学习，他们都能非常熟悉各种工作。现在，他们还能利用余暇去研究实现改进的可能性，以造福全社会。

大概，他们每天可以把其余时间用在自己喜爱的事情上，例如，专攻美术和科学，或读书，或同他人交谈，或到临近公社去收集和传达消息，或拜访亲友。这是积极享受人生乐趣的美好时期。按照上述的社会划分，人人都将完全有可能得到生活的喜悦。人人的身心都将健康而高尚；他们将永远朝气蓬勃，精神焕发。他们在进入这一生活阶段的时候，就已获得了各种各样的有用知识，其中既有理论知识，又有实践知识，而且在广度和深度方面，都超过人们至今所达到的水平。他们将很好地了解最新成就，以充实自己在理论和实践上所得到的有用知识。这些最新的成就将使他们彼此变成有益的交谈者，同自己可能接触的一切人进行有益的交谈。这样，他们就把自己培养成为下一组的好组员。

第七组。本组包括联合家庭的三十岁到满四十岁的一切成员。

这一组的职责在于管理内部事务，以保持社会的和平秩序和仁爱感情，换句话说，就是预防产生任何破坏现存和谐的原因的可能性。这个目的将容易达到，因为：

第一，人们会知道他们的本性实际上是什么，会了解人的信念和感情不是按照他的意志造成的，而是自然本能的产物，在没有任何新的条件或根据改变这些感情以前，他们必然会具有或接受这些感情。

第二，由于知道了这一切，联合家庭的一切人都有合乎理性的思想、感情和行为。因此，这里不会有仇恨、恶意不良的情绪、下流或粗野的欲念、残忍和粗暴。

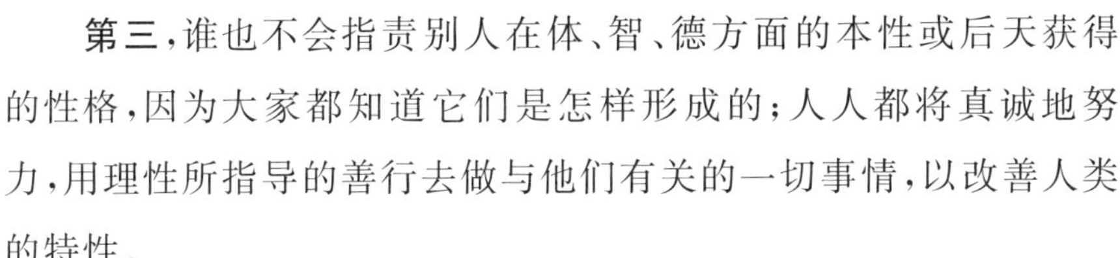

第三，谁也不会指责别人在体、智、德方面的本性或后天获得的性格，因为大家都知道它们是怎样形成的；人人都将真诚地努力，用理性所指导的善行去做与他们有关的一切事情，以改善人类的特性。

第四，贫困怕穷心理或感到缺乏某种东西的情况，都将不复存在。

第五，在联合家庭的内外，不会有任何能引起不满或产生有害和恼人印象的不愉快事情。

第六，人们按照年龄，在教育、生活条件、工作和娱乐方面完全平等。

第七，由于教育、生活方式和完善的秩序（这种秩序适合于人的本性，同人的本性亲和，并且始终在影响着人们和指导着人们），所以人们即使不是永远地,也将是经常地具有健康的身体和良好的情绪。

第八,没有产生虚荣心、嫉妒心或报复心的原因。

第九,不存在任何秘密和任何伪善。

第十,没有为了谋取利润的买卖。

第十一,没有现在成为压迫和不义之因的货币。

第十二,没有因宗教或其他信仰不同而产生的宗教方面的或其他方面的有害的思想分歧和彼此疏远。

第十三,不必在金钱上操心,因为最宝贵的财物将到处都很丰裕。

第十四,没有悲观失望的情绪,因为男女两性将在一生当中合情合理地享受自己的天赋权利,而且所处的环境将保证人人都能成为有福的人。

第十五,最后,每个人都知道所采取的重大措施都是专门为了保证每个人得到公平和正义;每个人所处的生活环境,以及从出生到成年所受的培养和教育,使他们终身确信自己能够享受一切优惠和快乐,因为他们前辈积累下来的全部智慧使他们可以用天赋的才能和力量得到这一切。

这一组管理内部事务的人,为了维持秩序和使人们生活舒适,将分成一些委员会,每个委员会直接照管所分担的一个工作部门,并用经验所允许的最好方法进行管理。

由此可见,联合家庭的一切事务和劳动,都是在没有竞争和斗争的情况下完成的。因为一切机构都将永远处于完全有秩序的状态,一切可能引起争执或意见分歧的条件都将消灭,所以,在完全按照理性建立起来的联合家庭中，不再需要行政管理机构。每个成员出生以后就会处在有理性的条件下，处在完全有理性的环境之中。

在这种社会制度和这种社会划分的情况下，人人从幼年时候起就都会知道：在他们一生的各个阶段，他们不必经过任何斗争，就可以得到自己的那份参加社会管理的合法而充分的权利。

但是，引起争执的实际问题，还要托付某一成员作出最后的决定。把这种权力交给第七组中的一位年龄最大的成员，或许是最合乎情理的。这个人只能在很短时期内处于这种优越地位，因为很快就要把这种地位让给本组中年龄仅次于他的成员，而他自己则成为下一组的最年轻的成员。

第八组包括四十岁到满六十岁的人。

财富的生产、保管和分配，人的教育和培养，人们从出生到成年的性格的形成，联合家庭内部事务的管理工作的参加——在这一切都得到保证以后，还必须采取一些措施，以便在这些联合家庭或基层单位和基于同样原则组织起来的其他联合家庭之间建立联系；换句话说，就是要设立一个机构，把它称为对外政策局或外交政策局或许是正确的。第八组将掌管这项工作。这项工作十分重要，所以必须把它交给见闻广博、经验丰富而且一直积极活动的社会成员主持。从四十岁到满六十岁的这一组人，因为逐次经历了以前的七个组，所以会掌握有关的知识和经验。他们的职责是：接待来自其他联合家庭的客人，与其他联合家庭通信，考察道路工程，组织同修建公共道路、同运输和交换多余产品、同发明、改进和发现有关的工作，以使各地区的居民都能自由享有全世界积累的知识和成就所带来的利益，使世界任何一部分都不会停留在无知或野蛮的状态。由于实行这些措施，人类面前将展现出发明和科学发现的新可能性，而且其数目要超过迄今存在的数百万倍。一年之内，在各种改进和提高人类幸福方面所取得的成就，可以超过陈腐、无知、毫无用处的和没有理性的社会制度在任何时期所能达到的程度。

这一组的成员将周游世界，到各地旅行，在旅行中将获得并向他人传布最有价值的知识，与一切有交往的人经常保持友好而诚挚的关系。无论走到哪里，他们都会看到，在这种联合家庭里，人人的需要都得到完全的满足，因为各种有用和必需的物品到处都非常丰富。

人们将经常充满人的本性所固有的各种愉快感情，因为人们在体、智、德方面的一切力量与才能，将以它们应有的一贯而相互配合的方式表现出来，并且以最完善的方法培养起来。人生的这个阶段，对于人们说来，将是最为美好而快乐的时期。过去和现在，除了少数的例外，大地一直布满空旷荒芜的沼泽或是杂草丛生的灌木林，到那个时候，大地再也不是这个样子了。由于受到良好教育的人们的联合努力，大地会很快变成有良好水利设施的、经过精心垦殖的美丽大花园，它将以无穷无尽的多种方式保证人人健康和快乐，而且生活的康乐甚至是人们的智力在目前这种低下而受限制的状态下所不能设想的。人的才能发展的方向，使人只能想起悲惨之乡，而不能想到幸福之国。没有理性的人以前所梦想的天堂，不过是荒诞的和单调的生活场所，很难使明智而有理性的人感到满足。

由于广泛采取这些措施，所有四十岁以上的人将成为大地的真正统治者，他们将是目前的一切皇帝和国王所望尘莫及的。这些有高度理性的人将管理大地所生产的一切，而在享有这些东西时所得到的快乐要比任何帝王的快乐都大得多。在重新划分的社会中，一切新人都将受到良好的教育和合理的训练，以便最妥善地利用财富，经常得到最大的快乐，而不滥用任何东西。这种高尚的欢乐，不会由于他们意识到自己不会使任何人失去同样的好处和利益而更为加强；他们将会知道，每个同胞在看到和知道他人也同样有权享受世界在最良好或最完美的状态下所提供的一切欢乐，而且对各个组都公平有利，各组的成员在一生的相应阶段都能享有这些好处和利益的时候，将更加感到满意。

但是，在顺利进行人类事业中的这一重大变革以前，必须排除一个似乎不可克服的障碍。这个障碍是如此根深蒂固，如此广布于世界各地，如此严重地控制着凡人，以致必须想办法克服它。这就是环境强加于一切人的思想和习惯的那种**偏见**的势力，因为环境决定着人们的语言、宗教、修养、风尚、意识形态和行为性质。偏见毫无例外地迫使一切人不去取得有理性的人的修养，而去获得无理性动物的特性，从而给全世界所有的人带来极为严重的危害。能够用什么方法同这种普遍的祸害进行斗争，把它消灭，而在这一冲突中又不给所有这些囿处一方的动物造成危害呢？凡夫俗子绝不敢使用舆论允许他拥有的那些手段去实现旧世界的一切人认为是荒唐而空想的事情，甚至被认为是比人们在最粗野和无理性状态中所做的一切最狂妄或最愚蠢的事情尤有过之的事情。世界上有什么力量能够同性格由地方环境养成的、没有理性的人进行这场伟大的斗争，并使有理性和有悟性的人战胜他们呢？人们再也不应当成为那种为地理条件和地方环境所预先决定的人了，而他们的子孙更不应该被迫变成这样的人，不应该继续制造那种为环境所制约的、有害于真正的知识、美德和幸福的谬见和思想体系。显而易见，世界上的任何一种力量，对于投入这一场殊死斗争都是完全没有用处的。必须从赋予人以特性和智能的那个本源中获得新的神奇武器。这个武器是如此强大而有力，以致在日常应用中以及在使用于适当的目的时，可以斩断人类无知和偏见的“戈迪俄斯之结”[1]，使这种无知和偏见永远不能制造谬见，不能给人类带来灾难。

但是，到什么地方去找这个神奇的武器呢？如果找到这个武器，又有谁敢于用它来消灭那囿于地方环境和头脑充满偏见的动物，使有理性的人取得胜利，然后把这种生存永远得到保障的人扶上理性和仁爱的宝座，让他们能够在这个宝座上依靠理性和仁爱领导世界人类取得越来越多的幸福呢？

很久以来就渴望看到人类进入明智、善良和幸福时代的一切人，都应该感到高兴，因为这个强大的武器已经找到，它的名字就叫做**真理**。现在当它**首次**完全展现在人们面前时，任何一个凡人都会受到它的光辉的照耀。这个武器直接来自支配宇宙的**最高力量**，即来自真理的发源地。人们永远从这里获得真理，也只有这里

---

① “戈迪俄斯之结”，据希腊传说，是弗里吉亚国王戈迪俄斯打成的绳结。戈迪俄斯在他所建立的戈迪翁城祭祀神庙时奉献一辆牛车，用很复杂的绳结把车轭紧捆在车辕上。神示说，谁能解开这个结，谁就能统治全世界。马其顿王亚历山大在出征波斯时，用宝剑斩断了这个绳结，由此产生“斩断戈迪俄斯之结”这句成语，意思是用断然手段解决复杂的问题。——中译者

才能产生真理。但是，谁来掌握这个神奇的武器呢？在人类的子孙中，谁从青年时代起就学会运用真理呢？目前谁敢于牢牢地抓住真理，大胆地起来跟世世代代堆积起来的偏见作斗争，并且高呼“不胜利，毋宁死”呢？

朋友们，不要担心了！预定的时刻就要到来。胜利在望，胜利已有保证，因为现在已经有了一批数目虽然不多但拥有制胜武器的人。这些人抛开一切人世的忧虑；他们热爱**真理**，服从真理；他们不对世人的谬见让步，不畏惧他人，也不怕人家把他们怎样。他们已经拿起这个神奇的武器行动起来，并且熟悉它的使用方法。他们牢牢地掌握着它；他们继续前进，已经投入斗争，而且在无知、虚伪、偏见、罪恶和灾难还没有被赶出人类社会的时候，在和平、仁慈、理性、真理、正义、爱情和幸福还没有庄严地、永远地君临于家家户户的时候，在人类的子孙还知道什么是奴隶制度、奴役、压迫和一切灾祸的时候，是不会退却的。

[6. 理性制度即将确立][1]

> “推行**理性**的制度和以亲睦、和平、不断完善、普遍幸福的精神改造人的性格与管理世人的方法的时期即将到来；任何人力都抗拒不了这一变革。”

究竟有什么征兆可以说明在全世界建立有组织的理性社会的时期即将来临呢？

---

① 《新道德世界书》第 7 篇，第 1 章。

这种征兆很多。最明显的征兆就是不列颠帝国的现状，它迫切要求必须立即进行这一改革。就科学知识、财富和势力而言，不列颠帝国在现有的帝国中是首屈一指的。但是，它目前拥有的这种知识、财富和势力还只是萌芽，有可能无止境地增加，以便在理性的管理制度下保证全世界的永久繁荣。尽管各种财富十分丰裕，并有可能大大增加，可是它的千百万勤劳的人民却比世界上任何民族和国家的人民都更加苦于贫困和害怕贫困。

我们可以见到两种极端现象的反常结合，即知识与无知的结合，富有与贫穷的结合，豪华奢侈与忍辱受苦的结合。但是，忍辱、受苦、贫困和无知是可以用有最利于大家的方法永远消除的，这是一个时代即将到来的可靠征兆，这种不完善的社会状况再也不能忍受下去了。

机械的发明、化学的发现、艺术和科学其他部门的无数改进，使财富生产部门对人类劳动的需要减少了，并且不断降低劳动的市场价格。在劳动的市场价格下降的情况下，就不可能保持人口增加，这是一个时代即将到来的另一个征兆，伟大的社会整体改革再也不能拖延下去了。在这一发展阶段产生的不义、压迫和残酷，已被舆论界看得清清楚楚，以致舆论界不能容忍时时刻刻由此产生并且必然日益严重的贫困存在下去了。在英格兰、爱尔兰、苏格兰和威尔士由于这种贫困的加剧而引起的风潮，成为一个时代即将到来的又一个征兆，人类生存条件要发生伟大的变革了。

最近一百年间，人口从一千五百万人慢慢增加到两千八百万人，而在这一时期，科学通过发明、发现和改进所造成的生产力，却从约等于一千二百万个熟练成年男工的产量，增加到需要八亿多个上等熟练成年工人在没有科学知识的帮助下用同样时间做同样工作所能达到的产量。这样巨大的新的生产力，如果没有上述科学成就，所需要的体力劳动要比我们目前世界各国所需要的多三倍。

这一巨大的力量在我们的不合理的制度下未能得到正确的应用，以致造成贫困和犯罪，而没有制造财富和美德，这是多么愚蠢啊！

但是，这种比我们一百年前大得多的生产力，还只是人们无法限量的那种生产力的萌芽。因为它的增长是没有止境的，它的发展能力也将随着它的增长而扩大。

这一新奇的生产力是由一个人口还不到三千万的国家发现和实现的；而在这一发现已告成功的今天，任何一个国家，不管人口多少，都可以创造出这样的生产力并使之不断扩大，或者随着人口的多寡按比例地增减。这种新生产力保证人们有无穷无尽和不断增长的可能性，像取水那样容易地生产财富，像利用空气那样充沛地满足人类的一切合理需要。这是要求迅速改造社会的时代即将到来的另一个意义特别重要的标志。

这种无可限量的新的生产力本来可以创造财富，并永远消除人类生活中的贫困和对贫困的恐惧，但是过去和现在却被用来限制千百万人的财富，给几乎所有的人制造贫困和对贫困的恐惧。

这种生产力在理性的指导下能够生产出满可以使全世界人民丰衣足食的财富，但是现在却被引导错了和运用错了，以致成为世界上最先进国家千百万居民日益贫困和害怕贫困的原因。这种情况也是要求实现人类事业中的伟大改革的时代即将到来的征兆，而且任何一个有健全思想的人对此都会深信不疑。

可以证明，现在有非常多的手段能使土地丰饶和美化，使之变成一幅幸福生活的图画；也有非常多的手段能使全世界都有大量最有用处的、最宝贵的和最受欢迎的财富。但是，这些手段却被用来使现代最大强国的千百万居民遭受各种灾难。由此可以断定，现存的社会制度已经过时，迫切要求实行人类事业中的巨大变革。

在古往今来许多帝国中最富强的英帝国，曾为保证它的贫困居民得到理性制度，消除他们的贫困和对未来贫困的恐惧，作过许多尝试，但是都遭到了失败。这是又一个征兆，表明现今的制度完全不符合现今的时代，因为现今的时代通过经验所获得的实际知识已经到达相当高的水平。

最后，我们还看到了人们屈辱和贫困的反常表现，这些表现天天发生，而且报刊也时常报道。它们都毫无疑问地证明，即使在英国这个世界上最先进的国家中，也有国民慢慢饿死这种可怕现象，而且情况十分悲惨，这不但在全国各地，而且甚至在首都也经常发生。这一点可以通过不断为**无家可归**的穷人设立新的慈善团体等等的办法得到证明；如果还需要进一步证实的话，这一点还证实了现代社会的管理制度由于百年来发生不寻常的变化已完全不适用了。国家的财富和民族的威力不断增长，而群众的贫困、屈辱和疾苦却日益加深，这是一个时代即将到来的可信征兆，社会改造已经成为必然趋势，成为过一个短时期后就无法遏止的必然趋势，因为每个人的个人幸福是合乎理性的社会目的。

社会已经具备一些手段，利用这些手段并根据科学的方法，可以使创造超过全体居民需要和希望的大量财富的工作，变成青年人和中年人的享受、娱乐和愉快的休息；而在现存制度下，财富却变成了奴役大众的根源和人人竞逐的对象，成为各种各样的虚伪、暴力、不义和压迫的原因，从而把人们分成各个彼此仇视的阶级，使一切人的行为非常没有理性。凡是掌握了各种各样的知识而智力发达的人都能够了解，为全人类造福的伟大的根本变革时代就要来临了。

世界变成了争夺财富、土地和权力的角逐场，但用简单、高明和有利于人人的方法，它是可以保证一切人都得到超出他们希望的财富、土地和权力的。这也是一个时代——必须实行人类事业中的进行革命或伟大变革的时代即将到来的显然的证明和征兆。

一切人的大目标，都是不断获得财富和积累财富，然而由于全世界的人现在所采取的错误的行为方式，人类实际上却在大规模地滥用、浪费和毁坏财富。这一谬误的发现，也是一个时代——迫切希望建立使人人康乐和幸福的人类生存的新制度的时代即将到来的征兆，到那时候必须建立领导人类事业的理性制度，以便根除人类现今的不合理性的行为方式。

人类长期以来的无知，现在已为一些有头脑的人所看清，他们理解到无知产生无数的灾难，认为必须消灭无知。这也是需要彻底变革社会各阶层的时刻已经临近的明显征兆。现在的制度一开始就是建立在无知的基础上的，而且只是依靠无知才维持到今天。因此，如果用真知来代替无知，那么，现存的整个社会制度和组织就将被看成是离奇古怪、矛盾百出和荒诞无稽的东西，以致经过很短期间，所有的人都会把继续让这一大堆各种各样的罪恶、贫困、粗野的无理性，以及人类幸福的障碍物保存下去看作是一种耻辱。

显而易见，不能让这种无知继续存在下去的时代就要来到了。斧头的锋芒已经对准这棵罪恶之树，应当赶快连根带干、连枝带果地把它砍掉。要刨得深深地，把它的根子挖出来，没有任何一种力量可以使它再长期地存在下去了。社会的下层阶级现在对某些极其重大问题的了解，要胜过上层阶级不久以前对它们的了解，要胜过其中许多人现在对它们的了解。下层阶级的知识比以前有迅速的增长，这也是社会制度和社会划分必须变革的征兆，如果不进行极其彻底的社会改造，这种变革是不能实现的。

在从无知走向真知的这一运动过程中，千百万人已经看到，自有人类以来迷信所依据的基础就是虚伪。很多人现在知道，这些迷信都毫无例外地产生于某些人的没有经验的而且常常是很不健康的想象。这些人起初只影响人数不多的一批人，后来影响人数很多的一批人，最后影响整个整个民族，这些民族占世界人口的大部分。

这些迷信的目的是要在受它们影响的人们心中产生不健康的想象，从而迅速地掌握人的思想，破坏他们的判断力，使他们对于同某种迷信(它用宗教的名义控制着人)有关的一切问题不能作出正确合理的判断。

各种不同的而且常常彼此矛盾的迷信观念，对于信徒来说，通常都造成了同样的结果，我们在世界各大洲任何地方都可以看到这一点。局外人如果向他们中的任何人提出有关这种迷信的问题，就会得到一个千篇一律的答案说："我们的迷信"(他们称为宗教)是"真正的，神圣的；它来自上帝本身，所以我们知道它是真正的。但是,被其信徒称为宗教的其他一切迷信,则是这样矛盾和荒谬,以致其信徒要不是自幼就养成了信仰这种迷信的习惯,要不是因此而愚昧到不能判断我们的宗教,不能理解它的真谛和它的起源的神圣的话,就永远不会犯错误和容忍我们所看到的如此严重的谬见"。这证明所有这些迷信都在破坏着那些习惯于相信如此矛盾的荒谬东西的人的判断能力。

但是,对于这种破坏理性和煽起人们的最卑鄙而粗野欲念的体系的信仰和尊重,在全世界迅速地解体;这种解体加速了英国的和外国的"圣经公会"①的建立和发展。理性未被这些迷信破坏的人都很快相信,破除迷信和随后消灭迷信的最可靠方法就是制定一套关于这种体系的矛盾和荒谬的对比法。英国和外国的"圣经公会"的充足的经费和积极的活动,使它们的传教士能在较短的时期内在全世界各地用最理智的方式大规模地实现这一任务。

有一些人由于例外的成功,不相信这些毫无道理的臆造,而使自己的思维能力免遭破坏。他们十分清楚,只要新生的每一代还未养成判别不合理观念和正确思想的能力,就不得不把错误的想象所造成的、与**事实**或永远不变和始终如一的神圣真理毫不相干的最荒唐的谬见当做神圣的永恒真理接受下来,就没有办法把人类从那因思维能力遭受破坏所带来的屈辱状态及其可怕后果中拯

① 英国和其他国家的"圣经公会"创立于1804年,以在英国和其他国家传播"圣书"为目的。"圣经公会"的活动受到英国资产阶级的支持,达到了很大规模:19世纪就建立了一千多个辅助会,在世界各国设有广泛的代理机构,设有专门的印刷厂和仓库。——俄译者

救出来。

人们对于这些谬见不相信的思想正在迅速传播开来，社会对于它们的尊敬心几乎是奇迹般地衰退下去，这是它们要彻底被消灭的时期将要临近的可靠征兆，并且证明社会应当根据符合事实的正确思想的原则进行重建，以破除这一切迷信据以建立和赖以产生的谬论。

人们发现，一切人为的法律都是在虚伪的基础上制定出来的，它们与自然法直接矛盾，它们是极端不义的，它们在弱者同强者冲突时是被用来压迫弱者的；人们发现，这些法律的虚伪时时刻刻都在各方面制造灾祸，并且在一切阶级中间制造狂妄行为。现在，这种狂妄行为已成为社会上司空见惯的现象，它表现在一批人的教育和丰厚的收入方面，这些人希望人与人之间彼此分离和疏远，希望社会经常处于敌视和混乱状态，可是全体人的真正利益却在于诚挚地经常团结而不互相争斗；所有这些由直接违背公正、明智和善良的自然法的不合理法律的鼓吹者和保卫者所制造的祸害，已表现得非常明显，以致不可能再让它们长期存在下去。要求用公正而友好的解决办法来调节一切意见分歧的愿望日益增长，就可以看出这一点。这也是一个时代——全世界要对社会制度进行伟大的根本改革，以便制止被这些旧的谬见加重到不可容忍地步的灾难的时代即将到来的征兆。

由于贫困、迷信、人为法律与自然法的矛盾而产生的犯罪事件的增加，已经达到开始骚扰社会和引人注目的地步，使人们关心这些灾难的迅速而广泛蔓延的原因并考虑对个别罪犯的惩罚是否公正的地步。

结果,那些最不受迷信和谬见(它们至今仍然是社会的基础)支配的人开始明白,犯罪是人们由于谬见而受到无知、贫困、迷信和法律长期压迫的不可避免的结果;他们开始明白,这些罪行是社会的罪行而不是个别人的罪行,可是这些人却因为社会的无知和谬见而受到很不公正的惩罚。这种治罪方法的没有理性,已经一天比一天明显,用不了多久,全社会就会知道,这种方法是同健全的思想和正直的态度都有矛盾的,必须把它抛弃掉。以前,舆论允许一些无知的人根据另一些无知的人的无知程度的不同而惩罚后者;现在,这种舆论已经发生变化,这也是一个新时代即将到来的征兆,证明以一堆谬见为基础的现代社会制度需要立即用新的社会组织来代替。新的社会组织将消灭产生上述谬见的原因,并使它们无法死灰复燃。

但是,预示人类事业中发生革命和社会必须全部改组的时代即将到来的最明显的征兆,是社会上已有一种广泛传播的新的信念:主张对千百万群众进行启蒙工作,培养他们的新性格,以取代充满无知和粗野的旧性格。现在大家都承认,**人民**应当受到启蒙教育;但是,国内各个有势力的政党之间争论的只是:应当由谁来做启蒙人民的工作,以及根据什么原则来做启蒙工作。目光短浅而没有理性的凡人啊!目前能不能就这个如此重要的问题造成舆论呢?真正的问题只在于:是让人类中的千百万广大群众在本性或社会地位方面停留在比埃及的黑暗[①]还浓厚的黑暗之中,并且

① 埃及的黑暗指摩西施法降灾埃及,使埃及遍地黑了三天。故事见《旧约全书·出埃及记》第10章。——中译者

向他们硬灌至今一直在破坏人类的思维能力、使人与人或民族与民族彼此疏远的陈旧而没有理性的迷信所固有的那些信口臆造的可怕胡说呢？还是让这千百万群众在感情、思想和行动上变为有理性的人呢？应该走后一条道路！应当抛弃谬见，应当承认真理，因为知识已经放射光芒，迷信就要被人抛弃，而迷信所造成的和至今仍在压迫着世界人民的无穷灾难也将同时消失。

现在已经知道，每个人的性格都是外力**为他**培养的，而且主要是社会为他培养的。不错，自然在人出生以前就准备了材料。但是，现在也知道，即使在这方面，后天获得的知识也能有助于自然。人们还知道，具有充分权力用人所先天具有的某种材料塑造出或培养品性高尚或品性卑下的成年人的，是社会，而不是个人。人之所以性格卑下，是因为完全忽视他的理性或因为自幼就向他灌输流行于全世界的迷信观念；当人在坚实的真理基础上受到教育的时候，他就能培养成为有高尚性格的人，根据与这个基础相适应的有用的实际知识，才能培养出人的智能。

愚蠢而没有理性的人啊！不要认为目前所具有的关于人的本性的知识和使人出生以后被培养成为性格卑贱或性格高尚的人的教育手段可以长期存在下去，而不去消除无知状态。要知道，无知使人类至今还不了解自己的本性，把人变成狂暴、贪婪、怀恨而卑鄙的生物，对理性时代的来临毫无预感！

不能这样下去！现在必须教育人。但是怎样教育呢？人不应该再在身心方面成为无端恐惧的奴隶；灵魂、家神连同产生它们的迷信，已临近末日了；人的性格今后应当根据已被证实的真理来培养，以便造就出有理性和有高度思维能力的人，这种人能够创造保证子孙幸福的条件，并使他们的生活长期幸福。

不列颠帝国臣民的性格现在应该由谁来培养和怎样培养呢？由印度教还是基督教或者伊斯兰教的教士们来培养呢？这个幅员辽阔的强大帝国的未来臣民，是否从出生以后就会处在良好的环境中和受到良好的社会教育，从而造就成为具有很发达的天赋能力、志趣和素质（而这些优秀品质在一生中将得到应有发展）的高尚的男男女女呢？换句话说，他们是变成彼此仇视、互相斗争、愚昧无知和没有理性的人呢，还是变成从出生以后就在体、智、德、行的能力方面得到良好发展，而这种能力在一生当中经过锻炼将达到均衡状态的有教养、有理性的、有坚持精神的男男女女呢？

他们没有变成这样的人！好在，为了拯救可怜的、畸形的和受屈辱的人的本性，人们已决心打碎无知的外壳，因为这个外壳一直禁锢着人的一切理性能力，不让一线光芒透过。在硬壳上终于打开了一个缺口，光线已经射到最黑暗的深处，而且时时刻刻在增强，所以用不了多长时间，人类就要进入新的生存境界，变成新人，具有新的心灵、新的理性、新的精神和新的知识。这些新东西将把人培养成为能给周围一切人创造幸福，而且也从周围一切人那里得到幸福。但是，为了实现人类生活中的这一伟大而光荣的变革，不应当利用任何迷信的教派精神来培养人的性格，教派的臆想不应当再成为支配人的力量，来破坏人的一切高度理性的能力。人的智慧不应当依据违反事实的虚构观念，而应当依据始终不变的事实，依据已被直接证明了的永恒真理。这种真理是无可置辩的，任何诡辩的伎俩都毫无办法战胜它。

是的，新时代要到来的征兆表明，对人必须进行教育。各种不同的党派都力图把人变为软弱无能的伪君子，或者变为教派分子，变为这种或那种非理性信仰的拥护者，在这些党派为推行迷信而进行的斗争失败后，一切人就都团结起来，最后确信人出生以后就对他进行理性的教育，以便使他不再成为受地域限制的、与自己的同类竞争的、仇视自然、理性和健康思想的动物。人应该有充分发展的人的才能，合理地利用自己的体、智、德、行的能力，在周围一切人得到高度康乐和幸福的基础上保证自己得到康乐和幸福。

人的性格的这一伟大变革，显然很快就要酝酿成熟了。但是，在现存不良的社会组织下，这一变革是绝不能实现的。只要仍然根据迄今所依靠的虚伪的原则来组织社会，要使人们得到任何巨大而长久的福利都是不可能的。在这些原则的基础上，人们永远不能成为有理性的人；为了使人们能够成为有理性的人，必须先有新的社会组织和实行新的社会划分。新时代要到来的征兆表明，伟大的新社会生活条件正在形成，它们不仅使这一改革成为可能，而且使这一变革非常符合全人类、各国的一切等级和地位的人们的愿望。

要求组织新社会的时代即将来临的另一个典型的重要征兆，是全世界各地受过去和现在一切政府统治的人们的普遍不满。再三试行过形形色色的政体，可是它们对于培养被统治者的高尚性格，对于创造他们的幸福都无所裨益。政府理应为人们创造高尚的性格和幸福，但是它们没有做到，而且也不可能做到这一点。它们没有一个例外，都不能解决摆在自己面前的任务。究竟为什么会这样呢？显然因为现今的社会组织，在人们和民族仍处于没有理性的状态，以致甘愿接受虚伪的原则统治的时候，是不容许达到上述目的的。专制、立宪君主制、寡头统治、贵族政体、共和政体或民主政体在什么地方，在地球上的哪一洲，曾为它们所统治的人民培养过人的高尚性格，或创造过幸福呢？

在这些政体中的任何一种政体下，整个社会制度都是无知、不义和荒谬的集合体。因此，不论实行哪一种政体，被统治者都必然看到，它不能保证人民明智和幸福。

全世界的人对于这些打算推行贤明政治的徒劳无功的尝试现已感到厌倦，不再期待任何一种旧的政体或统治方式赐给可靠的福利。人们的高尚性格没有养成，人人未能丰衣足食，而这种结果就是评价统治好坏的唯一标准。我们可以听到对这些政体表示赞成或反对的声音，因为被统治者感到不满时，总希望试一试其他政体，认为任何一种改革都应该意味着改善。然而，具有正确判断能力的富有经验的人，是不会再为争取这些政体中任何一种政体而出力了。对政府的普遍不满，自然要继续存在下去，而且一直要存在到社会根据人的本性和社会的真实原则进行彻底改组的时候。同时，社会只能根据不同的年龄来划分。简单的、美好的和科学的社会制度，将通过自己的纯朴活动，保证人人健康和快乐而且创造出超过全世界居民所需要的优质财富。每个人从出生以后所受的特殊的教育，可以使社会按不同性别，培养出对社会有好处和有价值的善良的男男女女；以后的各代人，在教育和生活条件上，将不再需要有差别；科学将成为人类的高等奴隶和仆役。全世界的社会管理工作，将符合于人类的这种新的生存条件，发挥自己的作用，并在时代和时代引起的改革所坚决要求建立的新制度中占有自己的地位。

一切政府至今仍然是使用暴力和欺骗的政府；为了领导创造财富和培养人的性格的工作，要有仁慈、明智、正义和善心而不使用个人奖惩办法的政府。为了当今一代和以后世世代代的幸福而迅速地改造社会的工作，已经日益成为刻不容缓的事情。

全世界居民的划分至今仍极不合理，以致为了维持多少过得去的生活条件，都得经常使用武力和欺骗手法，而在人们处于这种分裂和对立的情况下，普遍的战争几乎是不可避免的。现在千百万居民已认清了战争的极端愚蠢和狂暴，但直到如今还不知道战争的不义性质及其无穷灾难，这种灾难使人类经常处在极为粗野的不道德状态，更不用说大屠杀和劫掠了。因此，现在必须改造社会（而且这也是不可遏制的要求），以便制止战争，消除战争的不道德行为，以及战争所引起的贫困和狂暴行为。上面说过，社会的真正要求是使人人养成高尚的性格，使人人富有，使团结、仁慈和善良的精神遍布于一切民族和国家；而在目前，战争却成了一种最可靠的手段，用来妨碍培养人们的高尚而有理性的性格，破坏财富，限制财富的生产，阻止在受到不合理教育而从事战争或参加战争的人们中间树立仁慈、善良和团结的精神。在社会舆论中出现这种仇视战争的大转变（特别是在地球上最文明的地区），也是事物发展本身要求进行社会改造的一种征兆，也就是说，这种改造不能再拖延下去了。

所有最富庶国家的货币制度的解体，以及无限增长财富的手段的存在，也都成为要求建立新的社会制度组织的征兆。

财富即个人的财富，成了全世界的上帝；获得财富成了人们活动的最大的动力；我们本性中的一切能使人们得到快乐的高贵品质遭到藐视，为的是使有助于获得财富的能力得到无限制的发展。其实，这一切都是明显的狂暴举动和直接的无理性行为。

现代社会的货币制度在很大程度上是这种狂暴举动和无理性行为的原因；它迷惑了人类的理性，迫使人类认为金钱就是财富，不管积累了多少金钱总嫌不足。其实，对金钱持有这种谬见，反而比其他一切原因更加妨害着财富的创造和用妥善的方式把财富公平地分配给每个人。这种谬见妨害人们得出如下的正确观念：如果不是某些人在现代的个人主义社会制度下积累金钱，财富很快就会绰绰有余地满足一切合理的要求，犹如现在的水源那样充裕。

在财富不足和每年财富再生产的资料不易得到的时代，人造的货币曾是有用的；但是在目前，当全世界能够十分容易地做到财富生产过剩或者财富非常丰裕的时候，除去从虚伪的社会组织向正确的社会组织的过渡时期以外，货币对于生活在有组织的理性社会和受理性原则管理的有理性的人来说，是毫无用处的。

举世都在力图获得黄金和白银，而不顾在追逐金银时或得到金银后所发生和遭到的各种灾难；然而人类可以为自己提出的唯一合理的目的，是为本身和他人谋取幸福。为了获得人为的财富或捕捉被当作是幸福的缩影而付出的这一切努力，都是无益的消耗。这完全是浪费人类的能力。目前，可以采取一些使一切被统治者都满意的简单措施，以创造质量优异、数量无限而大大超过世界人口各种可能需求的财富。财富的每年增长速度，可以比世界人口在任何条件下的增加速度快十倍，如果需要的话，还可以快二十倍。

可见，社会的货币制度所造成的混乱和困难，也是一个征兆，它表明现代的社会组织已完全不能适应科学知识的增长，不能保证人们不用繁重的、有害健康的和不愉快的体力劳动去创造财富。这种货币制度不能使人不用金银或人造货币而合理地和有效地分配所创造的财富。

一切依靠夸夸其谈的立法会议的政府之不受欢迎，千百万居民对它抱着几乎是蔑视的态度，也显然证明现代的社会组织很快就要终其天年。为了把世界管理好，必须行动起来，而不能光是空谈；必须培养人们的高尚性格，创造财富，以仁厚和善良的精神团结所有的人，为人们的共同利益去消灭恶劣的环境，并代之以良好的环境——这就是妥善而英明地管理人类所要求的一切。为了达到这一步，不需要夸夸其谈。这样，变革就可以十分简单而迅速地实现。

当政府的一切活动都以真实的原则为根据，而一切措施也符合这些原则的时候，合理而良好的世界管理制度一年之间所能做到的事情，将比世界上的一切立法会议最近五百年来所做到的事情还要多。

世界三大主要立法会议[①]的议员们在发言中每天都吐露出不合逻辑的谬论，好像有意使他们更加声誉狼藉似的。这些议员的发言，同神学家的说教和讲道颇为相似，几千年来，神学家把他们所讨论的问题弄得比愚昧无知刚开始起作用的时候更加混乱和糊涂。宗教和政治至今还处在它们最初所处的阶段，所不同的或许只是双方的问题由于更加复杂化而使人难于理解。文明世界三大

① 欧文指的是法国议会、英国议会和美国国会。——俄译者

立法会议上的发言,始终充斥着毫无实用价值的空话。议员们出生后所受的极端恶劣的教育,使他们只能成为不良性格的典型,这是人的性格从小就受到歪曲的结果。他们不利用必然产生有价值的结果并且可以迅速传布于社会的正确原则去教育人类,而在他们可以发表言论的各个国家中散布个人的和地方的偏见。这些偏见完全无益,只能使所有的读者思想混乱。一些生活问题本来十分简单明了,在理论上人人都可以理解,而在实践上又对人人都有好处,可是却被弄得非常复杂,以致谁也不能懂得它的原则,谁也不能在实践上顺利地应用这些原则。成千上万的人越来越清楚地了解这种错误,连那些希望改善一切阶级的生活条件的人也逐渐不去读这些毫无用处的言论了。这也是要求广泛改造社会以及真理必将战胜虚伪和谬误的一个征兆。然而千百万人生活中的这种阶级立法的可怕后果,则是必须进行改革的最令人信服的标志之一。

这些阶级立法会议本来具有很多的手段,可以使各国的居民得到高度的发展,精诚团结,拥有丰裕的财富,生活在美好的环境中,怀有真正善良的心地,享受永久的幸福;但是,它们却通过了各种法律和使用了其他方法,使千百万居民处于无知状态,造成了各个阶级之间和个人之间的分裂,使群众生活在极端恶劣的条件下,使所有的人养成最不仁慈、最不善良和最不正义的品性。因此,它们只是使人们经常贫困,而不去制定简单易行的实际办法来消灭这种灾祸的根源,也不去为世人创造最好的生存条件。群众所受的沉重苦难,证明他们要求废除阶级立法的愿望是完全正确的;但是他们还十分无知,不懂得应当用什么东西来代替这种立法。即使英国、法国的人民议会也像美利坚合众国那样，由所有的阶级来选举，但如果这些国家仍然保留目前的社会组织，它们也不会创造出比美利坚合众国国会议员至今所创造的更多的明智和善行。

由于整个文明世界流行的个人之间和民族之间的竞争而产生并日益增加的不道德行为、贫困和痛苦，以及竞争给人类带来的日益深重的灾祸和匮乏，也是证明必须全面改革社会组织的许多征兆之一。

个人之间和民族之间的竞争为奠定社会未来的繁荣和幸福的基础所能做到的一切，都已经做到了。为了保证这种繁荣和幸福，并使人有理性、有见识和生活美满，现在需要的是个人之间和民族之间精诚团结和合作。改革一步一步地迫近，可是改革所用的方式很不完善，欧美目前广泛流行的铁路、轮船、煤气、自来水、银行和其他联合企业就是如此。人们很快就会看到，竞争和分裂是极其缺乏理智的，而广泛的联合则有无限的优越性，所以广泛的联合将到处被人接受，而竞争和分裂则要完全被人摈弃。

事实上，随着问题的研究一步一步深入，证明社会组织必须改革的征兆也会迅速地一个一个出现，以致我们能够在结束这项讨论时，再提出一个有说服力的论据，来证明本章所谈的改革是不可避免的。每个人从幼就直接或间接地受到养成贱买贵卖习性的教育，由此产生不道德的后果，而从这种不道德后果对人类一般性格发生的有害影响当中，就可以得到这个论据。

从任何正确的纯粹道德观点来说，贱买贵卖的原则是极其有害的。它敌视人类的一切高贵品质的发展，使每个人互相钩心斗角，把人们变得无知而自私，给人们的思想和行为制造混乱；它仇视正直、仁慈和善良；它使人们产生损人利己的欲望。因此，只要这项原则支配着实践，就绝不能指望人们不分阶级、教派、党派、国家和肤色，尽心竭力地为每个男女和儿童谋求康乐和幸福。

因为现在的一切人，从地位最高的到地位最低的，都希望以最低的价格购买他人的劳务，而以最高的价格出卖自己的私有物，所以人人都感到不满，而且不满情绪像这种行动本身那样普遍。真理和虚伪是不能共同来管理社会的；其中的一方必须为另一方让路；虚伪在制造痛苦，而真理将产生幸福。因此，必须首先反对鼓励人们贱买贵卖的教育，然后才能把人们的感情、思想和行为培养得合乎理性，也就是使**理性**的社会制度能够得到实施。

人类思想和实践中的革命或将来从无理性到有理性的过渡

(1849)①

在自然体系中,“旧事已过,都变成新的了”的时代,“把刀打成犁头,把枪打成镰刀”的时代,“在地上平安,喜悦归于人”的时代,“每个人都高枕无忧地坐在自己的葡萄树下和无花果树下”的时代,就要到来了②。

谨以本书献给那些理解自然界或上帝的神圣法则并认为它们胜过有害的人为法律的人,献给那些具有道义的勇气敢于公开保卫真理而毫无隐讳、毫无谬见和恐惧的人,以及那些深知只有依靠真理才能得到并永久保住人类幸福的人。

绪论　社会的过去、现在和未来

过去是不可避免的,它也是创造现在所必要的,正如现在是创造人类生存的未来形式所必要的一样。

---

① 译自1850年英文版。

② 引文摘自《新旧约全书》。(参见《哥林多后书》,第5章,第17节;《以赛亚书》,第2章,第4节;《路加福音》,第2章,第14节;《列王纪上》,第4章,第25节。——中译者)

过去在全世界创造了现存的这样可憎的、无组织的、愚昧的、十分悲惨的社会状态。

但是，现在却负有使命，必须利用一切必要的资源，在世界各洲保证人类有令人向往的、组织良好的和文明幸福的未来。

从愚昧的、可憎的、无组织的和悲惨的现在过渡到文明幸福的、令人向往的和组织良好的未来，如果依靠对某一部分人施加暴力或者发怒和仇视的办法，这种过渡是绝不能实现的。不能这样。全部人类事业的这一伟大变革，只能通过发展伟大的基本真理，由那些能够得到人性和社会的实际知识的人以和平、善意、仁慈的精神向人们传播这些真理，耐心不懈地、坚定不移地向人们解释这些真理的办法，才能最后完成。

具有这种知识的人知道，一切资源大部分都已具备，足以建成幸福的未来；为了取得成果，这些资源必须得到合理利用，以便建成一个以符合于人性的真实知识的科学原理为基础的社会。

具有这种知识在目前十分重要，但是人民至今还受蒙蔽，无法得到这种知识，因为过去和现在，有人一直不让人们知道自己的本性，不知道自己的本性，人们就不能建成合理的社会制度，或采取可以保证人类过幸福生活的实际措施。

因此，现在必须设法鼓励人们去探讨一些与虚伪而有害的联想截然相反的重要原理，这些原理是人们有生以来就被迫在思想和习惯上接受的那种观念所引起的。

很多人认为，在目前条件下，实际上不可能克服已经根深蒂固的谬误和恶习，也不可能确立真理和养成比较良好的习惯。

但是，说这样话的人，实际上是不懂得关于环境影响人性的科学，从而也就不知道怎样创造强有力的足以克服旧条件的那种新条件。

我十分清楚，一般人认为我所主张的制度不管怎样合乎真理和有利于一切阶级，也不可能把人们自幼养成的根深蒂固的偏见和习惯克服掉，不可能把它们一下子改变过来；但是我过去相信并且越来越相信，正是在现在，由于穷人受到痛苦和富人感到危险，那些符合于自然并对世界各国一切阶级的人们都非常有利的原则是能够实行的，并且富人和穷人都甘愿采用和适应它们。这是自然界造成的必然；这种必然性促使所有的人在适当时机摒除谬误和灾祸，而接受真理和幸福。危险、饥饿和贫困现在正威胁着所有的人，而且在现存的压迫和受苦的制度下，这些日益加重的灾难是无法解脱的。然而，对于原则和实践如果实行所拟议的改革，**那么一切人的处境将比现在任何人的处境要好，将比人们把虚伪的制度、即暴力和欺骗的制度保持下去的日后处境要好。**

为了使这一伟大的和乍一看来有些突然的改革能够实现，而造福于现正受苦的世界各国人民，就必须使世界上所有的人完全认清旧制度的虚伪和缺陷，完全明了所拟议中的新制度的真理性及其将要带来的幸福。

现在所需要的和可以实行的改革并不具有党派的性质，甚至不以国家为限，所以在这个问题上任何联系到局部地方的想法都是错误的。这个问题不但触及欧洲那些扰攘、激荡的各国人民，而且关系到美洲大陆、亚洲和非洲。事实上它是包括着全人类的改革的。

在一秒钟内就能把人的思想传到二十万英里以外,[①]这是永垂人类史册的惊人发现。但是更为惊人的,将是根绝争吵、无知、灾难、恶念和贫困,以及通过以真代伪的方法来确立真理、和谐、富裕、善意、爱情、知识和幸福。这是现在就要实现的。有一种看法,认为一个人的品德、情操和信念是由他自己养成的,并且对此向目前缺乏理性的同胞负责。我们摈弃这种与全部事实相违背的看法,而认为这些品德、情操和信念是神或自然界和社会给人造成的,而且有合理的根据认为只有神或自然界和社会才对此负责。我们要改变人类的整个状况,把不同阶级、宗派、党派、国家和种族普遍相斥的制度变成普遍相吸的制度。因此,使人逐步得到新生活的时期就要开始了,这种新生活要比早已许诺的“千年至福”[②]完美得多。

当初写作本书和现在出版本书的目的是:促使各国政府和人民停止他们现在所干的残杀自己邻居、破坏宝贵财富和加深相互为敌之感的极其没有理性的行为,并把世界上残暴而无德的破坏性军队,逐渐改变为给人类创造财富和幸福的文明而有德的军队。

一切事实都证明,人过去是、现在是、将来也永远是他从有生之日起终身所处好的或坏的、有益的或有害的环境的产物,因此,本书的目的——促使人类用有益的和好的条件取代有害的和坏的条件,即实行改革——是目前在全世界不难实现的。

从前人们都认为地球是平面的,静止不动的,但是没有一个事

① 欧文指的是俄国希林格和雅科比两人在19世纪30年代发明的电磁式电报机,后来在1837年又经美国人莫尔斯改进。——俄译者

② 欧文是指所谓《圣经》上预言的基督统治而言。——俄译者

实证明过这种说法。同样，人们都教导我们去相信人是自己形成个人的品德和意志，并养成个人的行为方式的，但是，也从来没有**一个事实**证明过这种不合理的看法。

由于发现地球的真正形状和运动而得到的好处是巨大的和多方面的。然而，发现形成人的品德和行为的真正方法，对于人类将是更为无比重要和有益的。

谨呈不列颠女王维多利亚陛下及其负责顾问[①]

由于未能找到贫困的原因和消除它的手段，贫困便在人类中间蔓延滋长。因此亟须发出简单明确的真实之声，以诚恳和善意的精神向有关当局指出贫困的原因和消除它的手段。

然而，用充满这种精神的言语向大不列颠政府呼吁尤为必要，因为它的领地辽阔，国土不与他国接壤，在动荡不安和互相角逐的欧洲国家当中处于独特的地位。目前，欧洲的居民正是处在这种严重的无政府状态和混乱局面之中。

不列颠帝国强大有力——不论好的方面或坏的方面，它的局势比其他国家平静和安全。这就使它有责任采取友好的办法，帮助这些国家摆脱它们的可怜而紊乱的处境。

这些国家之所以陷入这种境地，是因为不知道怎样建立理性的制度以教育和管理居民。

---

① 维多利亚是 1837—1901 年的英国女王，乔治三世第四子肯特公爵的女儿。肯特公爵因为残暴被革除军职后，一直与政府对立。当时的政府因乔治三世患精神病，由肯特公爵之兄摄政王执政。因此，肯特公爵站到辉格党的立场上，甚至在改革选举制度的斗争中支持激进派，并与欧文接近。——俄译者

这些国家只要坦率地承认那些以明确无误的形式表达出来的极其重要的真情，就能够采取摆脱上述灾祸的措施。

现在，不列颠帝国是公认的最先进国家，它在安全方面仅次于美国。但是，在当前的危机时期，各国人民都有不同的内忧外患。

不列颠虽然拥有极其丰富的资源，可以用来创造无限的财富，并使自己的领地成为繁荣昌盛和管理英明的范例。但是，它也像别的国家一样，陷入了理论和实践的各种错杂的谬误之中，从而变成了灾祸、犯罪、疾病和贫困在大多数居民中间猖獗流行的鲜明例证。同时，财富的过剩，以及奢侈和对大多数居民的不公平待遇，也给少数人带来了严重的损害。

直到今日，历届政府都是不得不按照它们所处的环境行事(其中包括政府官员自从出生以后所处的环境，以及形成他们性格的环境)。它们今后也必然这样行事。因此，从情理上讲，它们不应当受到任何责难，而且必须帮助它们摆脱这种困境。

只有环境才能按照应当的方向改变政府行事的方式，才能持久地改善它们的处境，因为环境可以改变它们目前的错误观点，从而改变它们的性格。正因为如此，我才打算对不列颠政府提出一套供作实行的切实而有价值的新思想，以便使它得到创造新环境所必要的知识，而新环境就是促使它将来为一切居民阶级的永久幸福而合理地感受、思考和行事。

我知道环境对于人性具有决定性的影响，所以当然希望创造一种更完善的新环境，以推动不列颠政府抛弃已经过时的虚伪和邪恶的制度，而在理论上和实践上采取另一种以真理为基础的制度。这种新制度，如被正确运用，就会不但把无限的福利和幸福带给英国人民，而且带给全世界人民，因为各国人民现在都期待着英国政府提出英明的建议和作出理性的榜样。

你们的地位使你们拥有巨大的力量（不管好的还是坏的），所以我现在不顾谬误舆论的反对，准备向你们提出一些重要的真情（因为只有真情才能把欧洲各国人民从内心不满、内战和无穷灾难中拯救出来）。这是至今要冒生命危险才能吐露出来的一些真情。

这些真情是：

“不列颠政府尽管比其他许多国家政府先进，但它仍是一个坏的政府。它在做着为了普遍幸福本来不应当做的事情，而对创造居民的永久福利、永久康乐和永久幸福所需要的一切事情却放着不做。

“在不了解人性的基础上制定了法律，又根据这种法律建立制度，这种制度使人民群众处于精神上屈辱的愚钝状态和极端贫困的境地。

“这些极不合理的制度和法律，使许多的人不得不无所事事。他们本来愿意努力干活和协助赡养他人，而且这也很容易做到，可是他们却被迫变成了压在极其勤劳的同胞身上的沉重包袱。

“不列颠政府至今没有采取任何合理的措施，以培养人民的良好习惯和志趣，以及向他们传授最有用和最有价值的知识，并使全体人民都变为有理性的人——这是一切政府的首要职责。

“不去有计划地采取一些深思熟虑的措施，以便全力达到上述成果，却建立一些制度并制定人为的法律，使人民处于粗野无知和屈辱贫苦的状态，使他们身染恶习，并逐渐落到犯罪的地步，直到他们接二连三犯罪，甚至达到社会完全不能容忍的境地，于是产生了建立人为的惩罚制度的必要性。

“不列颠政府遵循这种不合理的行为方式，因而用非理性的和不公正的措施**迫使**人民养成恶习和犯下罪行，然后又不惜任何代价去侦查和惩治那些个性原已受到政府本身损害的人。但是，如果谈到培养人们的优良习惯和志趣，向他们传授正确而有价值的知识，以及使他们成为有理性的人，政府却非常吝啬，不肯花钱。比如，政府全体一致同意拨款七万英镑去扩充国王的马厩，但对于拨出三万英镑去扫除国内广大文盲或半文盲，却十分不愿投票。

“政府准许或容忍不健康和不合理的秩序在全国产生，这种秩序使生活陷于混乱，并且使混乱局面保持下去，然后再拨付巨款，作出微不足道的尝试，去制止日益加剧的混乱和进行局部的治疗，但是对于引起灾祸的根本原因却不去触动，甚至不予考虑。

“政府经常表示愿意保证人民的持久福利，然而实际上却采取极有效的办法去阻止这一目的的可能实现。政府在制造这种不幸结果方面很有成绩，这使所有知道大不列颠拥有巨大可能性可使各种年龄的人得到健康、富裕、有知识、康乐和幸福的人，都吃惊不已。

“不列颠政府（只要它具有某种健全的理性或实践的才智）知道，好的乃至极好的外部条件必然会造就出好的和极好的人，而坏的或极坏的外部条件则一定会造就出坏的或极坏的人，它也拥有极多的手段可以到处创造好的或极好的外部条件，但是，它却容忍乃至鼓励去创造极坏的和最差的条件，并且经常推广这些条件。同时，创造和保持好的和极好的条件是经济得多的，而在这种条件下进行管理也比较容易。而且这些条件可以保证普遍幸福，而排除互相敌视的情绪，排除不安和忧虑，正是这些情绪现在妨害着正常的社会生活，妨害着采取那些促使人们能像有理性的人那样去感受、思考和行动的种种措施。”

实际上，不列颠政府的官员是从小就在谬误中培育和教养起来的，他们创造不出能够保证人人处于良好环境和拥有大量财富的管理制度。因此，不列颠政府是一切无知、贫困、疾病、不睦、犯罪和随之而来的那些目前普遍流行于不列颠境内的各种灾难的直接或间接的根源。

同样由于这种不良教育和缺乏知识，不列颠政府**也成了毒害着帝国臣民的那种人们在相互关系中不怀好意和缺乏仁慈，以及低级的和害人的欲念的直接或间接的根源，**尽管这一点表现得不很明显。

如果不列颠政府具备适当的知识，使它能够制定和实行有效的实际措施，以形成人们应有的性格并为一切人创造丰裕的财富（运用它现在拥有的手段，可以轻而易举地做到这两点），那么，它就会防止贫困、不睦和犯罪的继续发展，就会促使这些灾难迅速减少，而这些灾难的存在正使社会受着如此不合理的损害。

你们拥有极其广泛的机会和权力，可以采取**最简单的和根据一般常识可以想出的措施，以纠正目前社会上的一切不良现象，**并逐步地、和平地创造出为大家所需要和对人人有益的东西。

例如，你们可以在爱尔兰各郡推行这些实际措施，并从那些最迫切需要用这种措施来克服饥饿和贫困的地方开始[①]，这样的饥饿和贫困即使在无法克服这种灾难的野蛮人当中也很难见到。

---

① 1845年和1846年爱尔兰大歉收，有数千人饿死，数十万人迁往美洲。——俄译者

然后紧接着可以把这些同样措施推广到大不列颠的各个郡。这样,过剩的人手(只有在完全不适宜的制度下才能产生这种过剩)就会立刻得到利用,而且无论在新制度和旧制度之下都会得到十分有益的利用。

人民的祸福操在你们手里,但是你们由于缺乏知识,至今给予人民的只是无知和不幸,而不是知识和幸福,这一点不能向人民隐瞒了。

现在各国政府和人民正经历着严重而深刻的转变时机。旧的不合理的制度正在崩溃,在人类没有知识和经验的时候,这种制度控制着人类,而且一开始就败坏人的品德。人类即将经历的最伟大的改革开端了。这将是从那种在一定程度上为所有的人制造相互仇视和不幸的极不合理的制度向着那种使人人相互友好和幸福的合理制度过渡。这将是从那种万恶之源的不合理的恶劣环境向那种经常成为富裕和幸福之源的完善得多的新环境过渡。

你们现在是否愿意研究这个极为重要的问题?如果你们认为我所说的都是正确的、好的和切实可行的,那么,你们是否同意我所提出的原则和实际的措施呢?[①] ……

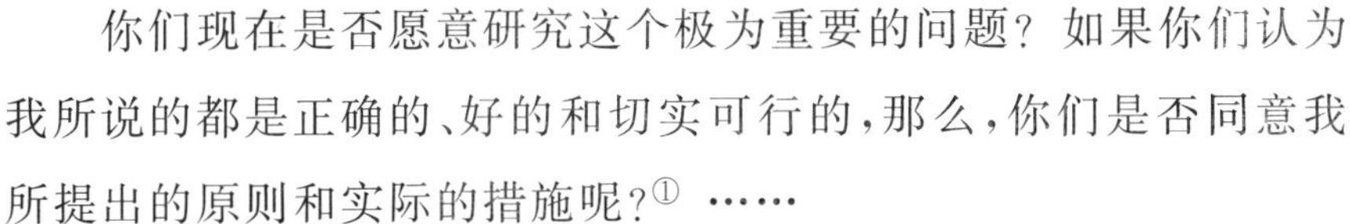

第一章　善和恶

能够支配人类的只有两个因素,这就是善和恶。

社会的制度和人类的本性,必然以这两个因素中的一个为基

① 为了避免重复叙述欧文的思想,删去一段前言和整个导论。——俄译者

础。这两个因素彼此对立，所以想把它们结合起来的一切企图都是注定劳而无功的。

善的因素只导源于人所共知的始终不变的事实。

恶的因素则只以没有经过实践经验检验的、与人所共知的一切事实相抵触的并经常变化不定的幻想为其来源。

善的因素直接导致真理、团结和幸福。

恶的因素导致虚伪、不和和灾难。

善的因素是以"知道人是不经过他自己同意而由自然界和社会创造出来的这种知识"为内容的。

恶的因素是以"认为人是自己创造自己的"这种假定为内容的。

从古至今，支配世界的只是恶的因素。在组织社会和由这种社会形成人性时，所依据的都是与人所共知的事实相抵触的假定，即认为每个人都是自己使本身成为现在的样子。

从这个因素出发，永远不会得到真理、善良、团结、仁慈和爱情。在世界各国人民中，这些美德至今只是有名无实；只要允许恶的原则支配世界，这些美德就必然徒有虚名，而无内容。

现在，有人试图把这两个因素结合起来。欧洲和美洲的一些改良主义者就是这样做的；罗伯特·皮尔爵士不久前在他的杂乱无章的爱尔兰复兴计划中所提的建议也是如此。但是，这两个因素是像油和水那样不能结合的。

大家知道社会上有的东西是根本不合理的，一个伟大的变革即将来临。但是，政治活动家、哲学家和人民还需要知道，这个主要的恶是什么，怎样才能克服它。

共和主义者、社会主义者和一切反对由旧原则支配社会的人，都感觉到这种恶，都意识到有一种根本不合理的东西存在着。但是，由于他们的知识不足，只能暗中同这种不合理的东西斗争，结果不仅使敌人而且使自己的朋友也受到了巨大的损害。

他们分辨不清善和恶的因素，提不出任何以善或真理的因素为基础的全面而完整的实际措施。他们激励人们的思想和感情并促使它们对于种种恶的作用做出敏锐的反应。但是他们还没有了解作为在大小社会中管理人们的一个完整体系的这种善的因素的原则和作用。他们还应当大大发展自己的智力，丰富自己的经验，以便能够理解这一套新的原则和作用，能够成为他人的可靠领导者。

我在新拉纳克所做的实验，是根据善和真理的原则来管理社会的唯一尝试。这一实验曾遭到以恶和虚伪的原则为基础的现行制度的种种阻挠，但依然得到了很大成功。

根据新拉纳克所采用的同样原则来建设社会，恶就可以迅速绝迹。

我向全欧洲各党派的领袖们呼吁：停止流血屠杀以及破坏和浪费珍贵的财物吧，理解善和恶这两种因素以及它们必然产生的一切实际结果吧。这样他们将会看到全世界各国政府可以多么轻而易举地逐步消灭恶并永远建立起善的统治。

我在下一章要简略地叙述一下上述的实验，以便用事实来证明我所说的善的因素这个原则的正确性，证明这一原则如果在社会管理工作中得到正确的应用将能给人类带来的巨大利益。

第二章 关于罗伯特·欧文管理新拉纳克的三十年实验的记述

目的在于证明和发展下列原理：(1)“人应该养成他自己所需的本性”；(2)适当地应用机械力和化学力就“能够创造出极丰裕的财富，在数量上绰绰有余地满足一切人的合理愿望，而且使生产财富的人优先得到满足”。这就是人类现在需要解决的两大问题，解决这两大问题是为使各民族都能得到和平和幸福，并保证后代的幸福不断增进。

记述

十年前在里子出版一本小册子，用了一个非常轻率的书名，叫做《新拉纳克——一项失败的事业》。但是作者的意图却是要证明新拉纳克不应当称为失败的事业。这本小册子是根据里子的地方当局正式派往新拉纳克的三名代表的叙述编写的。当时里子的地方当局摸不透怎样帮助本地区的贫民和失业者，于是决定派人到这个远近驰名的团体来收集必要的资料。

这三位代表是：已故的英国国教会教徒约翰·卡伍德；《里子信使报》(*Leeds Mercury*)的编辑、非国教徒[1]爱德华·本斯；约翰·卫斯理[2]所创立的美以美会教徒罗伯特·奥斯勒。这几人被派遣这一事实可以证明他们的实用知识和为人正直是显然受到里

① 在英国，凡不信英国国教会教义的人，都被称为非国教徒。——俄译者

② 约翰·卫斯理(1703—1791年)是英国基督教美以美会的创始人。——俄译者

子市的完全信任的。

上述三人在新拉纳克逗留数日，非常仔细地考察了这个大规模企业的各个部分，然后向里子市当局提出了正式报告。上述小册子就是利用《里子信使报》上发表的这份报告，经过简单加工写成的。

可以设想这份报告现仍保存在里子市当局的档案里。

这几个人在访问新拉纳克以前与我素不相识，现在我就正是把他们写的这份报告当作真实可靠不偏不倚的正式文件加以引用。这个文件在他们访问时写成，至今没有受到任何人的怀疑。

新拉纳克企业是已故的理查德·阿克赖特爵士在1784年或1785年创办。阿克赖特是新式纺纱机的发明者，并且第一个采用了这种机器。这种机器和经过改进的瓦特蒸汽机奠定了工厂制度的管理基础。他和人人皆知的戴维·戴尔[①]合伙，此人生于格拉斯哥，现已去世，是18世纪最讲仁爱的人们当中的一位。

原来打算办纺纱厂，目的在于谋取金钱利益。

我不知由于什么原因，他们的合伙为时不久；一两年后，戴尔先生成了公司的唯一所有主。

他由于不熟悉生产工作，而且需要以全部精力从事格拉斯哥的业务，因而不能亲自领导工厂的管理工作，于是把这项工作委托给另一些人。这些人把这个企业作为一个普通纱厂进行管理。

1799年，也就是正好在半个世纪以前，我和几个伦敦人和曼

① 戴维·戴尔是欧文的岳父，苏格兰的工厂主。——俄译者

彻斯特人共同购买了戴尔先生的工厂。但是，为使企业赶上王国南部纱厂的水平，我认为必须对这个企业进行全面的改组和重建。

购买工厂后不久，我同戴尔先生的长女结婚，并且离开曼彻斯特，成为这个苏格兰企业的唯一实际负责人，因为其他合伙人都经常住在伦敦或曼彻斯特。

购买这个工厂时我就怀着一个目的：买下一个设备良好的企业，我可以为社会的利益在那里进行大规模的实验。这项实验是我早已开始并已获得显著的成就的，不过实验是在一位外贸富商德林克沃特先生设在曼彻斯特的雇有五百名工人的工厂中以较小规模进行的。

我的合伙人的目的是牟利。因此，我必须把这两种目的尽可能很好地结合起来。

我对人性进行了仔细的观察并且研究了人类的历史，从而断定社会一开始就把关于人性的虚伪的原则作为出发点，而且这种谬误又使人和民族的性格失去了本来面目。

因此，我不得不作出这样的结论：社会从来就安排得很不好，所以人类一直受着深重的痛苦，而且要继续忍受这种痛苦。由此可见，如能消除这种谬误并公开确立与此相反的原则，就会导致巨大的普遍福利，并永远保证人们可以得到远远超过至今的无数发明，以及历代积累下来的知识所创造出来的幸福，因为世界现在仍然十分混乱，并且仍然像以往任何时期那样不幸。

我知道从摇篮时期起，就向人们不断灌输很深的成见，以及他们的主要谬误的一切实际后果；我也知道，人们因此而从内心深处对于一切真理中最宝贵的真理及其结论是多么深恶痛绝，——人们仇视这个真理是因为它会使主要谬误及其后果趋于破灭。我深深知道我要与之斗争的困难是多么大，同时，为了促使人类采取必要措施，以便人们在言行上都成为有理性的人，这些困难是必须克服的。

为了在全世界实现这个从谬误过渡到真理，从恶劣的秩序过渡到良好的秩序，究竟需要做些什么呢？

由于全世界的居民对于这一过渡抱有很深的成见——尽管这是从谬误向真理的过渡，从恶习和灾难向善行和幸福的过渡，由于他们仇视并力图消灭一切敢于突然和公开提议进行这种改革的人，因而产生了这样一个问题："一个默默无闻的人应该选择什么途径，去克服所有过去时代的重大的主要谬误，去清除人们生活中的恶的根源，去消灭人类过去和现在遭受不幸的即使不是唯一的也是主要的根源呢？"

我曾经自问：不管有怎样成功的机会，我有什么理由单枪匹马地对极其久远和遍布世界的那些在理论和实践方面的成见开火呢？

对于这些问题**自然界**作出了如下的回答："我提示给你的原则是我的原则，因而它们是永恒的真理；由于承认这些原则而产生的秩序，给人类带来极其巨大的永恒利益，保证人类得到幸福。因此，你不要害怕，要始终按照这项原则行事。不要理睬任何暗藏的或公开的，而且必然是顽固的反抗。对于一般的无知和无意的谬误要宽容。在遇到阻挠时，不管它们怎样严重，都要坚韧不拔；真理的无知敌人一定要千方百计地阻挠你许多年，但是过了这段时间，你就将最后获得成功，战胜你的同胞们现有的那种人造的不智。我告诉你务必确信这一点，我的这个保证将帮助你克服一切困难，直到各国政府和人民承认你的原则和秩序，并永远成为善良的和幸福的时候为止。”

从此以后，即使在目光短浅的人们认为我的事业毫无成功希望的时候，我也没有一次、没有一分钟发生过怀疑，动摇过下述的坚定信念：归根到底真理将战胜谬误，幸福将战胜苦难，将有可能使人们从小就处在合理的环境中，因而使自己成为明智而善良的人。

在八亿、九亿甚至十亿人反对的条件下，凭一个人的力量去进行旨在获得这一胜利的实际活动，这就必须把一切措施从头到尾仔细地加以考虑。用俗语来说，就是要“智谋像蛇，温顺如鸽”。

我在研究了过去的历史和现在的世界状况之后，头脑中产生了深刻的信念，认为无论过去、现在和将来，一个人永远是他出生前后所存在的周围环境的产物。

这是一切与人类有关的真实而有价值的思想所由产生的根源；这是其他一切思想要成为真实思想就必须与之一致的那种**唯一思想**。

世人由于无知，正是把这样一种思想叫做我的“片面的思想”，他们不知道我的思想包罗着其他一切与人的生活和幸福有关的思想，不知道我的思想是它独自就能使其他任何知识都具有永恒价值的那一种**知识**。

我抱着这个经过全面考虑的唯一思想，1791 年在曼彻斯特的一个纱厂开始进行实际工作（当时我二十岁）。这个纱厂当时是世界上最好的一家工厂。我在那里一个人领导着五百名工人，其中有男工、女工和童工，很快我就作出了非常重要的改进。

我本着自己的唯一思想办事，用了六个月时间就把这个工厂的工人纪律大大提高一步，使得从来不过问我的管理工作而每年付给我三百英镑薪金的厂主把我请到他的庄园，亲口对我说，只要我肯留在他的厂里，他每年给我加薪一百英镑，直到我成为他的合伙人为止。这样的待遇，在当时对于像我那样年轻的人来说，确是异乎寻常的，那时一个精明强干的人，每年能挣得六十到七十英镑就心满意足了。

我连续四年管理这个企业，成绩不断提高。同时我还在柴郡的诺思威奇[①]经管这位企业主的另一家工厂。我所取得的成果坚定了我的信念：我的活动所依据的原则是到处都适用的。

过了四年，我与另外几个人合伙，在曼彻斯特创办几所工厂，总名称为“乔尔顿工厂”。1799 年，在买进新拉纳克的企业以后，我们把这几个工厂卖给了伯利兄弟。他们后来扩充了这些工厂，至今还是这些工厂的所有者。

我在应用自己的基本原则中取得了知识和经验以后，在距今正好半个世纪以前就在新拉纳克开始实行我的具体措施。

工厂的工人是从格拉斯哥和其他地方招来的，除了少数例外，都是水平不高和道德不好的人，因为在当时的条件下，棉纺织厂要想招雇另一种人是非常困难的。苏格兰的农民和一般工人都很机

① 诺思威奇是英国柴郡的城市，1792 年欧文曾在这里经营一家装有环锭精纺机的纺织厂。——俄译者

灵，他们收入很多，不会放弃挣钱多的工作而去找挣钱少的职业的。

除了工人本性上的这些不利因素以外，我还得同他们对我所持的强烈成见进行斗争。我的习惯与他们的不同，语言也与他们的两样，因为他们很多人只说吉尔方言[①]。我是英格兰人，他们是不喜欢英格兰人的。我不信奉当地居民的宗教，而在工厂管理中一直具有决定性影响的却只是一个非国教教派。在工人中间，存在着宗教的敌对和分歧；他们不知律己，行为放荡，不爱清洁，品格低下。

当我告诉亲友我要改善这些穷人的处境而且不用惩罚办法去改变他们及其子女的习俗时，没有一个人相信这个计划能够行得通，我在这方面所进行的尝试，又使我赢得了一个幻想家的称号。但是，我丝毫没有气馁。

首先用了一些时间去了解应当克服的为数众多而又十分严重的困难。然后又必须去查明企业的资源，以便尽可能广泛地用在我所预定的双重目的上。

像在当时的所有纱厂一样，这里的工人在许多方面也是处在恶劣的、有害的和低下的条件之中。我打定主意要逐步用良好的、有益的和高尚的条件来代替原来的条件。最初十年做的就是这项工作。

但是，无论工人还是我的合伙人，都对这样改变旧习惯和旧秩序抱有强烈的成见。最后，我的合伙人害怕我的改进工人道德面

① 吉尔方言或威尔士语，是古代不列颠人语言的残余，在英国的威尔士地方仍有人说这种话。——俄译者

貌和改善企业的计划需要花钱很多,因而不敢和我合作了。

这时我告诉他们:我已经为这个制度奠定了基础,如果我留在厂里,我以后就实行这个制度,因为我确信它将使我的合伙人和工人都得到极大的好处。但是,如果他们无意同我走这条道路,我就准备离开这个企业,或者把工厂买下来,同时提出了我盘出或盘进的价钱。当时,我确定价钱为八万四千英镑。

我们是用六万英镑从戴尔先生手里买进这个工厂的。到这时工厂已由我管理十年了。按这个价钱计算,扣除资本的五厘年息以后,十年的利润应为六万英镑。我的合伙人同意了我出的购价。我组织了一个新公司,参加这个公司的,除我以外,还有一位原来的合伙人和两位格拉斯哥的大商人。

接着,我开始实行新拟定的措施。日常的经验向我证明,随着工人所处环境的改善,工人本身和他们的行为也在变好,所以我便加速实行这些起了良好效果的措施。这时我在公司中的股份最多,所以对于可能发生的亏损也承担着最大的风险。

最有害的情况是无知的工人对于子女进行恶劣而错误的教导,所以我开始创办一个专门的机关,使儿童尽量从最小的时候就开始在这里培养性格,同时我还要求儿童的家长给予我从小就监护他们子女的权利。但是,在这个机关的建筑工程还没有完成一半的时候,我的合伙人就反对继续建筑,他们认为开办纱厂是为了赚钱,他们不能同改善居民的性格这种空想计划发生任何关系。

事态发展到这个地步时,我宣布我只能按照自己的办法继续管理工人和经营工厂,如果他们不满意我的措施,我就准备再提出一个盘出或盘进这个企业的价格。这个提议马上遭到了我的合伙人的拒绝,他们背着我另搞一套,可是当时我不知道。后来他们决定六个月后公开拍卖这个企业。这一切都是在第二次合伙公司成立四年后发生的。

后来才查明真相,原来我的合伙人想排除我而由他们自己占有这个现已十分赚钱并已驰名遐迩的企业。他们用尽一切手段,在全国各大工商业城市的富翁面前破坏工厂的声誉,放出各种流言,说他们盘出这个企业情愿只收四万英镑,这个数目还不到他们当初盘进这个工厂所付价款的一半;还说我的改善居民性格的计划是空想的和行不通的。

当发生这一切事情的时候,我找到了另一些合伙人,他们是人道主义者;他们愿意在我从拍卖中买到这个企业时同我合伙购买,并允许我到那时按照自己的愿望继续实行我所拟定的改进计划。这些人问我,这个工厂据我估计值多少钱,在公开拍卖时我准备出多少价钱。我回答说,工厂的价值超过十二万英镑,因为它装备了新的机器,厂房也已显著扩大,各方面都实行了巨大的改进,工厂的产量已大大增加,产品质量也有所改善,但是,最重要的是工人的品质改好了,因此企业的价值已大大提高。

在举行拍卖以前,人们都没有料到我的原来合伙人也会前来参加,或者,人们无论如何也认为他们所出的价钱不会超过他们所保证的卖出这个工厂情愿收取的数额。但是,到了拍卖那天,他们自己就出价十一万四千英镑,然而他们落空了。拍卖完毕以后,他们中间的一个最有经验的人立刻告诉同我们双方都有友谊关系的格拉斯哥市长说:我用十一万四千英镑买到这家工厂,要比工厂的实际价值少花二万英镑!! 请看,这就是作为目前不合理制度——

贱买贵卖制度的基础的良心，这个制度对于人的优良天性曾经起过并继续起着极大的破坏作用。这几个商人在我们合伙营业的四年当中获利达十五万英镑以上。但是，当他们弄巧成拙而感到灰心失望的时候，听说灰心失望对他们起了很大作用，以致拍卖后不到一年，两个格拉斯哥商人都相继死亡。

我邀请的新合伙人，大多数是有名的慈善家；他们同我合伙，是为了用自己的资本帮助我实现我所进行的伟大实验。自幼培养人的性格的机关这时很快就建成了。1816 年 1 月 1 日我为它举行了开幕式。全区的人都被请来参加开幕式，除了乡村居民以外，本郡行政中心拉纳克城的德高望重的居民也都出席了。在宽敞的讲堂和毗连的大厅里，聚集了一千二百多人。所有的地方，包括两个大厅的走廊，都挤得水泄不通。

在我发表的演说（演说词的抄件我立即送交政府；后来由朗曼公司出版，销行很广，并曾多次再版）里，首次公开而明确地阐述了我多年来埋头工作所依据的原则和应用的实际方法。在演说中我还详细说明了将来打算做些什么①。

正是在这次公众集会上，我首次对公众讲述了建立**合乎理性的**幼儿学校所应依据的原则和实际方法，这是一直没人思考过的。第二天，破天荒的第一所这种学校开学了。

我拟定的办学原则和实际方法无人知晓，因此，为了管理学校就必须挑选一位喜爱儿童和愿意按照指示办事的人。我选择了詹

① 欧文指的是他的《1816 年元旦在新拉纳克性格陶冶馆开幕典礼上的致辞》，即《1816 年元旦向新拉纳克居民的致辞》。——俄译者

姆斯·布坎南[①]，他是一位贫苦的织布工人，就这样在名义上成了幼儿学校的第一名教师。但是，他在任职的时候没有任何教学经验，也不知道应当怎样去做。

在几个星期甚至几个月中，我不得不每天到学校去，教他怎样执行我托付给他的工作，而主要的是使他理解这种制度的真谛和对待儿童的适当方法。由于他读书太少，一切都需要学习，所以让他明白怎样领导儿童班是费了一番周折的。儿童班是本厂学校最初分成的三个班中的一个。

当詹姆斯·布坎南还在接受指导的时候，他在实现我的观点方面取得的不太显著的成就已经引起了布鲁姆勋爵和现已去世的银行家兼议员约翰·史密斯先生的注意。他会同现在的兰斯登侯爵、本杰明·史密斯先生、英格兰银行的前出纳主任亨利·赫思先生、东印度史学家詹姆斯·穆勒先生[②]和其他一些人向我提出要求，要我把这位教师让给他们。我回答说："我很愿意让，因为在我的领导下教育出了一些教师，可以代替他。"后来我感到遗憾，觉得不应当叫布坎南离开，因为他只是刚刚有了工作能力，还不能完全独立地创办和管理学校。他在威斯敏斯特创办的第一所学校永远成了儿童教育制度的一个污点，但绝不能认为它稍稍正确地反映

① 詹姆斯·布坎南是新拉纳克的织布工人，被欧文选为他在新拉纳克建立的幼儿园的教师；后来到威斯敏斯特幼儿园工作，离开欧文，不再受他的领导，并放弃了欧文传授给他的教育方法。——俄译者

② 詹姆斯·穆勒（1773—1836年）是英国的历史学家、经济学家和哲学家，他是哲学家和经济学家约翰·斯图亚特·穆勒的父亲。他多年研究和宣传边沁的学说。1818年发表《印度史》，对英国在这个殖民地的统治作了尖锐批评，因此而出名。他是以边沁为中心的所谓激进派的领袖之一。——俄译者

了这种教育制度的本来思想。

正是这个不能令人满意的威斯敏斯特学校，却给威尔德斯皮恩先生提供了关于这种教育的知识。

第二所幼儿学校是由教友会的几位会士在伦敦东部开办的，由威尔德斯皮恩先生[①]主持校务。我发现威尔德斯皮恩先生比出身贫苦的布坎南聪明能干，深信他善于教导儿童，所以在我当时常去伦敦的期间，屡次参观他的学校，对他向我询问的问题都给予指导。

布坎南是一个十分诚实正直的人。他虽然是新教育事业的第一位教师，但是不想把这项发明据为己有。

在詹姆斯·皮坎南离开新拉纳克以后不到两年，那里的幼儿学校在我们工厂的一位学员领导下办得更加完善而出名，吸引了各国和各界的人士前来参观。在我以后所见到的学校中，没有一个能和这所最初创办的培养儿童优良性格（这是创办这所学校的唯一目的）的学校相比。

在我离开工厂以后，这所模范儿童学校变得远远不符合我创办它的初衷了。这是由于新任教师虽然是一个在某些方面相当能干的人，但是他完全不能胜任交给他的工作，因为他没有学识，缺乏在模范学校里教育和培养幼儿所需要的品质。

我所以要把这个学校的起源和成就讲得如此详细，是因为这件事情常为有关人士所讹传；关于办学的思想和学校的建立，就有

① 塞缪尔·威尔德斯皮恩曾向欧文学习新拉纳克幼儿园实行的教育方法。——俄译者

很多地方被传错了,结果学校的真正的原则和办法,至今还没有被人很好理解。

在目前的社会制度下,仿效这种儿童学校办学引起了许多责难。按照原来的设想,这种学校是培养儿童的聪明、善良、仁慈和理性,以及训练他们适应全新的社会状态的第一个实际步骤。这种新的社会状态所依据的原则,是来自对人的本性和对唯一能够合理培养人的性格的实际方法具有正确的具体认识。这种新式的儿童学校既然是要把儿童训练成正直、善良和诚实的孩子,所以它就同目前这种无知、虚伪和欺诈的制度格格不入,但是可以预料,它将成为和平而有效地消灭这种制度的第一个步骤。而且,世界的一大幸事是,这种学校已经表明,人的任何性格,不论是好的还是坏的,不论是高尚的还是低下的,是多么容易形成,因而它是可以消灭这种制度的。

自从在新拉纳克开办这所工厂以来,在培养年轻工人和年老工人的善良情感、良好习惯和行为方面,都取得了非常迅速的进展。在这里,用去了一望而知的大量经费,给工人的子女创造了非常良好的环境和新的秩序,使白天在工厂或机械厂做工的青年人有可能更好地利用晚间的余暇。

当时,我的几个合伙人约定他们的资本年息不超过五厘,而且不反对用其余的利润为居民造福,所以村里的住宅、街道、公园和广场都得到了扩充,有了秩序,并且受到了良好的维护。采取了各种措施使居民得到一切日用必需品和各种便利设备,同时这些东西都是质量最好的,并且按照批发价格出售。我发现工厂中的青年工人和老年工人的健康,由于每天长时间在震耳欲聋的机器旁边工作而受到了损害(因为当时工厂主在每天的工作时间和可以招雇的童工的年龄方面,是不受法律限制的),就把各种年龄的工人的工作时间缩短为每天十小时半,而我们同行的许多竞争者却迫使各种年龄的工人每天工作十三小时,有的甚至工作十四小时。

早在开办这家工厂以前,我就向议会和社会各界指出,亟须对工厂工人的年龄和每日的工作时间加以限制。大约就在这同一时期,我曾敦请已故的罗伯特·皮尔爵士向下院提出关于改善工厂中童工和其他工人的状况的法案[①];这个法案是由我起草的,而且事先得到了两院的一些主要议员的赞同。这就是人所共知的罗伯特·皮尔爵士法案,但是经过两院讨论以后,却被修改得面目全非。这个法案本应在1816年通过。如果那时通过了这个法案,那么,使工人阶级的本性受到如此严重的歪曲并使工人阶级的状况陷于如此严重的恶化境地的那种工厂制度的许多弊病就会得到防止,而贫苦救济费的开支以及灾难和犯罪的次数也会减少。

新拉纳克居民的性格和状况得到了改进,这是由于实行了上述的措施和对居民进行如下的管理而得到的。这种管理所依据的原则尽管居民和社会都不了解,但是它认为一个人的性格不是**由他**自己创造的,而是外力**为他**创造的。这种改进使工人产生了比较高尚的情操,使他们具有了我认为是任何一洲的工人都从来没有过的那种行为和幸福生活。工人们曾不止一次地公开说,他们

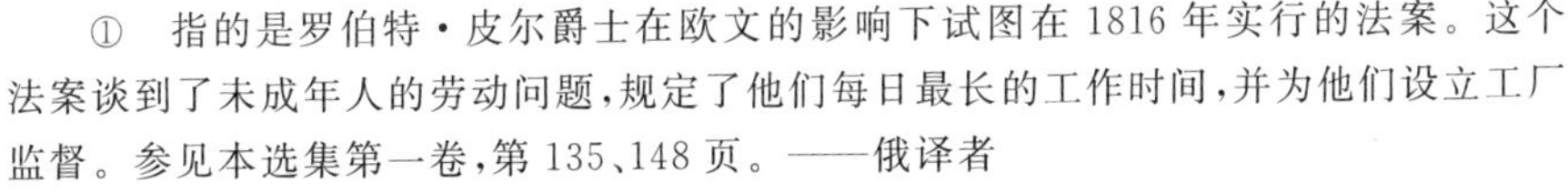

① 指的是罗伯特·皮尔爵士在欧文的影响下试图在1816年实行的法案。这个法案谈到了未成年人的劳动问题,规定了他们每日最长的工作时间,并为他们设立工厂监督。参见本选集第一卷,第135、148页。——俄译者

感觉自己的幸福超过了他们的一切希望和企求。

这种幸福生活的真正原因，居民本身和社会都不知道；但是，效益卓著的成果就连偶然来访的局外人也都看得十分清楚，以致本企业及其附属设施开始以“幸福之乡”而著称。居民健康状况的改善，他们的丰衣足食和幸福生活，使我感到了惊讶，因为必须看到，我为他们所做的事情，比起各国政府可以而且应当为整个社会做的事情要少得多。实际上，这种成果是不难取得的，并可从而创造出强有力的新的幸福源泉。

在这不多几年当中，我为这些居民所做的一切都是工厂制度所容许的。可怜的工人们虽然感到了满意，他们拿自己的工厂同其他的工厂企业相比，拿自己同处在旧条件下的其他工人相比，认为自己受到的待遇比别人好得多，认为自己得到了更多的照顾，因而感到十分满意，但是我认为如果能够使用各国政府所拥有的大量资金为全人类创造幸福，那么，相形之下，他们的生活还是十分可怜的。

我未能对这些纯粹的工厂居民做出更多的事情，因为工厂不是社会的真正基础。归根到底，我为这些人做了些什么呢？为了改进他们的状况，虽然花费了一点钱，实行了一些措施，可是他们的实际状况怎样呢？

工厂工人是向我乞求恩惠的奴隶；我可以随时解雇他们，所以他们知道，如果被我解雇，他们的生活就比享受有限的幸福生活时要困苦。

然而，这些居民中为数二千五百名的工人每日为社会生产的财富，在不到半个世纪以前，要用六十万人才能生产出来。我曾经自问：这二千五百人和六十万人之间消费的财富相差多少？想到这里，我就比以前更加看清了那种使所有的人，特别是生产阶级，受到这么多灾难的现存制度的一切错误和极端无知，但是社会所拥有的可以创造普遍幸福的大量生产资料和潜力，却完全不受重视。

如果不是利用机器（虽然利用得不够好）生产了这些新的财富，那么，反对拿破仑并维护贵族原则的欧洲战争就不可能打起来。然而这种新的力量是工人阶级创造出来的。这种情况促使我去研究为生产财富提供了新的可能性的科学成就，例如一百年来取得的机械发明和化学发现，以前是没有一个人料到科学会提供庞大的富源的。结果我发现，科学如能得到合理利用，它保证各国人民永远康乐是绰绰有余的。

根据我以前在曼彻斯特管理五百人，以及这时在新拉纳克管理二千五百人的经验，我确立了人的性格形成的原则和具体方法，并且实际证明了对于任何居民都可以轻易而准确地培养出任何一种性格（好的、坏的或中等的），同时能够始终保持每个人的本来的特点。至今每个地区居民的性格都是由那里的政府和僧侣阶级培养出来的；然而人的性格是应当由整个社会来形成的。

我从上述经验中知道了可以为居民创造财富并使他们养成能够保证人人幸福、繁荣和康乐的那种性格的一些原则、具体方法或手段。这时我对自己提出了一个问题：以后应当做些什么呢？我个人的地位，在一般的世人看来，是令人羡慕的，但是我看到和感到，世人都生活在谬误之中，因而处境也很穷困。我认为，如果我牺牲了自己的社会地位，并开始宣传我所拟议的那种奇特的新办法，使世人承认它们，那么，谬误就可以克服，穷困的处境也可以消除。牢固占据我的脑海的这个思想，使我决定把新拉纳克交给我的合伙人管理，我自己则不管世人的个人期望，而公开教导他们懂得那些能够永远保证所有各民族和人民和平、康乐、善意相待和幸福的方法。经过几年的准备（其间我采取了一些必要的措施，为的是使我的合伙人不致因我离开工厂而受损害），我把我在企业中的股份卖给我的合伙人，最后在1829年离开了工厂。我在四分之一世纪以上的时间里管理这所工厂，至此已经取得了极大的成就，在全部这段时间中，我在实践上始终不渝地诚恳坚定地采用一个高尚、纯洁而仁慈的原则：一个人的性格是外力“**为他**”创造的，而不是“**由他**”自己创造的。这个原则是人们在任何时候都要师法的一个最重要的神圣原则，因为一切永恒的真理都是神圣的。

这个新的管理方式，在其他原则的强烈反作用下，在非常不利的环境中被应用了三十年之久。它对二千五百名居民的精神、政治和物质状况，究竟产生了什么结果呢？

全体居民的性格改变了：从懒惰、肮脏、嗜酒、愚蠢和不道德变成了非常勤勉、不饮酒、积极、清洁和有道德。他们在所有这些方面都达到了很高的水平，甚至远远超过他们在最近所处的经过改进的环境中所能达到的地步，他们最近所处的环境，如果和人们所应处的环境相比，顶多也还是非常不能令人满意的环境。这个情况证明，人们的天赋品质是善良的，只须他们得到应有的对待。

在这个工厂出生并自幼在为培养性格而开办的新式学校里受到培训和教育的儿童，比任何一洲的同一阶级的儿童都好得多，而在某些方面甚至高于任何一个社会阶级的儿童。这一点非常明显，以致我们高等贵族的许多妇女在看到这些儿童的举止、风度和知识时，都含着眼泪对我说："欧文先生，只要我的孩子能像这些儿童一样，我随便花多少钱都可以。"许多信仰不同的教会人士参观了工厂，其中有几位说道："欧文先生，我没有想到这一生能够亲眼看到这种全新的人。"还有些人在考察了学校的制度和参观了整个工厂以后说道："欧文先生，这对我说来是一个全新的世界和全新的人类；即使是我完全信任的兄弟，如果把我在这里所看到的成为日常现象的这些情况写信告诉我，我也不会相信他。只有经过实际考察和亲眼观看，我才深信这种善意相待、这种高尚的美德和幸福的生活是可以达到的，尤其是在工人阶级中间是可以达到的。"

有几位仍然健在的有爵位的人士，经我同意来到我这里住了一个短时期，亲眼看到了我在教育和对待儿童与少年方面为取得他们所说的魔法般的效果所采用的方法，后来他们在自己的家庭中应用了这些方法。凡是应用了这些方法的家庭，都获得了同样的效果；凡是有幸在出生以后就受到这种教育和指导的儿童，直到成年都明显地保留着这种教育的良好效果……[①]

如果我的意见能像1817年我在伦敦、1822—1823年我在都柏林的几次群众大会上所发表的那样被采纳了，那么，到现在就可以节省一亿五千万英镑以上的开支，并防止无数的犯罪和灾难发生。但是显而易见，社会生活中的现存制度必然要改变，这不是依靠什么人来促成，而是出于不可抗拒的必然性。这种必然性是由这种制度所产生的无知、贫困、谬见和痛苦的日益增加而引起的。

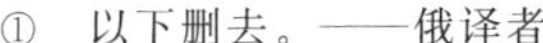

① 以下删去。——俄译者

社会在走向真知的过程中是不能继续容忍这种制度的。

在新拉纳克的实践中应用这些原则所进行的政治变革，得到了如下的结果：消除了居民当中的争讼事件；没有侵犯邻人财产的情形了；不同教派之间逐渐建立起良好而诚挚的关系；居民每星期自动报名去帮助和慰问老弱病残的人；济贫税和外来的慈善救济金都完全不需要了。

工人每月只付儿童教育费三便士。为了培养儿童的优良情操和实用技能，以及使他们能够成为有用和幸福的人而对他们进行的教导，比以往任何时候都更加完善。要求儿童的父母交纳三便士，只是为了使这种教育不被他们看成完全是慈善事业。虽然公司为教育每一个儿童要每年付出两英镑的费用，但是鉴于这种教育对于儿童及其父母和整个企业产生了良好的效果，可以说任何开支也换不来这样大的好处和利益。

政府不正视关于环境影响人的本性这门科学所具有的好的和坏的强大力量，并从而忽视培养和妥善形成本国人民的性格，而使人类失去多少财富和幸福，这一点是没有受过合理教育的人无法正确估计出来的。只是由于当权人士的智能没有得到合理的培育，他们才犯了像忽视依靠社会力量来教育居民这样一个重大的错误，而社会是可以轻而易举地为每个居民培养良好而高尚的本性和优良的实践技能的。

由此而使生产的财富减少的数量，要超过最大胆的估计。实际上，社会由于不知道本身在生产财富方面和培养全人类的体、智、德、行的高尚品质方面具有无限的力量而每天受到十分令人惋惜的损失，并在全世界居民范围内破坏人们走向高度的完善和幸福的可能性,倘非如此无知,人类是肯定可以得到这种可能性的。

现在当回顾这项事业的政治方面时,我应该指出,在我进行实验的三十年当中,我一次也没有请过律师或法官来对任何一个工人起诉,在这个期间也没有任何一个工人被法庭判过罪。工人们真正为自己而工作,自己养活自己,自己教育和管理自己。他们所以感到满意,感到比较幸福,完全是由于用妥善而良好的环境代替了恶劣而有害的环境,完全是由于根据新的原则对他们采取了前后一贯的管理制度。这个新原则是:人的性格不是**由他**自己形成的,而是外力**为他**形成的——最初是由**上帝**或**自然界**形成,上帝或自然界创造了天赋品质,人带着这种天赋品质降生,然后由社会予以形成。社会在人出生以后,对这种神造的材料进行明智的加工或糊涂的加工,给它添上可以叫做人为性格的那一部分东西。

一个**伟大的真理**由此证实了。这个真理就是:合理组织的社会从今以后可以通过一种途径,就是环境对人类的神造材料施加适当影响的途径,而使一切人从出生之日起就得到一种教导,从而变成善良、有用、聪明、知足的人,并且能够根据神造材料特定的优劣高低而享受不同程度的幸福。同时,社会也能防止人们变成无用、有害和不幸的人,而目前到处都有许许多多这样的人,他们成了世界的沉重负担。

这个从 1799 年继续到 1829 年的三十年实验,在生产和财务方面收到了哪些成果呢?这个企业由一个纱厂和一个制造纱厂自用机器的工厂组成。企业附设一所培养人的性格的新式学校。学校有两所造价很高的大厦,设备齐全,装饰完美,备有直观教学所需要的一切贵重仪器和图书。教学经费每年不下一千二百英镑,另外家长每年为每个儿童交纳三个便士学费。企业也用了很多钱去改善村庄、住宅和街道，修筑新的道路，建造花园和广场，以及整顿工厂的各部分。此外，在美国禁运棉花[①]以及棉价高得使精明的厂商不能购买棉花的四个月期间，还向工人支付了七千英镑的工资。在这个时期，厂里没有开工，工人除维护停工的机器，使它们保持清洁和完好以外，没有做过任何的工作，可是工资照付，不打折扣。

上面已经说过，每天的工作时间缩短到十小时半，而且在三十年当中，除去美国禁运棉花的四个月外，工人始终都有工作可做；工资从来都按时发放，丝毫没有减扣。除偿付一切开销和支付资本年息五厘以外，还有三十万英镑以上的利润分给了股东。

其次，在这个时期刚开始时，工人们都债台高筑，生活十分贫苦。但是在我离开他们的时候，他们的衣、食、住都很好了。他们的子女受到的教育比已往任何时候工人子女所受的教育更好，而在某些方面甚至比任何其他社会阶级的子女所受的教育还好。除了所有这些改进以外，儿童的家长还在我这里存储了三千英镑，我在离厂的时候都还给了他们。

我发现企业的货币收入大大超过任何人有权从别人的劳动中取得的收入，所以我在离厂以前曾向两位前来看我的股东建议，把

① 欧文显然指的是美国1807年12月实行的禁运法案。这个法案是对拿破仑在1806年和1807年公布的所谓大陆封锁令和英国在1807年公布的几项决定的回击。英国的决定宣布封锁法国沿海，禁止中立国的臣民与法国及其附庸国的臣民进行任何贸易往来。因此，美国总统杰斐逊公布了美国船舶禁运令，结果使美国的进出口大大减少。——俄译者

企业交给工人管理,使他们在支付五厘资本利息的同时能为自己的利益经营这个企业。我并且表示,在工人们还不能借助于他们委派的经理来自己经营这个企业的时候,我仍继续经营。但是,这项提议立即遭到拒绝,于是这个企业仍为股东的利益继续经营,直到现在即1849年,依然如此。

对于我所采取的措施还可以补充许多细节。这些措施是由一个愿望决定的,那就是用居民的周围环境来教育他们。我们已经知道,这些措施得到了惊人的成就。我在已出版的各篇著作中,对某一些措施作过说明;在我进行实验时期所写四篇《论人类性格的形成》的文章中,以及在培养性格的学校开幕时我所发表的演说里,又对另一些措施作了阐述。如果我在这里再叙述一大堆细节,就有使本文过于冗长的危险。只须谈一谈我取得的如下结果就够了,这些结果是由于我采取了合理思想所要求的、以一贯遵循无误的自然法则为基础的措施,并对待工人比较公平合理而取得的。在我开始实验的时候,工人们很糊涂,很懒惰,不讲道德,劳动效率低,不爱清洁,有宗教偏见,喜欢为信仰而争执;他们对我像对外国人一样毫无好感,对我准备进行的改革也非常不高兴。然而现在的情况却是:

(1) 全体居民的品格,在体、智、德、行方面都逐渐地显著变好。

(2) 由于有了根据新原则举办的幼儿学校和培养性格的机构,这些工人的子女养成了新的性格。这种新性格优于已往任何时期工人子女的性格,而在某些重要方面甚至优于任何阶级的儿童的性格。

(3) 我初来时所存在的那些恶劣的、无益和有害的状况,有许多都已逐渐消灭,而代之以别的好得无法比拟的状况。

(4) 随着良好的情况取代有害的情况,个人奖惩的办法逐渐减少,最后几乎完全废除。在学校里,对于自幼就在这些学校受教育的儿童不施行个人奖惩的办法;组织得合理的社会是根本不采用这种办法的。

(5) 宗教上的争执和仇视心理逐渐消失,对其他教派的教徒善意相待的精神开始在全体居民中占上风。

(6) 我在进行实验的三十年当中,从来没有找过法官,也没有请过一次律师。同样地,这些受到新方式指导的工人也一次没有受过法院的处罚。

(7) 全体居民不但心满意足,而且时常公开宣称:对于他们所受到的待遇和据以管理他们的原则,都感到愉快和满意。他们的唯一愿望只是要使所有的工人都能得到这样的好处。

(8) 为培养儿童的新性格,家长每年只为每个儿童支付三便士。儿童在学校学习的整个期间,都感到十分幸福,所以从来没有人请过一天假,而且不想请假。

(9) 培养性格的机构,按照儿童的年龄和成绩,分成三个学校。学校的经费由公司负担,除家长每年为每个儿童支付三先令外,公司每年共花费一千二百英镑。

(10) 每天的工作时间,不问工人的年龄大小,一律缩短为十小时半,并且不减少工资,而我们这一生产部门的同业,却强迫工人每天工作十三或十四小时,甚至十五小时。

(11) 向居民供应一切日用必需品和许多使生活舒适的物品,

同时物美价廉，最为适用，照本出售，公司毫不取利。

(12) 住宅、街道和广场，为了工人的利益而维护得整整齐齐；还给每家划出了不大的花园。

(13) 在美国禁运棉花的四个月内，所有工人的工资都完全照付，毫未减少；在停工期间，共支出七千英镑的工资，而工人却什么工作也没有做。

(14) 培养性格的机构有两座宽敞的大厦，连同设备和家具，造价为一万英镑。

(15) 然而，这个企业所得的现金利润，扣除上述的特别开支和资本的五厘年息以后，三十年共达三十多万英镑，都分给了各个股东。

对于利润所做的这项报道一定会符合庸俗无知的人和政治经济学家的商人想法，总之，一定会符合所有那些把所谓贵金属看作真实的或可靠的价值，而把其他东西看作不可靠的或有名无实的价值的人的商人的想法，他们的这种看法是金属货币流通的拥护者的信条。

但是问题在于，这三十万英镑的利润既可在创造了非常微少而有限的实际价值的同时获得，又可在创造了数量非常庞大的实际价值的过程中得到。

换句话说，在不合理的金属货币流通制度之下，利润绝不能作为衡量所创造价值数量的标准。有时创造了很少的价值或完全没有创造价值，但是可以获得巨额利润；也可能相反，创造了很多价值，但没有得到任何收益。我们可以说，质料优良的纺织品或毛纱、棉纱、麻纱、丝和用来制造衣服的其他纱线，都有真实的、毫无疑义的价值；这种财物可能生产了很大数量，可是按黄金计价就会出现如下的情况：厂商生产了很多年纺织品，但是可能得不到一点以黄金形式表现的利润。其实纱的内在价值比黄金要大，生产了这些质量很高、数量又多的纱是创造了大量的价值，但是连一盎司黄金形式的利润也可能得不到。

只要人类的头脑不摆脱金钱的这种无理统治，人们就不能犹如有理性的人那样思考和行动，而世界也只能是一所疯人院，经常处于无政府状态和动荡不安之中，每个人都公开地或暗地里与他人为敌，其实对人人有最大好处的是经常的亲密而真诚的团结。

新拉纳克在这三十年中间创造真实价值的情况是怎样的呢？

在阿克赖特发明新纺纱方法使一个人从纺一根纱改为同时纺数根纱以前，具有某种质量、强度、长度和重量的一定数量的纱就具有同它的实际效用相等的一定的内在价值；所谓实际效用，就是它能够变为有用和有价值的纺织品或其他商品的性质。这种始终不变的内在价值，在呢绒或其他纺织品未被使用以前是衡量所生产的实际财富数量的标准，而与价格无关，因为价格完全是由人为的荒谬社会制度和无知的社会所造成的。这种物品的任意数量，在任何时候都代表着不变的价值额，而不管它的价格等于一盎司黄金还是一吨黄金。凡是具有实际价值的其他一切物品，也都是这样。价格的波动是由黄金或其他某种人为的原因造成的，因为供给消费的实际财富是具有固定不变的价值。最有价值的财富是日用必需品，比如良好的食物、衣服、住宅和教育设施等。有了这些东西，再加上良好的环境和个人自由，哪怕世界上没有一盎司黄金或白银，人人也都能智力发达并得到幸福。如果不是罗伯特·

皮尔爵士和拥护金属货币流通的人们的那种固执思想作怪，即使完全没有黄金和白银，**现在**就可以人人得到这些东西。所有这些东西是劳动在机器协助下取得的普通成果。

新拉纳克的二千五百名居民一天所生产的真正价值，在二十年以前，也就是在创办这家工厂以前，需要六十万人才能生产出来。由于纺纱技术的进一步发展，这二千五百人的目前生产量，大概等于上述时期一百万人的生产量。

这是我国偏僻地区的一个企业所取得的成就。从应用阿克赖特和瓦特的发明以来，这样的企业和新设施在大不列颠飞速增加，在目前即 1849 年，机械科学和化学科学提供的人造劳动力，已等于十亿个受过正式训练的成年手工劳动者，并且完全听从人的支配，不要利润，不要工资，不要食物、衣服或其他物质支持，而只要燃料、油料和数量不多的奴隶——男女工人和童工，以保持机器的清洁和看管它们。

在整个文明世界，这种机械奴隶和化学奴隶迅速增加，而对于活奴隶的需求却日益减少。因此，从政治经济学家所宣传的原则来看，说现在应该把这些活奴隶杀光，以节省维持他们闲暇时的生活和防止他们可能作恶而支付的费用，是完全合理的，因为活奴隶不能既有闲暇而又不为害，而养活他们和在他们中间维持秩序，则既要花钱又要费力。

确实，那些自认为有理性和自命思想健全的人，在社会具备了各种条件时，如果继续像他们在培养人的性格、创造价值和实行管理时那样行事，那就证明他们只适于住在大疯人院里，而且在某些场合还大有穿上紧身衣的绝对必要性。

社会具有极为广泛的条件，能够在最有利的环境和可以永久团结一切人的方式下，为人们形成比较完善的性格，生产丰富的财富和建立良好的政府。但是，这些疯子却继续付出越来越多的巨款，采用各种各样的措施，来直接促使无知、贫困、恶意、犯罪、惩罚、傲慢、压迫、憎恨和从贫富悬殊的生活中产生的无数祸害，永久存在下去。

1849 年的社会就是这样，它自认为人在过去和现在都是有理性的。其实，在理性刚一闪现时就暴露出人对自己及其同类的折磨超过其他各种动物，暴露出人虽具有各种条件，但不如其他动物有理性。

能否找到一些办法，使人能够认识自己，认识自己以往的无知和谬误，而成为有理性的人，成为其他动物的明智模范呢？现在有许多种其他动物，在行为上要比人类规矩、善良，而且比人类幸福得多；根据人过去的历史来判断，整个人类至今显然不如它们。

人类很侥幸，在整个文明世界正迅速发展的一些事件，必然使社会达到预期的目的。

第三章　从现在的虚伪、贫困和不幸的恶劣制度向真理、富裕和幸福的优良制度和平过渡的实际措施

致欧美的职业国务活动家

抛弃虚伪求真实，抛弃妄诞求真理，抛弃压迫求正义，抛弃欺

骗和灾难求正直和幸福的革命，已经开始了。现在，世界上没有任何力量可以阻止事件的这一进程，而且只要充分了解这一进程的实质，就可以确信它对于每个人都具有永恒的好处。

因此，你们在尚未完全了解这一课题时对它加以全面研究，这对你们具有最重大的意义；因为只有这样做你们才能从普遍和平的利益出发来领导这一改革，并且不再经过流血和纷争就能对它加以指导，而流血和纷争现在对于一切阶级都极其有害并使所有参加各方都失去理性。

直到如今，各国政府都毫无合理目标地掠夺和折磨生产阶级，并为他们制造低劣、有害和罪恶的条件。现在，这些荒诞行为的非正义性、残酷性及其毫无理性，已经明显暴露出来。这样的政府全不需要，所需要的政府是它们以合理的先见之明来认清它们必须实行新秩序，以便消灭目前世界各国在处理重大问题时所表现出来的那些极端无知和罪恶。

上述情况尽管十分可悲可叹，却无一例外。各国人民的事情至今仍按最虚伪最有害的原则办理。这就是各国大多数居民在精神上和肉体上都处于苦难状态的缘故。

如能对于幼苗开始进行这项工作，也就是对于儿童、对于尚未受到现在只给他们灌输荒谬思想的谬误和邪恶制度的腐蚀的儿童采用新制度，那就可以毫无困难地从根本上设计出和建立起合乎理性、安康和终身幸福的社会。

但是，这样开始实际上是不可能的。要想培养出具有合乎理性的思想和感情的人，必须先为他们创造出合乎理性的条件，然后才能使人类本身变成合乎理性。

试问:怎样完成这项任务呢?怎样跨越有理性和无理性之间这条难以跨过的鸿沟呢?哪些新条件能够推行这个对于当代和后代都至关重要的改革呢?

这就是现时代所提出的重大问题,也是目前大家十分关心的问题。为了使敌意和时刻加剧的灾难与混乱彻底根绝,必须迅速回答这个问题。

我希望有一位在这个没有理性的世界上重视声望的人能够而且愿意回答这个问题。

许多年以来,我曾全力鼓舞人们解开或斩断这个"戈迪俄斯之结",然而毫无成效,在欧洲和美洲没有找到一个人能够解答这个问题。

因此,我在这个没有理性的世界上虽然不重视声望,但是不得不把解决这个问题的责任承担起来;我不打算从这里获得什么,而只希望由于能把没有理性的世界变为思想健全的世界,或把没有理性的、充满对抗的不幸生活变为美好的生活而感到快乐。在这种美好的生活中,由于团结一致,人们将处于合乎理性和美好的环境之中,变为善良、明智和幸福的人,而不把实现自己生存条件的这种变革的功过归于任何个人。

解决这项任务的唯一困难在于:全世界的人所受到的是耗费巨大人力、财力而不断学习虚伪的那种教育,并且一到成年就因此而变得毫无理性,以致完全不能理解自己的可悲处境,并且对研究他们的幸福所系的至关重要的真理抱有很深的成见。

关心这个问题的人士要想具体了解这个问题,他们就必须在心里想象出这一改革在最终完成以后将会成为什么样的,还必须认识到从现行制度过渡到另一制度的整个过程的发展，认识到这种过渡将不使现有社会陷入混乱，也不使某些个别人受到委屈和损害。

这种变化可以用不多几句话加以说明，这些话是那些熟练于实行各种大规模具体措施，并习惯于做出新的联想以获得可以预见到的遥远结果的人们所易于理解的，所要求的过渡不外是**在生活的一切方面用美好而优越的条件来代替现存的有害而恶劣的条件**，而且这种代替只有通过彻底改变社会生活的一切外部秩序才能实现。

这一过渡只有用和平的方法并依靠英明的远见才能完成。试图通过暴力来改革政府或社会的性质，都是不能容许的。在改革的不同阶段出现愤怒乃至极端的暴行和殊死的斗争，那就只能证明各该阶段是属于没有理智和发狂。

不过，为了实现这一过渡，必须敦请文明世界的一切政府都要从它们各自的安全和利益出发，而**同时**放弃它们所依据的虚伪原则，并把人类活动一切方面现有的恶劣社会秩序**逐步**改成优良而美好的秩序。社会上的原则和实际习惯的这一改革现在就可以实行，其途径是通过每个国家发行的报纸而对社会进行具有合理目标的教育。因此，这种改革是可以得到统治者和被统治者的完全赞同的。

这种改革也将获得所有的人的完全赞同，因为**所有的人**都将由此得到稳妥可靠的好处，而且比他们自己所能设想的还要好。

现在欧美的那些办得不合理的报纸只须合理地办上一年，这两大洲居民的眼睛就会亮起来，他们的愤怒情绪就会平息下去，他们就会开始认识到自己以前和现在的行为显然是狂妄的，他们就会对同胞产生新的善良情感，他们就将真正学会爱人如己，学会对整个人类抱有真诚的善意。

但是，这种舆论和人心的改变，不能由任何一个阶级、教派或党派单独进行，也不能依靠秘密或阴谋手段来完成，也不能由某个民族独自实现。它必须通过同时改变至今为社会所依据的原则来实现，必须由文明世界的所有政权联合起来而共同实现。采取了合理的措施就能迅速地达到这一目的。

实行科布顿先生和麦格雷戈先生[①]的虽然出于善意但是微不足道的计划，或者实行他们两人及其盲目追随者的计划，都必然会令人痛心地浪费时间和精力，损害各国人民的福利。在现行制度之下，即使他们的目的完全得到实现，受苦受难的阶级也不会因而得到任何显著的好处。这条途径只能使现在惊人的无知、贫困、道德堕落和不幸无限期地延续下去。

必须迅速根绝这些灾难，迅速挽救千百万饥饿待毙的无知人民，必须不再徒然拖延时间而建立思想健全和普遍幸福的新王国。如果现在就人人真诚地协助实现这项最重大的改革，那么，普遍和平和幸福生活就会很快到来。

为了用和平和合理的方式，用大家感到最小不便和得到最大

---

① 理查德·科布顿(1804—1865年)是英国的国务活动家，在曼彻斯特与人合伙开设纺织厂，拥护自由贸易，是19世纪30年代和40年代英国废除谷物法运动的领导人之一。

约翰·麦格雷戈(1797—1857年)是英国的统计学家和历史学家，著有许多关于经济地理、人口和历史的著作。他在1840—1847年任贸易大臣期间坚决反对保护关税制度。谷物法废除后离职，1847年由格拉斯哥郡选为下院议员。——俄译者

好处的方式来实行这些过渡措施，那就必须由现有的政府开始实行，而不管这些政府现在的政体怎样。这样，改革就会通过和平方式，安静地、有预见地和十分英明地逐步实现。

为了达到这个目的，必须建立合理的政府，以逐渐代替现有的政府，现有政府的极端不合理和实际害处已被经验所证明。在旧政府之下形成的性格很不能令人满意，人们也很没有理性，而他们的实际活动又很有害，以致如无新的教育和学习制度，居民就不能养成合理管理自己或合理管理他人的本领。但是，只要居民处在那种在全世界的社会制度至今所依据的虚伪原则上建立起来的秩序和设施之中，他们就不可能被教育成能够妥善管理自己的人。

由此可见，要想再教育和逐步改造欧洲的全体居民，就必须实行过渡办法作为第一步实际措施。这第一步措施必须改善他们目前所处的悲惨境地，必须使他们成为有理性的人，并这样来训练他们能在一个合理的世界政府统治下过生活。关于世界政府，将在下面详述。

用符合真理和有益于全体人民的社会制度取代虚伪和有害的社会制度所遇到的巨大障碍，就是从一种制度向另一种制度过渡的困难。这种困难在于，一般人不是认为这一过渡只能通过对原则和实践进行缓慢的、逐步的改变才能实现，就是主张这一改革只能通过用暴力推翻现有政府的办法才能完成。

这样的社会舆论表明：全世界的改革家们还缺乏实际知识，不明白人类本性和社会的基本原则，不知道怎样根据真正的原则来培养人类本性和建设社会。如果不是这样，他们就不会力图消灭现有政府，而会是去开导它们，因为这是完成人类必须解决的最重大任务的一种自然的、轻易的和十分完善的办法。各国的政府和人民过去是由于知识不足和受到环境的影响，而不得不像现在这样地思考和行动。因此，**不能责备**他们的过去和现在；人们没有确凿的或合理的原因去彼此痛恨和采取暴力行动。

现在的当权人士掌握着政府机器，他们习惯于统治工作，善于管理现在的政府机构。

因此，让这些人去进行有利于各方面的任何一项所要求的、所希望的改革，要比让新人去进行为好，因为新人要夺取现在统治者的地位，而采取的办法不是引起仇恨和恶意的斗争，就是引起天下大乱的暴力和战争。

由于这个原因，若与任何暴力改革相比，最好还是现在的当权人士在进行和领导从虚伪向真理过渡这项工作中成为有效力量。表明人类思想和习惯发生革命的这一过渡，迄今是使人害怕，而现在却已势在必行。

如果认为世界各国的现在当权人士实行这些新制度不会出于自愿，不会出于诚心，不会全心全意，那是错误的。但是，从人们以往和现在的无理行为来看，这种错误判断也是十分自然的。

人们总是在他认为于己有利的事物支配之下从事活动，或者换句话说，总是为了自己的好处从事活动。这是人类的规律，而从这一规律出发，可以确信现有的一切政府都将非常高兴地采取我们所提出的措施，因为这些措施会缓和以及减少它们现在所经受的困难和危险，还因为实行这些措施会有利和造福于它们本身、它们的子女乃至它们的后世万代。

为时不久，各国政府就会在环境力量的影响下感觉和理解到自身的利益，并且非常愿意和高兴按照自身的利益行事。

但是，它们需要知识，需要那种按其性质和精神来说与现代好心肠改革家的知识截然不同的知识。这种知识应该是来自关于环境对人的本性所产生的影响这门科学。有了这样的知识就可以看清，由于全世界至今仍在实行的不完善的管理制度而责难任何一方那是不合理和不明智的，还可以看清，在组织另一种更好的制度以取代旧制度以前就破坏现有的制度也是不合理的。

如果人民向本国现有政府提出在理论和实践上都合理的计划，同时又以合理的方式和应有的精神提出来，并请求政府安然地、和平地、彻底地和合理地实施这项计划，那么，似乎没有一个政府会愿意或能够拒绝这种请求。前面已经清楚说过，毫不拖延地全盘采纳这项计划，显然是既符合统治者的利益，又符合被统治者的利益。

为了在过渡时期合理地施行实际措施，现存的政府应当原封不动地保留下来，就像在建筑铁路时期保留那些将被代替的旧有大车道一样，但现存的政府应当选拔一定数量，例如七名或七名左右所能找到的最明智和最有实际经验的人员，把他们命名为委员会、理事会或其他别的什么名称，并委托他们实施新社会制度下一切重要活动所应依据的新秩序。

应该适当地选择几部分工人，使他们首先适应新条件，以便在他们从事新工作和学习新生活方式的时期中，逐步地形成新的性格。

他们现在热衷于那种对大家有很大害处的无知的、自私自利的个人主义，并且对于以根本的真理原则为基础的合理的社会习惯，对于与这项原则相适应的生活，没有丝毫的正确认识。因此，他们的一切错误观念和由此产生的有害习惯，都必须改变。

因此，在新生活开始时，必须从各方面训练和指导他们，同时，凡是被吸收来参与这种新生活秩序的人，都应当甘愿当一名新兵。不过只有一点不同，就是新兵是在粗暴力量的支配下，一贯地、灵巧地学习狂人的本领，而狂人是只知杀戮、残害和掠夺他人，并在他们前进的道路上给男女老幼、即给他们素不相识和从来没有危害过他们的人制造苦难；然而，用和平和善意的精神进行的新式教育，则使他们成为有用的、仁慈的和对一切人怀有好意的人，他们保护弱者，创造大量的财富。然后，他们在学好新本领的时候，就会在培养下一代人的良好性格方面成为有用的助手。

上述委员会应在开始进行改革时首先指派一些具有专门知识和受过适当训练的公职人员，来领导家务和教育方面的活动、使用机器的工作以及农业劳动和其他各种工作。

然后，委员会应当把失业者或半失业者当中愿意在新创设的良好条件下依靠自己的、合理派给的劳动而自力谋生者组织成民兵；委员会要在新秩序下把他们教导成能够生产自己所需的各种消费品，能够进行自我教育，能够在敌人入侵时保卫祖国，并能维护国内的和平和秩序。这时正规军只在一般需要的时候用于国外。

对于这项民兵要给以良好的训练，养成严明的纪律，配以适当的指挥人员，并指示他们怎样在居民所在的村庄建立新秩序。这样，现在这种不公平的和十分可鄙的社会制度，就会逐步地、和平地和明智地由一种根据科学原则而合理建成的社会所代替。这种新社会，在确保人人获得健康、知识和幸福方面将远远胜过古今的一切社会。

安排这种过渡的秩序，可以一方面保留现有的政府，并且不损害公共利益或私人利益，而同时由新的政府逐步代替现有政府，就像铁路代替旧有的大车道那样——要对整个旧社会非常有利。

政府应当按市价逐渐购买土地所有者愿意出售的土地，这样在日后把土地变为公有财产，使之成为政府收入的唯一来源。

土地成为个人的私产是由于暴力和不义。不管怎样，土地总是通过一系列连续的手段而成为个人私产的。消灭土地私有制的弊害，最简单和最公平的方法就是政府按照公道的市价向现在的私有者购买土地，并使之成为世代相传的公有财产。

通过这种改革，土地将永远为出生在那里的人们所利用。同时，人口的数量应当保持在某种水平上，以便通过最完善的使用和耕种土地的办法而使土地保证人们有最大的生活舒适。

用这种方法买下来的土地，应分成可以保证对人们进行良好管理的地段。每一地段应拥有一定质量的土地若干英亩，使它通过适当的耕作而能养活为了事业的最大利益而服从统一规章的最多人口。每一个这样的地段都应组成一个独立的村庄。

所设计的这种村庄，应当根据科学把各种最优良的条件结合起来，以使生来就具有各种天赋特性的人从出生以后就在这些最优良条件之下过生活。

规定每个村庄的最高人口数，就是上述的条件之一。

每个村庄的居民都必须耕种土地，从事工厂生产，培养或形成品格，担任行政管理工作。

为了在村内和村外用最有利于个人和整个社会的方式把上述一切任务配合起来，每个这样的独立村庄的最高人口数不应超过三千人。但是，使上述目的必能实现的最理想的人数，可以定为两千人左右，而在一开始则有合乎平常比例的男女老幼一千人即可，或者最少为五百人。

这些居民要按照最适于达到上述四个目标的配合方式来分成几个不同的年龄组，即使不是工厂区而是矿山区，上述人数也仍然是合适的。

这样数量的人口生育的儿童数，特别便于在一所学校里进行教育；这样数量的人口组成的大家庭，易于照料，便于关怀，容易管理；这样数量的人口还能为工农业生产提供所需的适当人手。

由于村庄的制度特殊，维持每个人的生活只需要极少量的土地。**在最初时期**，最好分给每个人一份完整的地块——每个男人、妇女和儿童各分一到二英亩良好的中等土地。但是，在村庄的建设工作宣告完成并使用畦耕法耕种土地以后，每人有半英亩甚或三分之一英亩就完全够用——这要看土地的好坏以及除住宅和厂房用地以外当地最适于种植什么作物而定。这些村庄成员的集体经验必然获致更好利用土地的本领，因此每人所需土地的数量是可能减少的。

这样的土地将作为统一的农场加以经营，把它分成若干经营区，由一个总机关管理。这种制度具有大小农场所具有的一切优点，而没有大小农场具有的众多缺点。

任何一个村庄的人口超过能够享受一切舒适生活的数量时，就必须在新地点建立新村庄，这个过程将继续到全球遍布这种联合村庄为止。人口过剩的时刻大概永远不会到来，即使出现了人口过剩，但由于世界居民那时将是高度善良、高度聪慧和高度明理的，所以他们了解在那种情况下应该怎么办要比现在无知的一代高明得多。有人硬说现在的人口已经过剩或者近年内即将过剩，其实土地是由于缺少人力去排水和耕种因而变成了荒地和丛林，因此我们认为这种说法是折磨着现代人的千百种愚昧行为之一。

在制定新制度时，许多细则要取决于新村庄的位置、优点和特点，但是有一些共同原则是可以适用于一切村庄的。

（1）整个规章必须着眼于在村庄的人口达到最大限度时也能保证村民得到最大的幸福。这项任务可以通过认真消灭各地的一切恶劣现象来解决。

（2）所采取的一切措施应从如下的观点出发：每个人的性格都是社会造成的；人在很大程度上是社会在他出生后就创设那些恶劣的、中性的或良好的条件的产物；社会在极大程度上是和为大家创设它所能创设的最良好条件休戚相关的。

（3）同样，社会也在极大程度上是和教育与指导所有的人休戚相关的。社会要在他们出生以后就教育和指导他们，使他们在各人天赋的能力、志趣和力量所许可的范围内尽量成为智、德、体、行方面最完善的人。使人人形成这种完善的性格是最重要的事情，在安排村民的各方面生活时要把这个目标放在首位。人的性格是从出生之日起，甚至在出生之前，然后又在一生当中日积月累形成的，因此，每个村庄在一切方面都要变成一所学校，通过综合的措施为它的全体成员造成完善的性格。

（4）每一个村庄必须安排得可以保证居民能够学习、劳动、生活和管理行政。凡是达不到这个目的的措施，都要被看作是不完善的、不符合于新制度所要求的那个基本的普遍性原则的、不能形成任何一个村民所应具有的完善而独立的性格的。使每个村庄能够保证村民进行学习、参加劳动、维持生活和自我管理，这不只是领导社会的最经济的方法，而且也是在每个村庄的全体成员和一切村庄以联盟形式结合起来的时候为他们创造永久的财富和幸福的最完善的方法。这一点将在下面加以阐述。

（5）为了不对村民生活的任何方面造成恶劣而有害的条件，住宅的建筑必须做到可以容纳人数达到最多时的居民，因此，任何一个村庄的街道、广场、院落和林荫大道都不应破坏总的布置计划，因为这会造成影响恶劣的条件。

经验大概将会证明，住宅和教育机关的用地最好是正方形的，面积要足够容纳最大数量的村庄人口，并使每个人得到个人生活和公共生活的各种便利与充分舒适。同时，要使每个成年村民得到他所需要的处理私人琐事的方便。此外，安顿单身汉和有家属的人要使他们能从自己的爱好当中得到快乐，或者按照意愿而从自己的社会本能当中得到快乐，而且要比在依据人为的法律而实行各种规章制度的国家现有的任何秩序之下所能得到的快乐更加充分。

村庄的住宅区在扩展到全部面积时，包括周围的台地在内，应占地七十英亩左右，而且正方形的每一面都应拥有独立的家用设备，以供住在那里的所有成员使用。

供成年人学习和合理娱乐之用的公共大厅，为使用方便应设在正方形每一面的中部；非公开的学校所设的四个四年制学院，最好设在正方形的四个角上，而私人住宅则设在学院和中央公共大厅之间。

为使村庄成为自给自足的整体而需要的工厂和工业用房，应设在距离首先建成的那个正方形较近的地方，也要建成一个正方形，在正方形的中央设置蒸汽或其他动力的厂房。要最广泛地使用机器，以代替各方面的手工劳动（包括家务在内）。在家务方面那时可以到处大规模使用机器，不必再做为数众多的可厌的粗活，而在个体家务中，则由于工作的规模有限和程序常变，不能固定不变地使用机器，因而必须做那些粗活。

住宅和厂房要在现代最先进的建筑技术一般可以做到的范围内，尽量适合它们的用途。

建筑物必须适合气候条件，设计必须由最有经验的现代建筑大师制定。要指示设计人员，**无论在房屋的内部装修方面，或者在房屋的结构方面，都不许对质量有半点降低。**

在编制土地耕种和工厂生产的规划时，把它们同家务和教育制度配合起来，就很容易在村民生活的各方面确立起最完善的条件，而完全排除一切恶劣、有害或低下的东西。

(6) 在住房方面要使全体村民**得到同样的良好安排，并且要和他们的年龄相适应。**处理每个村庄的一切事务时斟酌年龄做到完全平等，这必须成为实践的指导原则；如不彻底执行全体成员一律平等这一条原则，就不可能有公正、团结、美德和永久幸福。只要外在的安排不一样，就不能实现平等。

在不平等的环境中培养出来的人，不知道不平等给富人和穷人造成了多少无谓的痛苦，不知道不平等所造成的那种严重的不公平，不知道不平等所引起的那些无数的无理行为。大概任何一个人至今也不会确切知道，世界上曾经存在和仍然存在的各种各样的不平等制度在社会上制造了多少灾祸。不平等直接产生于灾祸所依靠的那个原则，即“人是自己形成的，他成为一个怎样的人这一点，可以归功或归罪于他”。如果相信这个宿命论的诡辩，那么平等在实际上就是根本不可能的。相反，如果遵循真正的一条社会基本原则，即“每个人对自己性格的形成没有功过”，环境的不平等就会很快消失，（这不仅由于它严重的不公平性，而且由于它制造罪恶和灾难，由于它压制无数的美德和幸福。）这条原则在目前所造成的灾祸，到那时也会烟消云散。

美德和真理的原则一旦被人们认识，要想在这一部分人或那一部分人中间仍然保持任何不平等制度，将是不可能的，因为那时会立即看出，不平等制度使合理的人类生活的和谐和幸福遭到破坏。

人既然没有造出土地，没有发明人的任何一种才能或智力，也没造成自己本身或自己的品德和志趣，所以没有丝毫理由再让那种不平等的环境继续存在下去，而现在社会却极不合理地把各部分不同的人置于这种不平等的环境之中。神圣法则的作用，像雨水和阳光一样普及于一切人，但不是把人当作单独的个体，而是当作人类大家庭的成员普及于他们的。从这种法则产生出的公正的平等，这种平等不承认人们中间和他们生活上的任何的差别，只有年龄的差别除外。因此，新村庄的一切规章必须为同样年龄的人创造同样的条件，即同样的住宅和各种同样的方便设备，使任何人永远不能看到另一个同年龄的人得到比自己更好的安排。

实行这种简单、有益和公正的措施，就会防止现在成千上万的生活灾难，就会创造出人们彼此间的真诚团结和友爱，而且这种友爱关系要比现在大多数家庭中存在的兄弟、姊妹、父母、子女的关系还密切。人们终生在条件方面享有与年龄相符合的完全平等，这是人们的牢固团结和社会精神臻于高度水平的唯一基础。

在目前各国人民普遍遭受不平等的情况下，自然要发生下述的一个问题：能不能实行一种能够使人得到幸福的、公正而合理的平等制度，又不会因此而引起普遍的紊乱和纠纷，不会使两种永远不能彼此协调或和谐共存的对立制度混合起来呢？

这个问题现在必须由具有实践经验的人士来解决。但是谁是具有实践经验能够解决这个问题的人士呢？

政府人士对于这个问题毫不理解。政治经济学家即使一般能够理解，但是知道得也不多。

兑换金钱的商人和那些只会贱买贵卖的人，对这个问题更是一窍不通。

自由职业人士，教会人士和军界人士，对这个问题一无所知。工人阶级也全然不熟悉这个问题。

富人和游手好闲的人根本不想认识这个问题。

仅有的一些有某种程度的素养而能理解这个问题的人士，是那些曾经成功地领导过和管理过巨大的复杂企业的为数不多的人士，因为他们直接治理过人数众多而又成分复杂的居民。

为了促使有关的人们自愿改变自己的现状和旧日的习惯，就必须使提供给他们的环境显然要胜过他们现在的生活环境。

上面扼要描述的这种提供给工人的新环境，将比现在安排给工人阶级的环境好得多。

因此，某些人所担心的那种情况，即认为难于找到足够的愿意服从新秩序的工人那种情况，将是容易克服的。因为所设想的一切都将按照真理的伟大基本原则来实施，所以一定会得到令人十分满意的结果。

如果遵循这项原则并实行这种新秩序，每年将生产出大量富裕的财富，节省下无数白白浪费的钱财，培养成人们良好得多的性格，并在各方面出现不断向善的举动。

这一整套制度的罕见优点，必将很快为社会所了解，使得大家都想尽快享受到这些优点。

生活在这种新的合理的环境之中的人们，将逐渐变成有理性的人，最后将永远合理地思考、感受和行动；而那些固守目前在社会上起作用的旧的荒谬原则并甘愿受这些原则以及周围不合理环境摆布和控制的人，则必然仍像现在各国一切阶级、集团以及从高级到低级的人士那样荒诞地、愚蠢地和十分不合理地思考、感受和行动。

在新秩序下，人人都将依靠自己的、妥善分派的劳动而安享幸福生活；从这以后，享受幸福生活应当成为每个人即使是爱尔兰居民的不可剥夺的权利。

这是因为：在这种新秩序下，不多几年就将生产出大量财富，超过居民的需要或要求，而多余的财富则用来支付政府的正当开销，以及在其他地方建立同样的合理秩序，以便妥善安顿越来越多的人，直到所有那些在现有社会秩序下找不到工作或对现有社会秩序不满的人都进入新的合理秩序为止。

有些人由于他们所受教育的影响，而热衷于金属货币制度，习惯于认为只有金银才是财宝，才是衡量财富的合理尺度，才是唯一可靠的流通手段，因此他们现在问道："怎样去购买土地和添置农具呢？怎样去建筑房屋和装备房屋呢？怎样去制造机器呢？怎样去维持人们的生活直到他们能够生产出自己所需要的生活资料呢？"

思想健全的人可以毫不费力地想出办法，来实现所有这些以及其他更重大得多的任务。

现在在任何一所疯人院里都找不到比下述想法更有害、更荒谬的错乱想法：我们的千百万同胞应当始终失业，应当过贫苦和无知的生活，更有许多人则应当由于缺乏生活必需品而活活饿死；他们缺乏生活必需品仅仅是因为没有足够数量的作为货币流通的某些金属，这些金属的内在价值不大，人们凭着它们的被想象出来的虚假价值而人为地造出了货币。

这不仅是一切不合理想法中最古怪、最荒谬的想法；从它的后果来说，它还是一个人所能心血来潮地想到并使他的思想混乱的一切想法中最可悲、最有罪的想法。

这种想法制造了并且继续制造着恼人的贫困和各种各样的罪行，它制造贫困和罪行比起世界上的全部军队都有过之而无不及。这种想法现在是造成无知、粗野、贫困和悲惨的直接原因，它造成这些不幸比起所有其他原因总括起来都要严重，但是引起金属货币狂的那种万恶之源除外。

使实际财富的创造受到这种比较无用和不值一文的金属数额

的限制，就等于牺牲社会进步、牺牲人的健康和人类的幸福而去实现头脑健全的人所永远不会想到的那种意图。

为了维护健全的理性和正义，我不禁向大家发问：除了人民本身以外，谁有资格为人民制造货币并获得由此可以得到的一切好处呢？

有什么人或什么东西能像全国财富所提供的保证那样使某种流通手段具有恒久不变的稳定性呢？

英国人民在进行三十多年最冒险和最具破坏性的战争时不就使用过没有支付能力的私人公司所制造的流通手段吗？这家公司是由几个大名鼎鼎的富商所组成，他们当时声称他们将承认小小的纸块是货币。

不列颠帝国具有足够的信用，可以为自己造出流通手段。

因此，作为流通手段的货币只应由人民制造，其他任何货币都不应被认为合法，不应允许其流通。

这种货币必须具有国家银行的钞票形式，它以全国财产为基金，发行的目的是既要清偿国家公债，以便清偿以后不再为它开支任何费用，又要支付所购土地，以及土地上的建筑物、机器和其他设备的价款。

英格兰银行和其他一切私人银行这时应当得到全部公平的报酬，可是以前却极其不合理地允许私人发行货币以及同他们进行交易。

一贯被加上错误名称的贵金属，那时将在世界市场上找到它们原有的内在价值，而且这种价值恐怕要大大低于钢铁的价值。钢铁才永远是世界上真正的贵金属。

在不列颠帝国进行的这种改革，很快就会引起其他国家人民的效法；这些人民至今被严酷的专制封锁在低下的和极不合理的状态以及愚昧无知之中，他们不会再这样被拦阻下去了。严酷的专制窒息了人类的一切高贵性能，摧残了人类的一切合理才能。

易于为人类创造丰裕财富的那种方法，只要使它能够通过废除金属货币（整个社会中所存在的巨大灾祸的根源）而代之以国家货币的办法来实现，就会被人看得清清楚楚。

实际财富是由合理调配的劳动创造的。只要极不合理地使某些人可以仍然游手好闲，只要十分愚蠢地让愿意工作的人仍然不得不失业，而无知又仍然使人不能学会正确运用劳动，不能得到有用的知识，那么就必然会存在财富某种不足的现象。

这种悖谬行径目前正在欧洲和世界其他最文明地区猖獗为患；只有等到那些开始管理醒悟了的居民的人们抛弃了妨害人们获取知识和创造财富的那种制度时，这种行径才能绝迹。

不管旧政府从过了时的成见出发会怎样想法，但有一点是十分清楚的，那就是不要过多久，环境就会迫使它们去获取新的管理知识和放弃现在的立场。这是因为下述那样的时代正在迅速迫近，那时必须保证人人有良好的工作，必须给人人形成良好的甚至极好的性格，必须公平地和不偏不倚地管理一切人，必须生产出使人人绰绰有余的优质财富——这将是容易办到的，必须对这些财富进行妥善的分配，那时人人必须为造福社会而在生活中占有稳固而良好的地位。

但是，为了达到这种状态或走上通往这种状态的道路，必须在任何时候都不要忘记：执政当局要公开地放弃至今建立社会所依据的那种基本谬误，还要同样公开地接受那种为使社会成为合理和幸福而必须据以建立社会的伟大的和唯一的基本真理。

这一伟大变革的实现，只要求社会放弃那种从来没有被任何一件事实肯定过的谬误，并接受那种与谬误相对立的、被人类共知的一切事实所肯定了的真理。

在那种情况下，欧美各国政府将会多么轻而易举地把本国人民现在遭受的苦难一变而为永久的康乐和幸福呵！

利用以往的经验和近代的无数发明，从而能够用上得到很好利用和控制的蒸汽力和电力，同时又知道用什么方法可以形成人的优良性格，这样就能够轻易而简单地为人们创造出最好的条件，就能使他们富裕，使他们成为有理性的、善良的、明智的、和睦的和幸福的人，并能把世界变成人间天堂。这项任务的解决是一个简单的切实有效的办法，它使人人都由于能够成为有益的人而欢欣鼓舞，因而人人都愿意促其实现。

现在社会拥有一切必要的手段，可以在开始改革后五年之间就把这项改革完全实行于人们的生活之中，并能在不到十年之内就实行于全世界。只要采取措施使社会变得充分明智起来，能够认清本身的永恒利益，这些办法就可以立刻实施。

如果欧美各国的政府和人民现在就认真地实行这些措施，那么，通过所有日报和其他期刊的正确指导以及其他教育方法，两大洲的居民就可以轻而易举地变为有理性的人；人们现在透过它来观察事物并因而受骗的那种黑色眼镜将被摘除，人们将看到事物的真相，并且不出一年就能合理地行动。

真理的朴素力量就是如此。

第四章　以不变的自然法为基础的普遍适用的理性宪法

为管理新村服务，供不论住在何处但只有一个共同真正利益的一切人使用，以及供尚未具备结成联邦的应有知识和智慧，但已得到创造每项法律的合理根据的每个民族或个别地域使用。

序论

实行永恒的理性社会制度的时代很快就要来临，这种社会制度是以人们所探明的自然法为基础的，它的宗旨是改造人的性格，用团结与和平的精神管理地球上的居民，使他们不断完善和幸福；任何人力都不能长期阻止这种改革。

因此，世界各国政府为了自保，将会很快被迫实行这种比较完善的制度，以免陷于混乱、战争和灾难。

这一改革将在全世界从根铲除并彻底消灭那种传播无知、贫困、个人竞争、纠纷和国际战争的陈腐、无用而可鄙的制度。代替这种旧制度的，将是理性的社会制度。在新的制度下，竞争、不睦和战争将永远绝迹，人们从幼年时期起就养成彼此促进幸福的习惯。

可以通过说服各国政府相信新制度所依据的原则是真理的途径来为这种制度奠定基础。也应当有数量足够的人理解这种制度对人类的仁慈、善良和爱护的真谛，研究这种制度最好的实施办法。这些人也应当具有忍耐和坚毅的精神，以便克服无知所产生的偏见在他们的前进道路上设置的一切障碍。主要的问题在于：他们应当团结一致，彼此完全信任，一心一德。

下述情况也十分值得注意：在至今存在的违背自然法建立的没有理性的社会制度下，差不多一切人为的外部条件都是完全无益的和低劣的。然而，在我们提出的顺应人性建立的理性制度下，与人有关的一切条件都将是良好的，甚至是优越的。

在大不列颠现行的宗教、政治、商业和家庭制度下，每一平方英里土地还养活不了二百五十人。然而，在我们提出的制度下，可以很快就能保证五百人丰衣足食，而且劳力和资本的消耗要比现在少得多。几年以后，当新秩序建立起来的时候，一平方英里的中等土地就可以养活一千人，一千五百人，甚至可能养活两千人，而不必另作任何改良。

以人的本性的永恒规律为基础并顺应这种规律建立起来的理性社会制度，同以虚伪为基础并违反坚定不移的人性规律而建立起来的制度的差别，就是这样。

在后一种制度下，世界正在一步步走向地狱；而在前一种制度下，世界将迅速地、毫不停留地走向人间天堂。自然界已为创造这种天堂准备了最丰富的材料。

有理性的政府一心谋求治下居民的幸福。为了达到这一目的，它首先要知道人的本性是什么，本性形成的规律及其在人的一生中存在的规律是什么，为了使新制度培养和发展起来的人们幸福所需要的是什么，为了取得这些条件和永远保证人人都有这些条件所需的最好手段是什么。

这种政府要研究和创造各种秩序，借以充分而可靠地保证治下的全体居民得到为人类幸福所必需的条件。这种政府的法律一定很少，容易为治下的全体居民所理解，而且同人性的规律完全相符。

政府将会知道：每个人的**本性**和器官以及身心方面的能力和志趣，都是生来由“不可思议的宇宙创造力”造好了的；一切器官、能力和志趣，对于种族的延续以及对于个人和社会的发展、健康、成就、良好状况和幸福都是必需的；如果人们随着本性的改善，在按照自然法即神法培养自己身心的天赋品质和能力方面取得足够的经验，就可以取得成绩。

但是，由于社会还缺乏经验，这些品质和能力可能遭到不正确的理解，受到错误和歪曲的指导，以致成为犯罪和灾难的根源，而没有成为成功和幸福的源泉。由于我们的远祖及其后裔缺乏知识，这种对于人的天赋能力的歪曲，都是非常普遍的，而且延续到今天。

因此，有理性的政府会了解到人的天赋特性从出生以后既可得到社会的正确指导，也可得到社会的错误指导，会了解到由于对这些天赋特性抱有错误的看法而使它们一直受到错误的指导，所以这种政府将在人类历史上首次采取合理的措施，使这些天赋特性在人的一生中都得到正确的指导。

有理性的政府知道人的本性及其形成和存在方式，是**出生时具有的那些天赋能力的综合作用的结果，知道这些能力从出生之日起，既可受到社会的良好的指导，也可受到社会的错误指导**。因此，它将认为只有自然界和社会应对每个人的性格和行为负责。

有理性的政府也会了解**人的幸福所必需的条件**，并采取各种措施，以保证每个人在社会所拥有的知识水平和手段的范围内得到这些条件。

这种政府知道，为使人人获得幸福，要具备下列条件：

(1) 生来就有好身体，以后要取得关于自己的器官、能力、志趣和品质的实际知识。

(2) 有可能合乎愿望地获得维持身体健康所必需的一切东西，并知道如何生产和分配满足人人需要的生活资料。

(3) 出生后就有可能很好地发展自己的天赋能力——体、智、德、行方面的能力，并善于正确地指导和教育他人。

(4) 拥有必要的知识、能力和志趣，以便始终不渝地促进他人的幸福。

(5) 拥有经常增进自己知识的志趣和能力。

(6) 有可能享受美好社会的快乐，特别是有可能按照自己的意愿同自己最尊敬和最爱慕的人交往。

(7) 有可能随时愉快地出外旅行。

(8) 对一切事情有发表自己意见的充分自由。

(9) 有最大的个人行动自由，但须符合公共利益。

(10) 我们的性格是本着这样的目的培养成的，即在一切情况下我们用观点、言论和行动只是表达真理，以宽容的态度对待他人的感情、思想和行为，对一切人都有真挚的善意。

(11) 不迷信，不怕超自然的东西，不怕死。

(12) 生活在建立得良好、组织得良好和治理得良好的社会里，这个社会的法律、制度和秩序都符合于人的本性的规律;知道利用什么方式能够真正把为建设这种社会所必需的一切条件结合起来。

宪法条文和立法原因的解释

第一篇　居民的物资供应和教育

第一条　每个人都应当通过公共措施,根据平等的原则,终生得到人所必需的一切东西。这些措施应使每个人的勤劳和才能得到最好的指导。

本条的立法理由　根据这种以神圣法则为基础并按照神圣法则制定的新宪法,每个新村仿佛是它管辖范围内一切居民的父亲,并作为神的直接使者来执行“宇宙创造力”的法律,以建立并维持人类社会和整个自然界之间的和谐。

父亲为了子女的共同利益会在公正和完全平等的基础上把他们团结起来,他知道:团结就有力量和智慧;没有诚意实行的和完全的平等,就不可能有持久而真诚的团结;把平均由两千人组成的大家庭中各个成员的能力、感情和兴趣联合起来,可以使每个人由此而在培养更为完善的性格和享受更为持久而稳固的幸福方面得到的好处,至少比在目前的个人主义制度下增加两千倍。

本宪法的目的是使每个新村形成一个由农、工、商、学结合起来的大家庭。

在矿业区或渔业区,这种秩序可因地制宜地加以改变。但在任何情况下,新村都应保证建立如下的共同秩序:在人生的每个阶段,大家都按年龄得到同样的一切最好的东西;使每个人的才能和力量毫无例外地为本村的成员和范围更大的联盟的成员造福。

这个家庭的每个成员，都具有人所固有的共同品质，但在每个人身上的结合各有不同；这些品质的获得，并不经过本人的同意，甚至不为本人所知。这些各种各样的先天性格，只有“伟大的宇宙创造力”才能创造，所以任何人也没有合理的根据，要求把具有那种可能被认为比较完善的品质的结合归功于自己，正如没有合理的根据，把具有现在看来显然不够完善的品质的结合归过于任何人一样。很有可能，随着这些家庭变得完全合乎理性，而会发现这种不同的结合对于整个自然秩序是必要的和非常有益的，因为没有这种差异，社会就不会完美，幸福也不会圆满。

据上所述，每个人都可以有正当理由要求同大家庭中年龄相当的其他成员平等。无论对任何人的任何偏袒，除年龄差异以外的任何差别，在一个新村里任何时候都不许存在。

本条规定，每个人都应得到一切**最好的**东西。经验证明：只有使用一切最好的东西，而且产量足够供应一切人消费，才能达到最大的节约；新村如果尽可能拒绝一切**内在**价值很小的东西，而把使用质量最好的东西视为常规，就会获得非常多的好处。

完全实现本条规定和下面将要阐明的各条法律，必定使每个人成为幸福的人，因为人们的天赋品质使他们有可能扩大自己的快乐的范围。这种情况在人们的才能和知识水平所能想到的并能够实现的最有利的条件下将会发生。

第二条　人人从出生到成年，都应当用目前所知的最好的方式进行教育和培养。

本条的立法理由　教育人，就是培养他的性格。由于为此使用的手段不同，可以培养出好的性格或坏的性格，而人们的本性必然会有下等、中等和上等的差别。这项原则的意义，除了莱喀古士[①]以外，在人类历史上还从来不曾为一个国家、一个民族或一个人所完全了解。既然这项原则现在已为众所周知，如果只有立即培养具有高度尚武精神、个人巨大勇气和克己能力的性格，才是上策，那么培养莱喀古士时代那样的斯巴达人的性格便是轻而易举的事情了。但是，需要不完美的性格的时代已经过去了，而在普天之下，目前正在培养的和过去已经培养的却是这种性洛。知识的成就要求培养体、智、德全面发展的有理性的男男女女的时期就要来到了；为了目前一代和未来世世代代的幸福，现在需要一些用人的本性制造出这种高级产品的手段。

知道怎样培养人的性格，就等于知道用什么方式去消灭造成世上灾难的主要原因，消除对于法律的需要，消除个人之间、民族之间和种族之间的互相排斥的原因，保证普遍和平和政治修明，促进知识和福利的有效提高，铲除现在只是受到愚昧无知的支持而存在的一切低级有害的欲念的成因，摧毁一切犯罪和恶行的基础，使十分不公正的个人惩罚制度成为不必要的东西，而个人奖励也不再受人欢迎，培养出人人赞许的从体、智、德、行的角度看来是善良的、必要的性格。同时，不但不会由于两种性格在个人品质的结合方面似乎完全一样而造成不愉快的单调，相反地，是会由于优良

① 莱喀古士是半传说性的古斯巴达立法者，大概是公元前 8 世纪的人。据说，他给斯巴达创制了一套法律，其中规定农用土地平等，制定严格的生活方式，重视青年人的体育。在一些空想社会主义者看来，莱喀古士是有理性的立法者的典范。——俄译者

品质的无限多样的结合而形成多样的性格，即不要创造出比现在还要多得多的各种各样的性格。简而言之，知道怎样科学地处理人的天生素质(这是人们接受各种知识、向善和追求幸福的无限能力中最灵活的素质)，就等于知道怎样改变现在的普遍混乱、沮丧、窘迫、恶习、犯罪和贫困的状态，成为人间的天堂。在这个天堂里，每个人都充满热望，力求消除**产生任何灾祸的原因**的可能性，力求促进其他一切人真诚而主动的善行、福利和永久的康乐。那时，将不再需要只顾自己的自私自利的感情了，每个人的兴趣和高度理性的快乐将在最广泛的实际可能达到的程度上得到保证。

第三条　在教育、家庭教育和参加劳动方面，人人都应该服从一个共同规定的秩序。

本条的立法理由　为了培养完善的人，就必须使每个人出生以后就受到同样关怀备至的教育；没有任何偏私，使哪一个儿童也不企求自己比其他同年的儿童享有更优越的条件，不希望得到别的儿童所没有的东西。没有教育和环境方面的这种全面而完备的平等，就不能够有什么普遍而持久的幸福生活，严格说来，就不会在人们中间有任何正义。只有彻底实行真正平等的原则，才能推动人类走向高度完善的阶段。如果一切人不怀任何成见，处于彼此协调得适应人的本性的秩序和环境之中，受到良好的教育和培养，而且有适当的工作可做，这样，也只有这样，才能对人类迟早要达到的高尚、康乐和愉快的幸福有正确的认识。

太古之初，上帝就作了这样的决定：“**要么人人都幸福；要么谁也不幸福**。”这是一项慈悲、英明而善意的决定，值得景仰和尊重；

这是**千古不移的宪章**，它既保证人类的进步和幸福，又保证一年之间的进步比以往一百年间所能取得的进步，或者严格点说，比现在的无理性制度的在理论上和实践上的谬误统治整个世界时无论多长时期内所能取得的进步都更广泛、更重大和更持久，因为只要理论上的谬误存在，这种谬误必然会在实践上导致一系列巨大而深重的灾难。因此，目前在全世界范围内犯罪和思想冲突不断增多，丧失理智的行为也日益加剧。这样下去是不行的！只有逐步在人类中间推广公正而绝对的平等，完全实行慈父般的民主，才能使人人得到并且保证得到互相关心、一切美满、进步和愉快的幸福。**“要么人人都幸福，要么谁也不幸福”**，将在最近首先成为民主的口号，然后成为一切国家和不同气候地带的人民的共同口号。

为了使平等达到这样的高度水平，这些新村的儿童“在教育、家庭教育和参加劳动方面，都应该服从一个共同规定的秩序”。使我们感到兴趣的问题的这一部分，涉及那么多重要的思想，以致不难把它写成一大本书，但是上述的一切，已经足以说明我们的真正目的。预定在教育、家庭教育和参加劳动方面按照年龄的不同而实行的措施，无论在概述上或在细则上，都已经在我发表的关于社会的新划分的讲演[①]中作了充分的叙述。

> 第四条　一切儿童出生以后，就应当受到出生地的协作社或新村的特别细心的照管，但是他们的父母也应当经常有自由接近子女的机会。

本条的立法理由　制定本条之所以必要，是有很多重要原

① 参见本卷所收《新道德世界书》摘译的《关于社会的划分》一章。——俄译者

因的。

(1) 父母在所接受的思想支配下而溺爱自己的子女,以致不能在儿童教育问题上对自己本人、子女或社会作出客观的判断;即使个别家庭具有必要的条件可使儿童在出生以后形成良好的性格,他们也不能如此,何况实际上并没有这种条件。

(2) 儿童的人数不多时,绝不能安排适当的条件来很好地培养他们的体、智、德、行方面的品质,把他们教育成全面发展的人。

(3) 新村是治理全体居民的慈父般政权机关的代表,它比儿童的亲生父母更为关怀每个儿童的良好性格的形成,因为新村、联合新村以至最大的联合新村的康乐、和平和幸福,都决定于各个新村的每个成员的性格如何。

(4) 在小圈子中以闭塞的方式教育一个、两个或少数几个儿童,是不可能培养出高质量的有理性的性格的。

为了培养每一个男人或女人的高质量的并有益于社会的性格,必须创造相应的方式;各个年龄组每隔一定期间就要改用另一种方式,以适应体力和智力的发展,以及人的志趣和其他品质的变化。

虽然儿童不由自己的父母去培养和教育(像目前社会这样,由父母管教,只能使他们成为无益于完全平等的制度的人),但是父母随时有自由接近子女的机会。做父母的将会看到:他们的子女受到这种教育和培养,在志趣、习惯、作风、性情和判断力方面变得比在家庭条件下培养性格时优越得多;父母和子女所产生的相互爱慕和尊敬的感情,同现在流行于社会各阶级中间的那种习以为常的盲目溺爱,以及同那种双方对不公正而有害的特权的渴望相比较,要高尚得很多。现在的家庭教育千方百计地培养儿童利用自己家庭以外的一切来为自己谋利。

但是，没有任何充分的理由担心（过去三十年的丰富经验使笔者深信这一点）这种新的比较完善的培养性格的方式会削弱父母和子女之间牢固的眷恋之情。毫无疑问，家庭教育绝不会使儿童对于公共事业发生真正的兴趣。

> 第五条　同一新村的全体儿童，应当像同一家庭的儿童一样，在一起学习和受教育，并尽早认识支配人的本性的规律，因为这是一切知识中的最重要的知识。

本条的立法理由　因为同一新村的全体儿童都在一起学习和受教育，所以应当创造培养性格的适当方式，而且要保证儿童的资质和体质有益于个人、新村、联合新村以至于最大的联合新村。

但是，人们很快就会承认，在培养性格方面最重要的因素是培养儿童自幼“认识自己”和了解什么是人的本性的能力。当他们学会理解自己成长的条件以及自己的感情、见解和行为的基础的时候，他们就会“认识自己”，并通过认识永恒的神圣法则来了解什么是人类。

由于儿童会有能力**通过认真研究**这种知识所依据的事实来获得这种知识，所以他们可以获得人类还从来没有过的理性思想。由此，必然使一切愤怒、恶意、嫉妒、怀恨，一切对人类、对他人的仇恨之心都得自然而然地归于消灭。这些恶劣品质消除以后，知识、正确判断、仁慈和善意的新精神将在人类思想中取得优势，并支配着每个人的行为。

人为法律在人们身上制造出各种各样的仇恨之心和没有理性的感情；而神圣法则则代之以友善之心和理性的感情。

人为法律制造犯罪,然后又惩罚犯罪的人,而促使犯罪者犯罪的性格则是这种法律所预先培养出来的。神圣法则防止发生犯罪的可能,并使个人惩罚制度成为不必要的东西,而使个人奖励制度成为不公正的事情。

早已深入人心而为人们所深切理解的神圣法则,会使人们变成有理性的人。那时,人们将不需要社会操心和花费,就可以永远合乎理性地感受、思考和行动。这样一来,现在那些为预防犯罪而毫无效果地应用惩罚方法的无用机关和其他措施,在各方面都没有存在的必要了。

第六条　应当鼓励每个人在表达自己的感情和信念时绝对服从关于自己的本性的规律,换句话说,就是在一切情况下只说真话。

本条的立法理由　人们之所以犯罪、虚伪和彼此不睦,一定有重要的原因;使人堕落的人为法律,始终就是这种原因。只要社会依然以人为法律为基础,依靠这种法律,虚伪就必然像过去和现在这样继续成为人类的语言。这种法律是一切虚伪的来源,是一切欺骗、狡猾和讹诈的原因。只要允许采取那种使撒谎成为不可避免的原则来培养人的性格和管理人类的事业,希望美德能被认识或善意得以实现,那都是极端幼稚的想法和徒劳无益的期待。无可辩驳和不容置疑的原则是存在的,只有这种原则才能树立真理,创造人们仁厚而善良的行为。只要真正的语言还没有成为人类唯一的语言,希望培养出坦白真诚的性格或使人类达到任何实在的自我认识,都将是极端愚蠢的期待。人类由于目前社会所赋予的品质和所给予的条件,是以虚伪的面目出现的。

人为法律所创造的世界，从来就是而且今后仍是虚伪和由此而来的欺骗的产物。因此，统治世界的只是强力和欺骗：强者始终欺骗弱者，或用暴力压迫弱者。只要还没有说服支配人民命运的当局使之相信，虚伪和欺骗必然产生灾难，而真理的语言和充满坦率、真诚精神的行为必然导致普遍幸福，这种荒唐的无理性状况就要继续存在下去。

> 第七条　男女两性都应当受到同样的教育、享有同等的权利、优待和人身自由；婚姻决定于自然的互相爱慕，这种爱慕应被正确地理解，摆脱人为障碍的影响；如果在某些情况下婚姻没有使结合的双方得到幸福，那么，那些使婚姻关系无法解除并使不满意婚姻状况的人遭到不幸的法律，就应该废除。

本条的立法理由　切合实际的社会制度要求人们必须彻底改变妇女的地位，造成男女两性关心建立公正而完全的平等，关心充分发展和不断增进双方的福利。

在以神圣法则为基础的新宪法中，为消除现行制度下促使夫妇不和的无数原因而拟定的新办法，将保证这一变革的实现。造成夫妇不和的任何一个原因，都不必保留。在任何情况下，哪怕是互爱之情已经消失，也不得保留任何一个能够破坏双方的和睦和友谊的原因。

在以无知为基础的人为法律统治下，没有一个立法者在现行的任何一部法典中采取过使两性之间的结合能为整个社会带来美德和幸福而不致造成罪行和苦难的措施；在现行的法律制度下，本来就不可能实行这种措施。目前，完全由人为法律产生的谬见所造成的隐患、贫困、虚伪和欺骗，只能引起惊恐不安。它们所带来的痛苦，特别是对身心比较纤弱的妇女所带来的痛苦，如果不再隐瞒下去而公之于世，让人人知道它们是错误而有害的立法的必然结果，那么这种痛苦将不复存在；而这种错误而有害的立法则是全世界现行的社会制度所完全依靠的和赖以建立的极其错误的基本原则的产物。

在完全平等的制度下，通奸的一切动机都将消失，性病也很快会从社会生活中绝迹。婚姻的缔结无疑将按照神圣法则的指示，在人生的适当时期和在最能防止婚后不幸并最能保证双方永远相爱如初的条件下进行。

因为以完全平等为基础的宪法保证人人在一生中都按照年龄和能力得到同样的教育、职业和地位，所以人人都有十分广泛的选择机会，而新村的每个居民的真实性格，从他出生以后，在一生的各个阶段，都将为人们了解得十分清楚。又因为新村居民总是说真话，所以婚前不会有那种破坏婚后的相互信任的欺骗行为，而在现在的制度下，这种现象却是屡见不鲜的。

神圣法则使人情不自禁地感到喜欢，使人热爱一切在本性上的特殊结合而令人愉快和爱慕的人（这种结合是每个人生来就由神赋予的，后来又受到社会的影响），相反地，不爱或嫌恶一切具有令人讨厌或令人憎恨的天性或自然感情的人。无知的人在破坏这一普遍而不可动摇的神圣法则时所干的一切，必然引起可怕的身心痛苦、犯罪和贫困。不管无知的势力怎样诡辩而各个国家和各个时代的人为法律总是反对永恒的自然法的。这样愚蠢地反对神圣法则，必然使人类对淳朴而善良的感情大失所望，而产生大量的令人厌恶和感到苦恼的疾病、违反自然情理的罪行、凶杀、神经错乱和发狂行为,以致人的头脑不能完全理解这些灾祸,或者甚至认为它们应当存在,结果小心翼翼地把这一系列可怕的灾祸隐瞒起来,不向公众揭露。防治这种身心重病的良药,就是在解决这些问题时不采用人为法律,并预防由这种法律产生的无数实际灾祸。这些灾祸经常带来难忍的精神痛苦,特别是对妇女更是如此,她们无法摆脱这种痛苦,往往被迫用自杀来结束这种痛苦。

这些以无知为基础的人为法律调整着两性之间的关系,破坏着神圣法则,使人们现在饱尝难忍的痛苦。谁能估计到和极其全面地想象到这一切痛苦呢?凡是由于具有人体解剖知识或由于职务关系而了解受骗的人所遭受的这些苦难(哪怕是其中的很小一部分)的人,只要处在允许他们揭露隐秘的事情的环境中,就能讲出长篇的故事。这个故事将会吓坏最有勇气的人,使他们感到莫名其妙,不了解人类为什么竟能这样长期地缺乏理智,以致没有发觉现在支配着整个世界的这种极端的狂妄行为,而在大城市里,特别是在人口稠密的大城市里,这种狂妄行为已经达到无以复加的地步。让见闻不多的人去问一问伦敦或其他大城市的警察当局,或者问一问疯人院的主管人,如果被询问者敢讲真话,那么,他们就可以生动地描绘出人类的最细腻的感情、才能和力量被摧残的情景。这种被摧残情景之所以发生,乃是由于一窍不通的当局盲目地用最不公正和残忍的人为法律,而不用最英明的善良仁慈的神圣法则或自然法来支配人类的命运,从而使人们合理指导自己的天赋本能的理性和能力,还不如其他一切不受任何僧侣管辖而只受造物主的法律支配的动物。

在人类生活的新制度下,走向持久而幸福的两性结合的道路

上就不会有人为的障碍;相反地,人们将用现有的一切办法促进彼此相亲相爱,历久不衰。不必怀疑,在这些制度下,由于双方终生都处在尽可能相爱如初的环境中,所以爱情的持久以及双方得到的满足和愉快,都将大大超过至今用各种各样方式缔结的由人的虚伪的意志自由所产生的婚姻,而给社会带来的损害,则将大大小于这种婚姻。

但是,如果这种保证男女婚姻幸福的良好制度,在某种个别情况下没有达到目的(有时可能发生这种情况),那就要采取措施,在不破坏双方友谊的条件下离婚,要使双方不受到最小的损失,而使社会得到最大的好处。

当双方由于秉性不能继续相爱,而有意爱上另外一个人的时候,社会方面再强迫他们继续共同生活,这是最不道德的事情。仅仅由于这种错误的措施,以往不知使人们受了多少深重的苦难。这种强迫是多么不道德!它造成多少谋杀事件!隐藏在心里难言的痛苦,特别是妇女的这种痛苦,该有多少啊!仅仅是由于虚伪的意志自由的错误观念,全世界就遭受多少灾祸!当局很久以来就是根据这种观念统治人民,造成如此无知,造成那么多的灾难!

现在还缺乏真正的、以经验为依据的知识,不知道将来当人们变得有理性时,在婚姻方面为了个人的永远幸福和社会的福利,都需要些什么。由于这种无知,由于虚伪和罪恶的教育所造成的人们感情的混乱,所以必须制定结婚规则,必要时还要制定离婚规则。同时,应把这项措施看作是初步措施,并且随着社会在善良品质和理性的发展方面取得成就而作出应有的改进。这些规则如下:

(1) **结婚规则**:男女双方应当在结婚前三个月声明,并在结婚登记簿上注册；三个月后，双方在登记簿上签名表示成婚。

(2) **离婚规则**：如果结婚**十二个月**以后，双方发觉彼此情意不投，认为他们的结合很少有或者完全没有希望带来幸福，那他们就可以公开声明打算离婚，这项声明应载入离婚登记簿。不过，**还**要求他们继续共同生活**六个月**。六个月后，如果他们仍认为彼此性格相左，**双方都愿意离婚**，那就应当在离婚登记簿上签名，完成离婚手续。

假如有一方反对离婚，则要求他们**继续共同生活六个月**，以试验他们的感情和性格能否协调，使婚姻幸福。但是，在这六个月期满以后，如有一方仍坚持离婚，那就应当按照上述手续确定离婚。

通过这种手续离婚的双方有权再婚。这些新村的儿童因为任何时候都归本村照管，都在公立学校里求学，所以不会由于父母离婚而受到任何损失，并仍能对父母保持爱慕之情。

不必怀疑，这种制度为社会创造的和睦和幸福，要大大超过至今存在的或用反常的因而是有害的强制手段来继续保持那种不愉快的婚姻关系所能达到的和睦和幸福。

第二篇　思想自由或信仰自由

第八条　人人都应在宗教和其他一切问题上享有自由表示自己信念的同等权利。

第九条　除诚恳而友好的论证以外，任何人都不得使用其他方式影响他人的见解或信仰。

这两条的立法理由　即使对信仰自由稍加压抑，也是最不道德的暴行，并会产生各种虚伪。神法对此指出，人不能创造自己的判断。人的判断是存在于人的思想之中最深信念的产物，而人的思想则是环境为他造成的。因此，任何一个人都没有权利对别人说："在你的思想中应当有我的想法，而不应当有你的想法。"这是违反自然的。神法说，除了采取以善意的精神表达的、以有关判断的真正发生过程的知识为基础的诚恳的论证以外，任何人都没有权利支配他人的思想。只要不彻底消除一个人从智能上奴役另一个人的思想这种现象，真理就不能成为全世界的语言。智慧和心灵的语言永远令人神往，这种语言也是唯一合理的有理性的语言。

第十条　不论持什么见解或信仰，都不得受到任何赞许或谴责、任何表扬或处分、任何奖励或惩罚。

本条的立法理由　神圣法则宣称，人本身不能形成自己的信念或信仰，也不能随心所欲地改变自己的信念或信仰，所以信念或信仰始终是环境为人造成的。因此，根据人们按本性说来是**不得不具有的**信念而给予他们表扬或处分、赞许或谴责、奖励或惩罚，都是极其不合理的。

许多世纪以来，人对这个问题的无知所造成的思想和感情方面的冲突，以及所产生的暴力和罪行，都大于我们无经验的祖先的其他任何谬见所造成的这些后果。这种无知破坏了人们在道德和思想问题上的一切相互了解，使人对待他人比任何动物对待同类还残暴得多。因此，为了使真理的语言有某种希望成为人类的语言，就必须首先完全放弃这一谬见。

第十一条　任何一种宗教的信奉者都应当有同样的权利对推动原子和主宰宇宙的"不可思议的力量"表示自己的意见，以及用自己的良知所允许的任何形式和任何方式对这种力量表示各种崇拜，同时也不反对采取其他方式。

本条的立法理由 全世界现有的宗教观念，都是地理条件作用于受其影响的敏感的幼稚头脑的自然结果。由于这一作用过程，各个不同地区的居民，除去比较少数的例外（这也有它的合理原因），都变成他们所在地区所信奉的宗教的忠实信徒。他们的思想无法避免受这种影响，所以不能为此而谴责他们。因此，阻止人们表示自己的真诚的宗教信念和遵从自己的礼拜形式，都是残忍而不公正的。

神圣法则宣称：人在不损害他人的条件下有不可剥夺的权利来表达自己的思想，并按照他所认识到的关于权利的观念行事。因此，人有权公开谈论自己的信仰，并按照自己的信仰行事。但他无权妨碍他人享有同样的自由，不管他人的信念和行为方式与自己所接受的和赞同的信念和行为方式有多么大的不同，只要这种信念和行为方式是无害的话。这种关于信念的真实形成过程的知识，是产生人们之间的普遍善意和宽容的唯一基础。

只靠命令是不能产生这种神圣美德的。世界上从来不曾存在过这种美德，而在人为法律统治之下，也从来不能产生这种美德。只要这种不良的、恶意的法律继续存在，不被仁慈的、善意的和英明的神圣法则所取代，只要神圣法则还没有成为全世界的法则，还不能支配人们的一切思想和行为，指望神圣的美德在生活中占据统治地位，那是枉然的。当真正的精神自由得到实现的时候，才会产生不被我们无经验的远代祖先留传下来的无知法律所玷污的热爱他人的纯洁感情。

第三篇 居民的公共秩序

第十二条 在儿童通过教育获得导源于神圣法则的新习惯和

新感情以后，成为目前这种严重不公正、犯罪和灾难的成因的无益的私有财产，在新村中将不复存在。

本条的立法理由 动产以外的私有财产是人为法律制造的最不道德和最有害的力量之一，而且也是产生无数的犯罪和严重的不正义的原因。

只要人们继续在私有财产的自然影响下养成严重的自私自利习惯，即对凡是可以变成私有财产的东西都要据为己有，私有制就会保存下去。因为人人都是用这种原则的精神教育出来的，所以大家都或多或少地公开反对他人，以便在混乱的生活中拿到最大的份额。

在童年和青年时期养成的自私心理，到成年时期就会使人形成极其卑鄙下流的性格。这种心理使人产生孤立的个人主义的倾向，从而抑制和搞乱人的极为细腻而善良的感情。它使人们总把他人看作敌人，叫人们怀疑外乡人甚至邻居的动机和行为，因为每个人都在这样的情况下养成一种习惯，力图欺骗他人，即使在同所谓朋友的交往中也要占点便宜。

私有制所产生的灾祸，向四面八方蔓延。

私有制使拥有大量财富的男男女女形成倾向于非正义的恶劣的反常性格，而使身受贫困的无数祸害而痛苦不堪的人产生十分令人讨厌的仇恨心和妒忌心。

它使监狱挤满了人，叫疯人院有人满之患。它时常堵住伟大社会改良的道路，把社会的自卫费用增加到难以想象的地步。

它使社会上一小批人手里积累了巨额无益的财产，而人数占绝对优势的群众却被迫生活在贫困之中，或生活在几乎同样恶劣的对贫困的经常恐惧之中。

人为法律认为私有制是社会的主要因素。在神圣法则统治之下，私有财产将被认为是巨灾大祸，是各国的一切阶级之间的纷争的永久根源。

——列举私有制给人类造成的物质损失和无谓痛苦，可以写成许多卷书。

有人断言私有制是增强个人力量的刺激因素，而在人为法律必然造成的不合理制度下，也确实需要这种刺激因素。但是，在根据神圣法则建成的制度所诞生的新秩序下，将经常存在另一种力量强大得多的刺激因素：它不是鼓励人们为个人发财致富而活动，而是促进人们为普遍幸福这一神圣的目的而每天发挥自己最大的能力。

第十三条　只要这种新村的成员从幼年时代就开始接受认识神圣法则的教育，习惯于在自己的行动上服从这种法则，处在相应的环境之中，从而有可能真正认识自己的本性，这样，一切个人奖惩制度就会消灭。

本条的立法理由　凡是研究过自然界的人都知道：一切创造物的共同特性和个别特性都是“**伟大的宇宙创造力**”所赋予的；全体和个体的创造者不是**被创造物**本身，而是“造物主”；不管是有灵魂的物体或无灵魂的物体，不管是矿物、植物或动物，也不管是有理性的生物或无理性的生物，都是如此。当然，正在研究自然界的人也知道：不管各种共同特性在人身上是怎样结合的，这些共同特性及其在每个人身上的特殊结合，都完全是上述**创造力**的产物。因此，根据共同特性及其特殊结合而**责难**可怜的被动的被创造的生物——不管是人，还是任何动物，都是**缺乏理智**的，而加以**惩罚**或使之遭到任何损害，则是极端**不公正的**。难道这样做是为了自卫或为了取得生活资料，而舍此就不能维持生活吗?! 一切无谓的残暴行为都是违反神圣法则的行为。

因此，当人们制定法律让一个人惩罚另一个人，而不是从这个人出生以后就教导他认识神圣法则并始终按照这种法则行事的时候，人们的这种行为方式无疑地证明他们还不懂得人道的规律，还没有学会像一个有理智或有理性的人那样行事，也没有他们那种自知之明。现在，从人类以往的历史可以明显看出，在人被创造出来的时候，就具有了在无数代里慢慢前进的能力。这个前进过程，从最无知、没有理性的野蛮人的状态开始，直到人的加速发展的条件的形成，以及人在历史上首次成为全面发展的人或有理性的生物那个时候为止。

只是现在，人才开始相信：受到对人性本质的理解所指导的善行，比人的任何其他品质或特性具有强大得多的力量促进人们的幸福；可以借助于受到明智而审慎地指导的善行，在人出生以后就按照神法教导和教育他们，使他们尽可能不依靠自己创造的能力而永远成为善良、明智、有用和幸福的人。然而，按照人为法律使用暴力和惩罚来治理社会时，永远不能使人达到在神法统治下人人都能得到和人人都能享有的那种善良、明智和幸福；神法将经常毫无例外地产生善良意志，产生对于后天的教育或先天的差异的应有关怀，从而产生宽宏大度和无限善良。实现这种改革以后，一切个人惩罚将不仅被认为是非常残暴和非正义的，而且也被认为是管理那些希望成为善良、明智、幸福和有理性的男男女女的一种最错误的方式。

现在，有人开始看到并承认疯人院和学校里减少惩罚所产生的良好效果。一些办得好的疯人院和学校，现在几乎不用体罚了。承认可以根除不合理性的法律所产生的体、智、德方面的无数病症的时代已经临近了。这些不合理性的法律，是人们在从无理性状态到有理性状态的逐渐完善过程中发明出来并加以实行的。像最高明的医生在设备完善的疯人院里对患者所采取的那种制度来管理社会和医治社会，那些病症是可以根除的。在这种疯人院里，凡是受托照顾这些不幸者的人员，对每个患者和他们的疾病都抱着耐心、宽宏和善意的态度。这些不幸者大多数是由于目前占据统治地位的极不合理的社会制度的无理性和不公正，才变成这个样子的。

已经建立起来的缺乏理性的、不公正的和十分无知的制度，是为了人惩罚人而设想出来的，这种制度目前是人为法律必然产生无理性，或者更正确点说，简直是产生疯狂的最有说服力的证据之一。天天捕人坐牢，个人谋杀，政府屠戮，国家之间发生战争，都无可置辩地向全世界证明：一切民族、国家和种族的人的理智水平是很低的，他们完全缺乏健全的思想。

愚昧无知目前就像是帷幕一样妨碍人们成为有理性的人，一旦这种无知被消灭，应当首先采取的一项措施，就是实行这样一种制度，它将**预防产生**以暴力和欺骗管理社会，以及一个被创造的生物把另一个与他同样无知的被创造的生物当作罪犯来惩处的**任何必要性**。

只要人们在无知的基础上受训练和受教育，而这种无知在导致创造或维护与神的指示相悖的法律，只要有人对他所不理解和受他所指摘的思想和行为进行审判，从而按照自己的理解、异想和有限的能力去惩罚同胞，那就只能延缓走向合理而健康的状态，延缓实现人间的幸福和无害的享乐。

笔者曾得到一个特别良好的机会，在三十年期间内按照与人为善的原则管理过两千五百人。尽管试验是在人为法律所造成的极端不良条件下开始和实行的，但是获得了成功，使人们得到的知识、德性和幸福的总和远远超过对它所抱的最热烈的希望。一旦试行依据符合神法的原则来管理社会，则采用人为法律的必要性就将迅速消失，而幸福就将在受上述方式明智管理的居民中间产生善行。推广善行的正确途径在于首先采取一些措施，使人们变为有理性而幸福的人，因为人们有了幸福，就容易成为善良的人。这条途径所以正确，就在于它既是最简捷的而又是最使人愉快的。

人为法律是犯罪的根源，然而人们在制造了罪行以后，又企图利用无数没有效果的法律来消除这种法律的恶果。于是，犯罪事件的层出不穷，便产生了惩罚的原因。

神圣法则**预防**犯罪的**原因的产生**，从而使惩罚不但成为无用，而且变得非常有害。导源于神圣法则的新宪法可以公正地称为预防犯罪和生活贫困、创造美德和幸福的宪法。

第十四条　每个新村都应当是按照通常人数比例（五百人到三千人）构成的男女老幼的联合体。三千人是人们能够最有成效地在有科学根据的统一条件下联合起来以实现自己的一切重大任务的最高人数。

本条的立法理由　在关于过渡措施的一章中已经说明过了。

第十五条　随着新村数量的增加，应由几十个、几百个以至几千个新村结成联盟，直到联盟普及整个欧洲，随后再普及世界其他各洲，最后把全世界联合成为一个只被共同的利益联系起来的伟大共和国。

本条的立法理由 人类的一切成员都希望只有一个利益范围、一种语言、一部共同法典和一个施行这一法典的制度。新村的联盟可为达到这些伟大的、不变的、合乎希望的目的提供最自然、最方便、最迅速的办法。为了达到比较狭窄的局部目的，由每十个新村结成一个联盟；为了达到范围更广的利益，即为了保证一切地区和一切纬度地带得到和平和康乐，由每一千个新村结成一个联盟——这都是不难办到的，因为将来可以看到：在全世界上，每个人的最重要的长远利益将由这些新村的制度及其联盟给予最有效的保证。只要地球上的居民还没有亲密地结成一个使每个成员都能积极促进他人幸福的大家庭，就要继续扩大这种联盟。按照上述方式组成的各个新村，将建造起宫殿般的房屋，周围环绕着花园、公园和大片的良田美地。田地分布在铁路的两侧，而铁路依据符合共同利益的方针通向每个国家。

所有的联合新村，都将由众所周知的共同利益结合起来；每个新村都要帮助其他新村，就像每个新村居民都要帮助自己的同胞一样；人人所受的教育，使他们产生不但要促进较近的新村，而且要促进其余一切新村的福利的热望，并且同样地关心着它们的成就。要知道，只要有空闲的房屋，人人都有权从这个村庄迁居到另一个村庄。因此，从实际的观点来看，每个人除了都是同事以外，还是所有新村的真正主人，而不管这些新村的数目有多少，或者距离有多远，甚至是分散在东半球各个地方。在整个西半球上自由无阻地推广这种新村的时代也会很快到来。人类毫无例外地日益希望这种联合尽快地扩大到东西两半球。凡是被认为有利于大家的事情，都将在舆论的压力下实现。

第十六条　每个新村都要拥有足以保证人口达到最高数目时的生活需要的土地。

本条的立法理由　在关于过渡措施的一章中已经谈过，但是在此还要补充一点：在这种社会制度下，居民都住在产粮区附近，而在现在的城市生活方式下，要向城市居民输送粮食。

旧社会的这种制度，从各种观点来看，对所有的人都是有害的，无论对散居在乡村生产粮食的人，还是对聚居在城市（特别是大城市）的人都是不利的。城市居民得到的粮食由于保管和运输，也时常由于这些粮食从农民和生产者手里运到消费者手里的过程中由中间人掺入有害的杂质，因而或多或少是变质的。

第十七条　新村应该建设得使每个新村的全体成员都能尽可能享受到同样的好处，在他们之间有尽可能多的愉快的交往。

本条的立法理由已在关于过渡措施的一章中叙述过了。

第四篇　居民的管理和理事会的职责

第十八条　每个新村都应由内务部（通过由新村全体年龄为三十到四十岁的居民组成的总理事会）管理。每个部都应受由总理事会的成员所组成的委员会直接管理，这些成员是总理事会按一定程序选出的。对外关系部或外交部由新村全体年龄为四十到六十岁的居民组成。

本条的立法理由　在教育和其他条件一律平等的公正制度

下，每个人都将通过适当的方式学习社会科学，受到认识社会生活的教育。在达到可以取得必要的工作经验的年龄时，每个人都应当参加新村的管理工作，作为他对同村人应尽的责任。新村居民由于在各个部取得有明确目的的好经验，所以实际上将会熟悉各方面的管理工作。因此，无论哪一个新村，都绝不会有一个无用或无能的行政人员。新村的任何一个居民从幼年时代起就会很好地理解为生产和分配财富，培养体、智、德方面的优良品质和进行管理工作而建立的整个新制度，而且胜过现在最有才能的、最有经验的人对这些重大的社会职能中的任何一种职能的理解程度。

这就是根据人为法律教育、训练和造就出来的人同在神圣法则所建立的秩序中培养出性格的人在社会活动能力方面表现出来的差别。人为法律制造出各种充满矛盾和无理性的制度，而神法则建立整齐、美丽与和谐的统一而有联系的制度。前者经常带来欺骗、犯罪和灾难，后者则经常带来真理、人们之间善意相待和不断增长的福利。

第十九条　在新村全体居民都能胜任一般的行政工作以后，就不必再选择或选举任何人来担任政府职务。

本条的立法理由　选择对选举人和被选举人都起败坏道德的作用，并给社会带来无数的灾祸。竞选激起最坏的欲念和进行各种欺骗；有利害冲突的党派，对敌手很少怀有好意、善心和宽容精神。这种没有理性和使人厌恶的手段，永远不可能产生善意。

通过为管理这些新村而制定的制度，一切同行政工作有关的灾祸都能够被消除；政府的工作将大大简化，以致人们很快就可以理解它的原则，容易学会它的业务。即使如此精简，行政工作也会做得切实有效，使每个人一生中都感到对自己关怀备至。这时，在人口稠密的整个大陆上维持秩序和防止犯罪，也要比在受着人为法律统治的一个伦敦市更容易做到，因为人为法律制造混乱并且败坏道德，而这种道德败坏的现象是以虚伪为基础的，靠暴力、欺骗和惩罚来维护的。

每个新村都将像一个独立共和国或国家一样实行自决，由自己的成员依照神圣法则进行管理。

应当补充一点：在上述制度下，任何人如果受到细心的教育而没有预先在理论和实践上学会做一个有用的新村成员，没有能够被接受参加新村的一切内务管理工作，那就不能成为政府的成员。

第二十条　自幼就在新村中受到培养的全体新村居民，年满三十岁时正式应召参加内务部工作，承担实际职务，而到四十岁时解除这方面正式职务，他们年满四十岁时，应召参加对外关系部或外交部工作，而到六十岁时解除这方面职务。

本条的立法理由　出生后就在新村中受到严格训练和培养的年满三十岁的新村居民，在关于人的本性的知识方面，在社会生活的理论和实践方面，以及在从出生到成人的性格的形成方面，都比受到以人为法律为基础的制度的深重影响，以及被各个地域的偏见所迷惑的任何年龄的人老练得多。

因此，每个人年满三十岁时，即到了智力和生命力最旺盛的时期，都将不经过选举，不进行任何竞争，而完全根据天赋权利成为内务部的成员，与那些早已熟悉工作细节的人一起工作。他们将迅速和充分地利用这些人的工作经验而不产生任何嫉妒的心理。

这个政府按照一个共同的宗旨同全体治下的居民团结一致，这就是力图善意地、坦率地和诚恳地促使每个人从出生到老死都能康乐幸福。这个政府不会发生任何突然的变乱，不会屈服于某些人的狂热或蛮干，这个政府在物质和精神方面都永远不会处于童年和老年状态，而始终处于盛年。政府人员的行政工作的实际经验将不会少于九年。由于实行这种简单的制度，政府每年都将增强力量和增加经验，而不发生任何混乱和干扰，不产生引起斗争和纠纷的任何原因。换句话说，这种政府是完善的，没有如今的灾祸层出不穷的现象。而新村的每个居民从少年时代起就知道，根据权利，在他到了适当的年龄时，随着这种新村制度的普及，就要参加管理世界的工作，因为每个人年满四十岁的时候，即在辞去内务部的正式工作以后，就要应召参加对外关系部的行政工作。在新村联盟制度下，对外关系部将是一个主要的国务部，它的职责是制定和协调有关所有新村共同利益的措施。在人们看到最初一批新村的全部活动以后，这种新村毫无疑问就会像铁路那样，由一个国家通到另一个国家，直至扩大到整个地球。一切人的个人利益都要求这样来推广新村制度；对外关系部的重大职责就是制定达到这些理想目的的措施，并促其实现。

到了六十岁的时候，每个人在上述制度下都获得了丰富的经验，人们的头脑里充满着在许多次远游中得到的宝贵知识，人们的判断力由于长期办事和管理本村的经验而完全成熟。这时，应当叫这类村民离开公职，欢度晚年的幸福生活，按照本人的成熟的思想，自由地利用自己的时间和才能。成熟的思想毫无疑问地会激励每个人，像促进自己的幸福一样，富有成效地把自己的体力和智力用于促进社会的幸福。可以预料，在这种根据神圣法则建立起来并受它指导的新社会状态下，至今在人生的各个时期造成人们担心短命夭折的许多忧虑的原因将完全消失，而采用根据各人体质的平均能力来锻炼各种器官、技能、意志和力量以使人长寿的新方式。到这时，人的健康和体力将得到增强，寿命将大大延长，超过人们至今所能活到的年龄。可以有根据地认为，社会制度的这种改革将使生命比现在的一般寿命延长三十到四十年。如果实现这一愿望，则长寿和为社会的福利而长期工作将给人们带来许多益处和幸福。

第二十一条　内务部总理事会的职责是：调整村内的一切生活条件，组织各种生产部门和分配部门，培养人的性格，消灭一切不利于居民幸福的条件，用所能想出或从其他新村学到的最完善条件取代这些不利条件。对外关系部或外交部的总理事会的职责是：接待来自其他同类新村的访问者或代表，同这些新村保持联系，访问它们，与它们共同拟订修筑道路的措施，彼此交换多余的产品，组织参观旅行，发送和接受有关发明、发现和改进的情报，交流各种可能有用的知识，调整为繁衍的人口而建设新村的工作并给予协助，派遣代表参加本村所加入的新村联盟。

本条的立法理由　可见，这些新村的政府具有纯粹民主的和慈父般的性质，而且只有这样一个特点：在这里，这位慈父始终是体魄强壮，精力充沛，经验一天比一天丰富。这种政府具有许许多多民主品质，并在保持行动统一和坚定方面具有慈父般的尊严。由于全村居民都按照年龄的差别同甘共苦，由于人人在生活的道路上都处于完全平等的地位，而进入参加行政管理工作阶段的人也不能有任何理由作出违反共同幸福的行为。神圣法则经常摆在他们的眼前，它虽然简单而平常，但是完全可以指导他们采取正当的决定。除了全村的老幼居民在新年大会上对政府人员的言行进行细致的，但是出于善意和好意的评论以外，政府成员不受任何人监督。很难设想，由受到良好教育和培养并在生活上得到良好安排的人组成的政府会打什么坏主意或干什么坏事。全村范围内的一切事务都交给他们全权处理和掌管。如果他们有时表示疑虑不知道怎样进行某项新的或特别困难的工作，如果在这项引起疑虑的工作上发生意见分歧，他们随时可以请教年长的居民，征求他们的意见。但是看来，这种请求的理由有时未必会出现。

这部民主宪法的主要目的，在于根据神圣法则把人类联合成一个亲如兄弟的联盟，以谋求大家的共同福利。本条所列的职责，是为了促进实现这一目的，同时为了保证参加理事会的人员获得幸福，以及为了逐步改善联合起来组成联盟的每个新村的状况而规定的。派出的代表团应按所需的人数轮流由理事会中年龄最长的成员组成。

> 第二十二条　内务部或外交部的总理事会，**对职权范围内的一切事务**享有完全的管理权，但是它们的行为应符合它们在一切情况下都必须完全遵循的人的本性的规律。

本条的立法理由　这两个总理事会的成员所受的那种教育和训练，所过的那种生活和所处的那种环境，使他们除了按自己的经验和信念行事以外，再没有任何其他动机。他们要始终遵循的神圣法则为数不多，明确而简要，以致他们在实行神圣法则时不会有任何怀疑，不会在行动上产生什么犹豫。本身是十分清晰的，而把它应用于人类事务，在按照它建立的新村的条件下，也不会有任何困难。只要准备时期或过渡状态一过，新的一代出世（他们从摇篮时期就在这种新村中成长起来，从出生以后就学习合乎理想地思维和行动），行政管理的范围就会缩小。因为当教育使人们成为理性的生物，人们的周围只有合乎理性的事物和条件时，他们就将始终合乎理性地行动，只有下条所述的情况除外。但是，在每个理事会里，未必有一个或两个以上的成员同时发生下条所述的情况。其他成员那时就会像下条所述那样，把他们送进医院。

第二十三条　凡是依照自己的本性的规律接受教育、训练的人，一定会经常合乎理性地思维和行动。倘若他们在体、智、德方面有了疾病，理事会在这种情况下就要把他们送到治疗体、智、德方面缺陷的医院去，直到在温存的护理下治愈疾病，恢复健康为止。

本条的立法理由　已在第二十二条预先作过说明，而且这一条本身也是清清楚楚的。

第二十四条　理事会必要时可以接受新村任何居民的实际帮助和建议。

本条的立法理由　有时有这样的情况：年轻人在某一方面具有特别大的才能；也会有这样的情况：需要请教最有经验的人。在预料到有这种或那种情况时，即使在上述政府制度下，最好还是让这些人参加理事会；另外，考虑到治下的居民出生以后将成为有理性的人，所以我们有理由期待，行政管理工作在任何情况下困难都是不大的。

第二十五条　为了避免作出不公开的判断和防止新村成年居

民之间产生敌对情绪，为了经常保持神圣法则的纯洁无瑕，每个新村应在每年元旦上午十时召开大会。大会的参加者是本村中曾经担任过理事会成员的年老居民，以及出生后就在本村受教育的尚未参加理事会的十八岁以上的居民。大会的任务是听取各理事会准备的正式书面报告。报告要由每个理事会最年长的成员代表理事会提出，并认真地汇报过去一年的工作。作完报告以后，大会开始讨论报告，并加以仔细审查。在大会取得一致的意见时，由年长与会者中的三个年龄最小的人和年轻与会者中的两个年龄最大的人组成一个委员会，以拟定大会对理事会的报告所作的决议，其中应该特别指出过去一年是否一贯遵循神圣法则。这个委员会还应当以实事求是和与人为善的精神，对于他们认为是破坏这项极其英明而不可变易的法则的任何措施提出自己的意见。对于理事会的报告应当登记、保管和付印，以便本村居民可以利用并寄给加入联盟的其他新村。

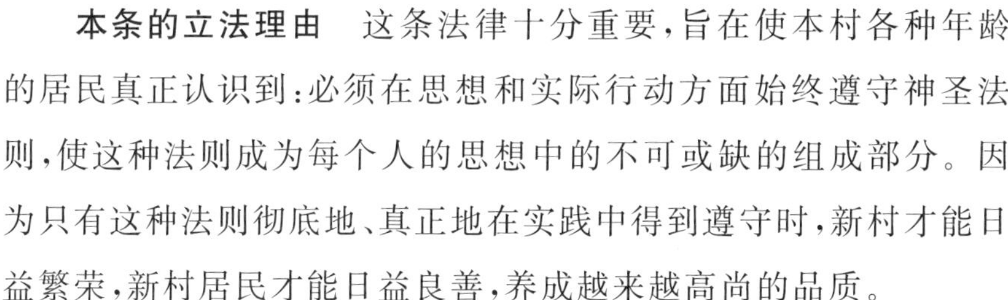

本条的立法理由 这条法律十分重要，旨在使本村各种年龄的居民真正认识到：必须在思想和实际行动方面始终遵守神圣法则，使这种法则成为每个人的思想中的不可或缺的组成部分。因为只有这种法则彻底地、真正地在实践中得到遵守时，新村才能日益繁荣，新村居民才能日益良善，养成越来越高尚的品质。

这种年龄对每个新村的每个居民和整个联盟（不管联盟有多大）都会大有好处。年青一代从小就会对年龄的报告特别感到兴趣，因为在新的教育方式下，年轻人都会很好地理解神圣法则，并正确地判断在实践中是不是有所违反。在这种按照神圣法则培养人的性格的新方式下，一切儿童对于人的本性的了解，将远远胜过那些在以人为法律为基础的制度下教育出来的任何年龄的最有经验的人。他们也将很快地熟悉关于社会的科学所包含的原则，而且明白把这些原则应用于他们根据自己的经验已有一定程度了解的实践时，会得到好的还是坏的结果。同时，他们也将知道关于“人人出生以后就受到环境的巨大影响”这一伟大的基本科学；甚至在青年时期，他们就能利用这种知识去实现重要的目的。本条也可以帮助尚未进入理事会的较年轻的居民熟悉他们将来达到适当年龄时就必须承担的和必须解决的事情。本条的任务是使人人从青年时代起就懂得教育和行政的原则，并在适当年龄能够明智地把它们付诸实施。

第五篇　关于意见分歧的调解

第二十六条　如果总理事会企图在什么时候违反人类的自然法则（未必有此可能），村里担任过理事会成员的年老居民都应当召集自幼就在本村受教育的全体十六至三十岁的居民举行公共集会。这个会议在召开前一个月发出通知，它应当冷静地耐心地审查总理事会的行动。如果大多数人认为总理事会违反了或试图违反上述法则，就应当把一般行政管理工作移交给担任过理事会成员的六十岁以上的居民和尚未参加过理事会的二十至三十岁的居民。

因为居民自幼就受到理性教育，出生后就处于良好的条件下，所以很难想象这条法律会在什么时候被应用，即使需要应用它，也只是暂时的。

其他一切的意见分歧（如果在习惯于合乎理性地感觉、思维和行动的居民中真要出现这种情况），应当迅速由最近参加理事会的三位成员审查，并以多数决定的方式对双方进行友好的调解。

本条的立法理由　如果考虑到将来怎样教育和培养上述新村的成员，怎样安排他们的生活，如果注意到他们会在各种情况下都只说真话，尤其是尊重他们的本性所必然具有的感情和意见，那么，就很难想象在知道神圣法则和自己本性的新村居民之间，会在什么时候发生需要外人干预的某种意见上和感情上的分歧。被人正确理解和忠实应用的神圣法则，是人类一切成员之间的团结的法则。这种法则主要是通过认识感情、意见、习惯和行为上的差异原因，以预防人与人之间、民族与民族之间发生意见分歧，并保证对全世界的人们之间极其多方面的差异有无限宽容的律法。

但是，只要这种知识还未深入人们的心灵、头脑和习惯，在人们没有在日常实践中完全习惯于应用这些新法则以前，规定简单的办法来防止人们之间初期可能产生的各种争论，还是有用处的，而在人们尚未变成有理性的生物以前，这也是有必要的。本村老年居民中的三位年龄最小的人，熟悉村里日常事务和政府规章，能够用双方都满意的方式，像亲密的朋友一样劝解个别人之间的任何争端。在处理提交他们审查的每个问题时，应以神圣法则作为指导原则。

实际上，经过相当的时间，摧毁现在一代人由于错误的人为法律的影响而在头脑中形成的矛盾思想体系，并代之以合理而正确的思想，这样，以上所述的尽管已经比人为法律的数量少得多的法律条文，将简化为一条简单而基本的神圣法则——经过一两代，这无疑会达到的。这条法则宣称：只有**伟大的宇宙创造力**才能造成人，造成人的感情和信念，从而造成人的行为。知道了这一点，就足以把人改造过来，并把社会建设得使最渺小的人物在这种新的人类生活环境中，也能远远超过在目前的没有理性的制度下被认为是最伟大的人物。[①] ……

① 以下删去最后一章，因为它是简述上一章的内容的。——俄译者

作者对宗教问题的观点[①]

为了合理地管理新村居民而制定的组织法的第二篇，规定在这些新村中：

（1）人人都应在宗教和其他一切问题上享有自由表示自己信念的同等权利。

（2）除诚恳而友好的论证以外，任何人都不得使用其他方式影响他人的见解或信仰。

（3）不论持什么见解或信仰，都不得受到任何赞许或谴责、任何表扬或处分、任何奖励或惩罚。

（4）任何一种宗教的信奉者都应当有同样的权利对推动原子和主宰宇宙的**不可思议的力量**表示自己的意见，以及用自己的良知所允许的任何形式和任何方式对这种力量表示各种崇拜，同时也不反对采取其他方式。

有理性的人都不会怀疑，自幼就养成合理利用自己智能的习惯的一代人，对于一切与可以证明的**真理**有关的问题都会有一致的看法，而凡是**与事实不符**的东西，都被他们作为显然虚伪的东西抛弃掉。

但是，在没有达到这一步的时候，人们还不可能有效地利用出

① 我们从欧文的《人类思想和实践中的革命》的附录中只选译了两篇：《作者对宗教问题的观点》和《作者的经历》。这两篇附录对欧文的观点作了某些补充说明。另一篇附录是叙述示范公社（在爱尔兰）的“劳动和产品的计算”问题的，我们没有译它，因为它的材料已经陈旧，现在也不可能有什么价值。——俄译者

生以后就受到理性教育这种高度优越性，自然会有各种各样的看法。教育可以促使人们接受不同的信仰，但是人人信仰完全自由，是唯一能够完全公正地应用于人们信念方面的原则，因为人们不能依靠个人的意志调整自己的观点，而且不管他们被迫产生什么感情和信念，也不能支配自己的意志。

作者在实际应用这项原则和希望人们对宗教问题采取理性观点时，经常发表一些被他总称为**理性宗教**的见解。作者在此再次重述了这些见解。

理性宗教的原则和实践

> 第一条　人们至今知道的一切事实，都证明万物都具有外**因**或内**因**，因为有万物存在这一事实。宇宙中这一贯穿一切运动和变化的**原因**，就是被世人称为神、耶和华、上帝等等的那种**不可思议的力量**，但是人们暂时还不知道可以揭示这种力量究竟是什么的那些事实。

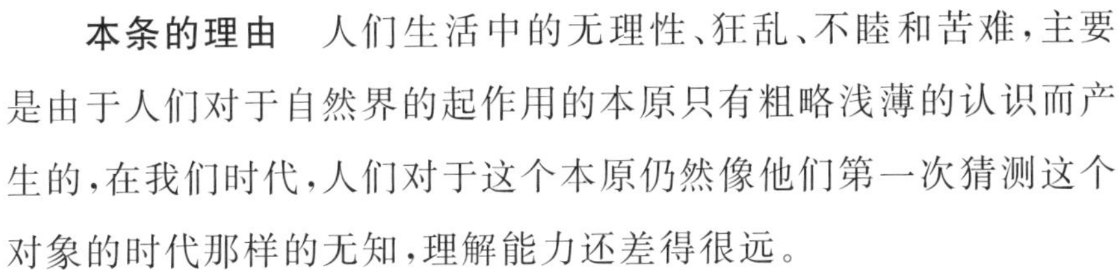

本条的理由　人们生活中的无理性、狂乱、不睦和苦难，主要是由于人们对于自然界的起作用的本原只有粗略浅薄的认识而产生的，在我们时代，人们对于这个本原仍然像他们第一次猜测这个对象的时代那样的无知，理解能力还差得很远。

全世界的僧侣在这个问题上把人们弄得糊里糊涂；他们把人们的推理能力引到错误的方向，使人们愚蠢，在各个时代和世界各洲向人们头脑里灌满种种荒谬的思想。

僧侣本身和他们的信徒关于这种**力量**写过不少书，说过许多话，并根据自己的古怪离奇的想法，把自己的感情、思想和行为硬加在这种力量身上，可是，他们对于这种**力量**的一切属性，一直是完全无知和一窍不通的。

现在，在经过了许多世纪以后，在对于这个问题写过很多著作以后，在对于这个问题作了无数次的布道说教以后，在使良知敏感的人们无端遭受痛苦以后，在因宗教战争而牺牲了无数人的生命以后，在为了养活那些游手好闲的毫无用处的宗教裁判官、伪君子、宗教狂信者和幻想家，为了制造和传布新的谬论以代替同样荒诞的旧的谬论而毫无意义地浪费了社会财富以后，人们能从以往的经验中得到的一切都使人确信，必然存在一种使**自然界**前进不已的**力量**。但是，这种力量究竟是什么东西呢？至今还没有一个人说得明白。

根据我们的观点，这种**力量**不断产生新的存在形式，消灭旧的存在形式，创造新的以代替旧的；宇宙的要素就这样按照引力和斥力的内在规律，永远地合而又分，分而又合，不断产生新的形态。新的形态存在一段或长或短的时期以后，又告分解，造成要素的新结合。然而，这些变化的目的，暂时还超出人们认识的范围。

自然界的这些要素，正如事实所证明的那样，似乎是宇宙的永恒要素。这些要素根据它们的内在不变规律，产生着一切有生命的东西；而要素的各种各样结合，则创造着数量无限的各种各样的生命、意识和组织形式。任何人也无法根据这种属于使我们惊奇的自然力的事实来预见或预言未来。但是，文明世界的动荡不安，证明人类进入合理生存阶段和结束至今一直存在的不合理状况的时代已经为期不远了。

以往关于这种**不可思议的力量**所讲的一切，都不过是人们发表的一些毫无意义的空谈，只能证明人们十分缺乏理性。

这一重要真理的发现，证明人类的思想摆脱这种愚蠢状态的时刻，人们排除追求真正知识的前进运动中的障碍和能够成为理性动物的时刻日益临近了。

因此，人力不能改变的宇宙的创造本原，将不再是人们之间的憎恨、愤怒、思想分歧和感情不和的原因。那时，妨害人们产生善意和好感的障碍将被消除，团结的关系将要建立起来，普遍和平将要到来，而幸福也将不断增进。因此，同任何一定的理性思想没有联系的抽象原则，将不再像直到现在这样抑制人们之间的爱，抑制人们之间的善意和团结的萌芽。没有善意、团结和爱，人类生活就失去康乐，变成可咒诅的东西。

> 第二条　我们可以显然感到的自然规律表明，地球上一切动物的内在性格和外在性格，都是**为它们**，而不是**由它们**自己创造的。按照这条规律，人的内在性格和外在性格也是**为他**，而不是**由他**培育的，可是人们至今却极其错误地想象为是由他培育的。因此，人对此绝无任何功过可言，不论在今生或在什么来世，都不应得到赞扬或谴责、奖励或惩罚。

本条的理由　任何一个具有精确观察和思维能力的人都不会怀疑，一切被创造和被培育的东西都不了解自身产生的事实，而一切动物只是**在产生以后**才开始意识到自己的存在的。

但是，我们祖先的头脑居然是这样的愚昧，以致他们认为个人自己创造了自己的品质，把这方面的功过归于被创造或被培育的个人，虽然个人在任何情况下都无法知道这些品质是怎样出现的，而且也无法对这些品质的产生及其各种结合发生任何影响。

人类的一切制度都是在这个引起灾难的基础上建立起来的。宗教、政府、法典、社会划分、不合理的奖励和不公正的残酷惩罚、现世对于死后受到魔鬼的永恒惩罚的恐惧和对于彼岸世界的幸福的希望，也都是在这一基础上产生的。其实，人们所希望的彼岸世界的幸福，如果没有这种谬见，是能够在今世安然享受到的，而且日后的世世代代也会继续不断地和更加充分地享受到的。简而言之，这个基础是人们没有理性、彼此分裂、互相不睦和遭受灾难的原因，然而人们本来是可以成为十分有理性、仁慈、善良、团结和幸福的人们。

改进人类的现况和使他们直接走向团结、有理性和幸福的道路的第一步，应该是断然抛弃这种引起灾难的虚伪，消除它所造成的一切实际苦难。

叫人对他原初的品质和能力负责，对他所处的环境负责，或者对他的感情、信念和行为负责，都是绝对不合逻辑的，因为人的感情、信念和行为是他天赋的能力和出生后就对这种能力发生影响的环境的必然产物。一切事实都在证明，人无论在精神上或肉体上都是由这种环境造成或制成的，所以为了维护正义和有利于事业，绝不能把人当作一种能够自己形成自己的本身、自己的感情、信念或行为的生物进行教育和管理。感情、信念和行为始终是上述两种因素之一的产物，或是两者的共同产物。

现在，社会的各部分所以经受这样深重的痛苦，是因为不了解一个伟大的真理。这个真理是：世界上各阶级遭受灾祸的原因，不是来自因此而自己受苦或使他人受苦的个人，因为他们本身也是支配着一切人的虚伪制度的必然产物。如果不在理论上和实践上抛弃整个旧制度，并采取以另一种原则——符合一切已知事实，而且本身内部始终协调的原则——为基础的全新的制度，任何人也摆脱不了这种虚伪制度的支配。

> 第三条　知道这种环境及其所产生的非常严重的后果，就必然会使每个人养成新的高尚纯洁的宽容精神去对待他人的信念、感情和行为，使每个人对于一切有生命的东西怀有善意，因为所有这些各种各样的生命，都是创造人及其本性并赋予人以特殊能力的那种**不可思议的力量**本身所创造的。

本条的理由　没有对全人类的爱，没有纯洁的实际的爱，就不会在人的思想和行为上产生任何真正的美德或理性，然而任何一个民族或国家还从来没有存在过这种爱。下一道命令，产生不了这种爱。不创造产生博爱的前提，而只叫人类怀有博爱的感情，犹如事先不提供翅膀，就要人飞行一样。

只要正确而广泛地了解人的本性，知道下述事实：人们的天赋的品质和志趣是在他们出生时不经他们同意和获悉而为他们创造的，他们以后的性格和行为是他们的这种原初本性和社会使他们所处的好的或坏的环境的必然产物，那么，就一定会产生爱他人的必然**结果**。

如果执政的人拥有这种非常宝贵的知识，他们就可以轻而易举而且正确无误地把这种知识从人出生以后就传授给一切人，使他们不只在感情和行为上具有博爱的精神，完全符合这种高尚的知识，而且也能因此成为善良、明智而幸福的人。

人类获得这种早晚必须知道的重要知识的时候，就将开始新的生活。愤怒和一切堕落下流的欲念将同各种虚伪一起自然而然地消失；不受各种欺骗影响的真理将变成人们的共同语言；新的精神和新的感情将告产生，纠纷和斗争将到处停止；人们不但会以善意对待自己的同类，而且会在可能范围内以同样的精神对待一切有生命的东西。大地将随着人口的增加而改变它的原始状态，排干积水，土壤变得肥沃、壮观和美丽；能够并愿意为所有的人创造一切最持久的幸福的具有高度文化的人类，将首次有可能清清白白地享受自己的天然权利，除了自己的意识以外，不受任何东西的限制。

如果人有明智或远见，那么，这种远见应当在于尽可能迅速地使具有感受能力的生物成为正义者。人们知识的增长，将鼓励人们竭尽全力去促进这一有关万物的伟大事业。

从知识中产生的难以胜数的新力量，将帮助人们的有限的天赋能力，使人们成为把我们地球建成人间天堂的参加者。纯洁、真实和普遍的善良是唯一的真正动力，它可以指导这些万能的手段去达到合理的目的，并保证尘世生活永远幸福。人们将由此不再反对自己的**创造者**，不再把自己的无知和没有经验同自然界的明智对立起来。

第四条　人们极其需要得到关于为人类制造**恶**的环境和产生**善**的环境的真实知识，并应竭尽全力从社会生活中消除掉恶，使自己的周围只有善。

本条的理由　在人类至今获得的一切知识当中，关于环境对于人的本性具有极大影响的科学知识，毫无疑问是最重要的。人类一切成员的未来幸福或苦难，都取决于这种知识，而且现在正处在这种知识的直接影响下。

全世界的居民根据这种知识，通过迅速而明智的行动，可以很快摆脱自己目前的罪孽和苦难。如果全世界都利用了科学所提供的最新的伟大改进和各种发现，如果金属货币被认为是无用的废物，而工业生产和财富数量大增，绰绰有余地满足人们的合理愿望，那么，欧洲和北美不到五年就可以成为理性和幸福的地方，而亚洲和非洲不到十年也可以成为这样的地方。

恶是没有经验和无知的人所造成和所支持的恶劣环境的**后果**；**善**是优良环境所产生的**结果**。只要人们能够成为有理性的人，具有足以把良好的条件适当地结合起来的实际知识，就可以创造出这种优良的环境。这种环境一定会使人们有可能用最好的方式生产和分配财富，培养性格，把管理工作做得保证人人都能永远享受最大的康乐。

世界比在发现**电流**和**电光**时感到更大惊异和更大震动的时代，世界清楚地看到和知道整个地球上可以多么容易而迅速地消灭**恶因**和代之以**善因**的时代，很快就要来临了。

难道人们不是特别愿意集中全力去寻找可以消除生活中产生恶的原因并创造只会产生善的本原的方法，以及探索怎样才能迅速地在实践中运用这种宝贵知识吗？

对他人真正的爱，是以对人的生活规律的知识为基础的，并且是从环境对人的本性发生绝对影响的知识出发而得到实现的，这种爱将轻易而迅速地使全世界人们的状况发生这种伟大的变革。就这场变革产生的惊人结果来说，它将大大超过人类历史上出现的一切奇迹。

可见，善和恶的原因将为人们清楚地了解，因此它们在将来将为人们所控制。这样，人们将在精神上得到改造，面貌焕然一新，在外表、作风和行为上变成有理性、聪明、漂亮和真正优雅的人。

用这种方法培养出来的人，由于受到一些良好条件的影响，准备参加那种抹油降福仪式，不是希望成为云中或云上的空想天国的居民，而是要做我们这个星球上现世乐园的居民。

那时，而且只有在那时，真正的自由、平等和博爱才会到来。这也就是全欧洲目前正在争论不清的变革。现在，社会主义者试图实现这一变革，但是他们没有足够的知识，并且思想方法也不对头；而他们的反对者则坚持过去的谬见，徒劳无益地进行反抗，想把不义和荒谬的、招致无穷巨灾大祸的现状保持下去。

由于斗争的双方现在都缺乏理智，所以现有这种对人人都十分有害的虚伪而不合理的制度同永远给大家带来最美好结果的真实而合理的制度之间的斗争，或许要采取残酷无情的形式。但是，真理一定战胜谬见，所以最终的结果是不必怀疑的。

第五条　这种非常宝贵的实际知识，只有通过全面地探求**真理**，通过切实地、耐心地和不怀成见地研究**事实**，像自然界展示这些事实那样，才能够获得。

本条的理由　至今据以形成人的性格的基本原则，使人的性格失去了理性。由于这一原则的错误，各国政府害怕真理，胜过害怕折磨着人类的灾祸。甚至现在，世界上的旧政权对真理的恐惧，还胜过对于会出来攻打它们的最强大的军队的恐惧。世界目前盛行的制度以虚伪为基础，而且只靠必然时时刻刻都在变本加厉的虚伪和暴力来支持，所以它同简单明确而直率的真理发生冲突时是不能支持下去的。旧的社会制度像个胆小鬼一样，设法回避这种冲突，煞费苦心地妄想依靠数量上的优势来消灭维护真理的人，而且，它拥有执剑的卫道者，就是那些自幼就被成见弄得糊里糊涂的无知的人。这种办法至今仍然奏效，在各个时代，在一切国家，在各种社会情况下，所有的人总是受到程度不同的然而是剧烈的痛苦。

但是，人们日益认识到这些事实，而它们又总是证明虚伪是不对的；现在已经积累了很多这种事实，足以保卫真理，使虚伪不能长期支配人们的智力了。

虚伪是人间**恶**的本原，**真理**是人间**善**的基础。它们两者可以用下述方法判别出来。

虚伪内部总是不协调的，并与事实相矛盾。真理内部总是一致的，并与一切已知的事实相符合。凡是不符合这项标准的东西，都不是合乎真理的。

要想发现和有效地实际运用有益于人类的真理，必须通过切实地、耐心地和不怀成见地研究事实，经过全面分析和彻底探讨直到从中得出合情合理的结论，而放弃我们无理性的祖先的谬见，因为他们一直受着以虚伪的观念为基础的自己想象的支配。

人的性格是根据关于人的本性的极其错误而荒诞的概念形成的，社会本身也是根据这种虚伪的概念建立起来的，因此，一直没有人能够按照上述方法和即将介绍的精神来研究事实。人们至今仍然认为，不论是为了他们个人的利益，还是为了公共的福利，都要协助维护旧的见解，而不管这种见解是怎样虚伪和有害。即使个别人发现了人类幸福所赖的某些最重要的真理，他们也是没有可能公开说出来的;假如他们想要这样做,也会由于心直口快而遭到不幸。例如,我们在关于世界政府、组织法和法典的草案中提出了神圣的真理,尽管公布和采用这个真理决定着整个人类的康乐和幸福,但是,当考虑到自己的个人利益或者害怕自幼就受虚伪观念影响的无知而有偏见的群众的时候,谁还敢公开出来捍卫这个真理呢?

虚伪及其必然产生的而且越积越多的谬见,已把男男女女变成了道德精神上的懦夫;现在,谁也没有勇气说出真理,而根据人们思想深处的不可摧毁的信念,他们是不能不知道真理的。

具有观察和思维能力的人一生养成的十分明显、自然而坚定的内心信念,似乎处在微睡状态,在人的一生中始终没有表示出来,直到与人同归于尽。

必须克服这种不敢发现真理的精神上的懦弱和找到真理时又不敢宣布真理的恐惧心理,使人们颇有可能成为坚持到底的、有理性的和幸福的人。

整个文明世界目前所呈现的政治上和社会上的混乱状态,是一个值得庆幸的预兆,表明这个虚伪、不义、残忍而妄诞的制度将来的崩溃,一切人的性格至今还是在这种制度的基础上形成的,而一切国家和民族也是在这种基础上遭受多么悲惨的统治。只有内部统一并符合事实的真理,才能预防普遍的混乱和无穷无尽的对抗性纠纷;只有它才能给全世界带来和平与秩序。

第六条　只要人们周围的环境不能使他们从出生以后就受到教育,学会对自己的一切同胞表示善意和真诚,学会始终只说真话,学会以仁慈的感情对待一切有生命的东西,那么他们就永远不会达到最高而持久的幸福境地。

本条的理由 人类的全部历史证明，人是在他出生以前即已存在的环境和从出生时起社会使之所处的条件的创造物。毫无成见地研究事实，进而耐心地探求真理，便可清楚地知道，人始终是或者坏的，或者中等的，或者良好的条件的产物，因为人从存在于母腹之中的时候起，和出生以后的整整一生都置身在这些条件中。

从人类的生存开始没有理性以来，这是已经确定的一切真理中一个最重要的真理。因为这种知识可使社会有充分的可能为人们创造或者低劣的，或者中等的，或者高尚的性格。大家都会明白，为了社会的利益，是应当为每个人创造完善的性格的。

但是在目前，一些最令人不满的有害条件的结合给人们创造了最低劣的性格。这些有害条件是许多世纪以来盲目地制造出来的，并一直不合理地保存到今天。目前，人们正由于这种注定要使他们如此不幸的谬误而受到很大的痛苦。

现在，有必要表现出理性，抛弃恶劣的和有害的条件在一切阶级和国家中的各种各样形式的结合，而代之以良好和高尚的条件。现在的政府可以通过和平的途径，依靠英明预见，轻易地、经济合理地、合乎目的地、卓有成效地创造这种良好的条件，以保证普遍的安全和幸福。

在现存的极坏的制度下，人人都学会了说假话，使用欺骗的手段办事，对于按另一种方式培养和教育出来的人的感情、思想和行为没有一点宽容的精神。然而，在以直接来自自然本原的真实原则为基础的制度下，将会产生美好而高尚的条件的新的结合。这种条件简单明确，易于实行，可以保证人人都能够说真话，因为没有理由在思想言行上弄虚作假。它们将使人人以满怀纯真的爱慕和衷心的善意对待在与我们完全不同的条件下培养出来的人，使我们养成以善良和仁慈对待一切生物的习惯。一句话，它们将使我们形成一种可以表明在建立世间万物和谐的道路上前进了一大步的性格。

> 第七条　这类高尚的知识和这类感情，在社会制度以下述错误的论断为基础的情况下，人们是永远得不到的。这个错误的论断是：每个人都是按照自己的**意志**形成自己的**感情**和**信念**的，从而可以由此来认定他有功或有过，应该受到赞扬或谴责，应该受到奖励或惩罚。

本条的理由　以虚伪为基础的现存社会制度，始终不能使人们养成高尚的性格，在这种制度的统治下，不能保证人们得到永久的幸福，或使人的本性得到合理的发展，也就是不能使每一个人和人类全体得到合理的发展。

因此，设想这些以虚伪和荒谬为基础的旧制度今后还能依靠它们的日益增长的经验而强迫现代人接受，或者设想当它们所依据的基础已经崩溃，它们的不义和无理已经昭然于世界人民面前的时候，还能把这些制度保存下去，都是枉费心机的。

任何一个活着的人都不希望这些制度永远存在下去，可是人人又希望其中的任何一种制度都不要过早地或突然地消灭。经过适当的思考，我们理应作出下述的明确结论：为了和平和全体社会成员的安全，社会必须使这些制度，以及由此而来的公共秩序，**逐步地**由永远造福于大家的，而无论在实行时还是在将来都不会产生任何有害后果的另一种制度所代替。

第八条　有了按照理性社会体系的原则建立起来的制度，能使全人类获得这种高尚的知识和高尚的情操，而不会有失败的危险，但生理上有缺陷的人除外。

本条的理由　社会制度对于人的性格的形成起着重大的促进作用，因为人处在它们的影响之中。所以，最重要的是使它们对于青年人和老年人都发生合理而良好的影响，使它们给予人们以高尚的知识，为他们培养良好的志趣，同时不限于对某个阶级、教派或党派，而是对全国的全体居民都一视同仁。社会制度如果依据合乎真理的原则，即依据符合自然规律的原则，那就只会发生良好的影响，从而保证生理上没有缺陷的人的知识、优良品质和幸福的不断增长。同时，在理性体系基础上建立起来的新条件下，身体的患病率将不断下降，并一代一代地迅速递减，直到这类生理缺陷在经常发生作用的高尚条件的强大影响下自行消灭为止。在这项变革正在进行而这种幸福的日子还没有来临的期间，体、智、德方面有毛病的人将受到细心的照顾。在当时的条件所能允许的范围内，他们将被安排得在生病时也能享受到幸福，因为尽可能使大家幸福是一切理性宗教的基础。

第九条　由于有这种高尚的知识和高尚的情操，静观**自然界**可使每个人的心灵中对于**不可思议的力量**产生非常高尚而纯洁的感情，并能表现于言行之中。这种感情所敬仰的**力量**，在整个自然界发生作用，永恒不断地组成、分解和再组成宇宙的各种要素，造成各种各样的生命、精神和组织形式。

本条的理由　人们至今一直处在没有理性的状态中，在这个没有理性的时代，人们对于**创造的原因**和宇宙在永恒更替的运动中存在，制造了各种浅薄、荒谬、不合逻辑和自相矛盾的观念。然而，人们关于这个问题的知识，并没有超过他们的原始祖先。人们也想出了无数极其幼稚、拙劣和荒诞的仪式和典礼，而相信这些错误观念的人，则通过这种典仪证明他们愿意敬仰和崇拜他们毫不了解的那个**原因**，并希望这个**基因**满意。他们尽管用尽一切体力和精力，都不能为这个**基因**做一点好事。人不过是地球上的一条小虫，而地球本身比起宇宙来，还不及一粒沙子。当人认为像他这样的生物能用自己的某种行动（相当于小虫的行动）来颂扬自然界的**本原**时，这种想法是一切没有理性的想法中最荒唐无稽的。然而，人们至今却仍沿着这条没有意义的道路前进，把自己的能力和财产浪费在纯粹的幻想游戏上。因此，人们受全世界的僧侣的愚弄，变成愚蠢的精神上的懦夫，害怕观察和研究事实，而全面地了解事实，则是他们最重要的事情，因为这种了解对于他们本身的永久幸福和整个人类的康乐都是十分必要的。使人们出生以后就受到理性的教育，将保证每个人获得高尚的知识和良好的情操，而这种知识和情操，可以促使人们在静观自然界时对于在整个自然界并通过整个自然界发生作用的**不可思议的力量**产生极其崇高而纯洁的感情，并在言行上表现出来。

第十条　因此，理性宗教的实践和崇拜，就在于不分阶级、教派、性别、党派、国家和种族，全力促进男女老幼的康乐和幸福，并使人们出生以后就处在良好的环境中，成为有理性而幸福的人，从而产生出难以形容的虔敬和欢喜的感情。

本条的理由　至今，人们出生以后就受虚伪的教育，就被许多神秘的东西、各种没有理性的观念和奇思异想（他们把这些东西叫宗教)所包围,结果使他们一开始就难以理解:合乎真理的宗教或理性宗教究竟是什么。他们还不知道宗教就是行善,也不知道抛却那种得到无知而怀着偏见的人们支持的一切狭隘的局部利益,为人类尽量行善乃是唯一合乎真理的宗教的最重要本质。世界各洲的其他一切所谓宗教,都是货真价实的蠢举,它们只是证明:在这些根本性的重大问题上的谬见把人们带到了何等没有理性的地步。

将来,不会再以宗教的名义强迫青年人接受任何一种关于神秘东西的妄诞学说,人们将在新的生存条件下自幼逐渐掌握只以事实为依据的知识,从事实中得出的最明确的结论,以及产生使人们彼此和谐并且与整个自然界和谐的观念。那时该是多么光荣啊!

这个时代就要来临,根据时代的一切标志来判断,它快要开始了。虚伪再也不能经受住简单明确而直率的真理的考验。依靠欺骗的暴力将逐渐削弱,道德力量将逐步取而代之;道德力量是完全以确定不移的和各部分彼此连贯的真理为基础的,当道德力量管理世界时,真理才会永远胜利。那时,阶级、教派、性别、党派、国家和种族之间的对于人人都十分有害的愚蠢纷争将停止下来;人们将善意地对待世界上的任何一个人,人人都只有一个明确的目的,那就是要促使人们联合成为一个统一的大家庭;人人将只有一个愿望,那就是热烈地希望得到普遍的康乐和幸福。

理性宗教的直接使命就是促进人们产生这种感情,而它的最终结果则是保证人类永久幸福。但是,根据自然规律所固有的可靠性,现在就可以知道,要实现这一光荣的变革,只能依靠创造良好的条件，并把这些条件结合起来，使人们在这些条件下受教育和管理。这种条件能使人们永远创造丰裕的财富，并很好地把财富分配给所有的人。

有经验的实践家，能够轻而易举地做到把这些良好条件重新结合起来，可是有利害关系的人对这种结合显然一无所知。他们由于本身的无知和偏见，暂时还不想注意这一点，而为了明白他们本身的最高的和久远的利益是什么，他们是必须加以注意的。

但是，他们由于放任自己，只能按照别人教给他们的方式思考，所以不能做出任何一件好事，但也不能因此而责难他们。恰恰相反，凡是依靠非本身创造的良好条件的新结合而侥幸地发现了这些最重要的真理和区别真伪的**标准**的人，都有责任发现可以促使人类抛弃虚伪、遵从真理和为真理而爱真理的手段，并把这种手段告诉他人。他们应当指出一些手段，以便使人类能够了解，由于人们在从生到死的一辈子或者处在不能令人满意的、有害的和低劣的要求中，或者处在完全良好的条件中而必然得到的结果，对于他们来说是存在着千差万别的。

最后，导源于上述的神圣法则的理性宗教，使得人们能够创造引导**人人向善**的条件，尽管人们所信奉的根据我们无知的祖先的幼稚想象产生出来的虚伪宗教，必然会像迄今所做的那样，使人人智能迟钝，促使他们创造那种只会令人永远**作恶**的条件。

世界现在面临的变革就是这样。人们至今是在**没有理性的恶劣**条件统治下生存的，从今以后他们就要获得完全**合乎理性的良好**条件了。

作者的经历

有人自然要问：什么条件使本文作者能够获得与他的阶级和他的国家通常的知识大不相同的关于人的本性和社会的知识呢？因为在我们时代，人们都想知道一切事情的原因，所以下面的叙述将有助于他们了解上述差异的原因。

作者七岁的时候就在一所只传授初步的读、写、算知识的小学里担任教师的助手，这一工作做了两年。

九岁时，在威尔士境内他的故乡小城一个邻居开的兼卖食品杂货的呢绒店里当店员。

十岁时，作者到伦敦谋事，以后在斯坦福德一家亚麻布商店里服务了三年。从此，他就一直依靠自己的工薪生活。过了四年，作者辞去这家商店的工作，回到伦敦。当时，他已经非常熟悉业务，以致两年以后，这个获利很大的企业的老板向他提议，请他作为半个企业的所有主，过了一个短时期，又请他全权处理整个企业和使营业继续赢利所必需的资本。

在这个时候，作者先在伦敦后在曼彻斯特，积累了经营大宗批发业务和零售业务的经验。他因为另有打算，就谢绝了旧东家的这个对他很有好处的建议。

十八岁时，他成了一家约有四十名工人的机器制造厂的合伙人；满十九岁时，又熟悉了纺纱业务。当时，纺纱业开始使用刚刚发明不久的机器。

还不到二十岁的时候，他离开机器制造厂，开始单独经营纺纱业。他的事业一帆风顺，以致在第二年，即未满二十一岁的那一年，就被当时首创的细纱机制造厂请去当经理，每年的薪金为三百英镑。于是，他开始管理用当时还是新式的机器从事生产的五百名男女工人和童工。

不到六个月，厂主就向作者建议：如果作者仍旧领导企业，每年给他加薪一百英镑，而且在四年后成为企业的股东，就此双方订立了合同。

四年以后，作者成了企业的股东，打算对这一企业进行扩充，并且开始在曼彻斯特附近建设“乔尔顿工厂”。过了不久，苏格兰的新拉纳克工厂也参加进来。“乔尔顿工厂”出售以后，作者离开曼彻斯特，独任新拉纳克企业的经理。这个企业除有四个大纺纱厂、一个大机器制造厂和一个占地一百五十英亩的农场以外，还有一个拥有两千多居民的新村。

作者在曼彻斯特期间，当选为当时很有威望的“文学哲学协会”的会员。由于参加协会的学术出版工作，他结识了学术界的各种代表人物，从而对各种学术有很深的了解，知道了它们的实际益处，以及给社会和它们彼此之间带来的害处，而且没有费很大的力气就得出结论：所有这些**学术**给社会带来的害处远远超过它们带来的好处。

作者成了国内外市场上的大买主和大卖主，他不只是一个工厂主，而且也是一个商人。因为他最先向一切与纺纱业有利害关系的人公开了这一生产部门应用机械设备的秘密，所以他也知道了王国境内这种企业的秘密。他很快就了解到本阶级的领导人物内心深处的想法、愿望和偏见，这个阶级包括全英格兰、苏格兰和爱尔兰的银行家和银钱兑换商。

后来，作者由于发明了教育和管理工厂区居民的新方法而知名于世，取得了惊人的成就。他利用这个机会也熟悉了地主的思想、愿望和偏见，以及大大小小的地方贵族的知识水平。

在作者管理并不断扩充这个企业的四分之一世纪以上的期间内，有君主的代表、亲王、大主教、主教和信仰不同的宗教界人士，以及其他一切阶级和阶层的代表人物，为了亲身证实这里的成年人和儿童所取得的空前成就，纷纷从各国前来参观。这些成年人和儿童过着友好和睦的生活，只受这里初次应用的目的正确的善意的领导方法所管理。他们不会受到惩罚，也没有恐惧心理。

虽然有无数的人前来参观，但是来访者不能够了解：只要放弃他们本身所持的偏见，就可以达到这种非凡的成就。作者观察这些来访者的反应，并倾听他们的意见，而对作者最有教益和经常使他觉得有趣的，是比较不同阶级、教派、党派和国家的彼此对立的偏见，并且证实一些错误见解总是全力反对和破坏另一些错误见解的。通过这种观察，根据对不同阶级和性格的了解，作者不能不发现这些来访者缺乏广泛的经验。他们如果有这种经验，就会得到关于人的本性的真正知识，以及以这种知识为依据的关于理性社会制度的真正知识。作者特别深信，他们对于人所具有的一种暂时还没有表现出来的、接受教育（这种教育能够使人变成文明、善良和有理性的人）的高度能力是严重无知的，虽然实际上已向他们指出达到这一目的的过程和结果。

作者也曾访问过远方的一些国家，并同担任各种领导工作的活动家有过亲密往来。这时，他有兴趣地细心观察了各种独特的意识形态。这些意识形态在环境的影响下产生以后，深入人们的头脑，歪曲人们的判断。由于作者这样在非常顺利的条件下接触到文明世界的现存秩序所造成的各种精神上的变种，所以在他面前仿佛展现出一幅地图，上面标出不同国家的一切阶级、教派和党派的谬见和偏见的成因。因此，他不能不发现这些阶级、教派和党派的相互矛盾和没有理性的根源。

这种知识使作者消除了对他人的任何愤怒感情，在精神上产生了对众人的纯真的善意、不断增进的战胜谬见和尽力为人们效劳的愿望。人都可以为他人效劳，这就会开辟出一条道路，使人人都可以沿着它前进，成为明智、善良而幸福的人，换句话说，就是成为有理性的人。

为了促成作者长期致力的伟大目标的实现，即为了人类思想和习惯中的和平革命的实现，墨西哥驻英公使及其他一些关心人类进步的人士，在1828年诚恳地建议作者到墨西哥去(他也得到了英国政府的同意和帮助)，以便在那里请求墨西哥当局把科阿韦拉和得克萨斯两州交由作者治理。当时，这两个地方毫无疑问是墨西哥的领土。墨西哥政府那时无权任命这两个州的州长，因为州长是由居民自己选举的。但是，墨西哥政府愿意在墨西哥湾到太平洋之间，沿美国和墨西哥的国界，把宽达一百五十英里的地区拨给作者，其中也包括现在以加利福尼亚的黄金区而出名的地区。作者接受了这个提议，但是有一个条件：要求对实验结果日益表示深切关心的三大国——墨西哥、美国和英国保证作者行使这项管理权。本文作者不仅打算在墨西哥和美国之间的这个地区建立理性的和平管理制度，而且想使它成为各国的模范，因为这个地区将根据在新拉纳克获得成功的那些原则进行治理。他还提出了另一个条件，就是在这个地区的内部，一切教派和个人都有完全平等的传教和信教自由。这些条件都立刻被墨西哥政府诚心诚意地接受，而为了履行这些条件，墨西哥总统和内阁还向议会的本届会议提出一项法案，要求规定墨西哥境内的一切信仰，也像当时在美利坚合众国那样依法享有广泛的自由，美国政府是诚意支持这项自由的。但是，墨西哥政府未能实现这项措施，因为政府在这方面的决心受到了僧侣的强烈反对。僧侣的反对活动胜利了，结果引起政府的全面改组。

作者认为，墨西哥政府和人民对于实行合乎理性的公民自由和宗教自由还没有作好准备，并由于内部的纷争，不能在新的管理制度有力量进行自卫以前捍卫这种制度。于是，他放弃了在这个国家根据新原则建立理性的和平政府的计划。他的这一决心由于下述情况而更加坚定了：作者回到欧洲以后，发现思想、道德、政治和社会的伟大革命的征兆在欧洲已经十分明显地表现出来，以致长久盼望这一革命开始的作者，不能不认为革命即将爆发。于是，他怀着十分强烈的希望注视着这个和平的和有利于一切阶级的革命潮流，而放弃了实际行动的计划。

从那时到现在，无论在国内或在国外，作者每天都在启发统治者和被统治者的思想，使他们作好准备，迎接即将来临的变革，迎接什么力量也阻挡不了的各国人民思想上和行动上的伟大革命。欧洲各国的军队，不过是横在革命道路上的一根麦秸。革命的力量正在迅速增长，盲目地试图抗拒革命的人所采取的措施只能加速它的实现。

作者的最高希望,是消除民族之间和个人之间的暴力和仇恨。暴力和仇恨只会制造灾祸,浪费力量,而浪费是不能产生任何善行的。整个欧洲现在的行动,即使不是发狂的,也是最没有理性的,因为大家都在反对本身的永久利益和幸福。

作者的一些独特的生活条件就是这样,这些条件使他有可能战胜自己的旧偏见,发现目前在世界上占支配地位的制度的谬见和无理性的原因。这些条件也使他不顾所谓个人利害而向人们指出严重的邪恶,提出制止邪恶的办法。

一方面,人类在最残忍而有害的非理性统治下普遍的日益深重的苦难情景;另一方面,人类在理性制度下未来幸福的光明远景,这就是不断鼓励作者展开活动的有力动因。

附录(一)

新和谐公社组织法[1]

组织法所依据的基本原则

当一些人根据尚未对人类其他部分的生活发生影响的原则联合起来的时候，为了对他人的意见表示应有的尊重，应当公布联合的目的、原则和任务。

我们的目的，即一切有理性的人的共同目的，是谋求幸福。

我们的原则是：

所有的成年人，不分性别和地位，权利一律平等。

随着体力和智力的适应程度而变化的义务一律平等。

在工作和娱乐中通力合作。

财产公有。

---

① 本组织法是由公社社员选出的专门委员会制定的。这个委员会无疑受到欧文的直接影响，而且欧文完全采纳了委员会拟出的组织法，所以我们认为必须把这个文件收在《欧文选集》里，从而把欧文当时认为最合理的公社制度勾画出来。组织法的全文是根据乔治·B. 洛克伍德(George B. Lockwood)所著《新和谐运动》(*The New Harmony Movement*；纽约1905年版，第105—111页)一书翻译的。——俄译者

言论和行动自由。

我们的一切措施都出于诚心。

我们的一切行动都怀有善意。

在交际中要有礼貌。

我们的一切事业要有秩序。

保护身体健康。

寻求各种知识。

勤俭办事,即用最妥善的办法生产和消费各种最好的物品。

遵守我们所在国家的法律。

我们认为不问自明的是:

追求幸福永远是激励人们的动力。

在人类大家庭中,任何人生来都没有在财产或待遇上高于他人的特权。

诚实地表达一切思想感情和决定一切行动方向的自由,是每个人的不可缺少的权利,除非本人同意,没有任何理由加以限制。

保持最美好的生活,是首要的实践任务。

我们既然居住在印第安纳州,就必须服从本州和中央政府的法律。

经验教导我们:

人的性格,即智力、德行和体质决定于人的成长过程、居住地点和生活环境。

人出生后是在他自己无意识的状态下成长起来的,他的居住地点不是经过他同意而选定的,他所处的环境也不受他的控制。

因此,人的性格不是由他自己形成的,而且理性也教导我们,各种人为的奖励和惩罚对于具有这种本性的人都是不适用的。为善是唯一适当的待人之道,谦恭是唯一合理的行为方式。

我们从人类的活动中看到,只有当人们联合起来共同行动的时候,他们的活动才有效率,他们的工作才有成果,他们的社会生活才有幸福。

因此,我们认为合作组织是达到我们目的所必需的。

我们看到,合作组织在重视秩序并厉行节约的时候,就取得最好的成果。

因此,经验使重视秩序和厉行节约成为我们的原则之一。

以个体所有制为基础的制度,必然反对人们权利平等的原则。正如我们所看到的,反对这一原则,就会引起竞争和敌视、嫉妒和纷争、奢侈和贫困、专横和奴役。

因此,我们要恢复财产公有的原则。

只要有决心和手段,所得的结果就与所用手段的效果成正比;我们根据实际的经验得知,理性的增长在作用上等于幸福的提高。

因此,我们要像追求自己的幸福那样去追求理性。

我们认为,最重要的基本知识,就是自己认识自己。

但是,如果我们的同胞不推心置腹地向我们披露他们的感受和思想,我们要想得到这种知识,是不会有结果的。

因此,只要不以诚相见,我们的知识就不能完善。

我们看到,至今支配着世界的主要指导原则造成灾难,所以我们不能采用它们。

我们看到,真理总是产生幸福,谬误一向造成灾难,所以真理可使我们达到目的,而我们也只愿意遵循真理。

真理是合情合理的,与一切事实相符合;谬误是背情违理的,与事实相矛盾。

我们的理智使我们相信,我们的原则在理论上是正确的;我们

的经验使我们相信，我们的原则在实践上是有益的。

我们，下面的签名人，根据上述原因，本着上述目的，遵照上述原则，为了我们自己、我们子女和人类的幸福，把我们自己和我们子女组成一个平等的团体即平等的公社，并同意有关团结和合作的下列规定[①]。

全体公社成员是一个大家庭，任何人的活动都没有高低之分。人人都将按照年龄的区分，在供应所能做到的范围内，得到同样的食物、衣服和教育；只要可以办到，全体社员将住同样的住宅，而且在一切方面都得到同样的安排。每个社员都要按照公社通过的章程和决议，为公共福利作出可能的最大贡献。公社的首要任务，将是使全体社员在体、德、智方面经常受到最好的教育。

立法权属于由年满二十一岁的社员组成的全体大会，议案的表决应经他们的六分之一通过。公社的行政权属于由公社的书记、司库、管理员和四个部的总经理组成的理事会。书记、司库和管理员，由全体大会选举；四个部的总经理将按下述的选举方式产生。

公社分设六个部：农业部，工业和机械部，文学、科学和教育部，家政部，一般经济部，商业部。这些部又按照各种活动加以细分。各种活动的代表（须年满十六岁）选举本部门的经理，然后提请全体大会批准。每类活动的经理有三人或三人以上，指定其中的一人为本部的总经理。管理员是家政部的总经理，司库是商业部的总经理。商业部的总经理可以兼管文学、科学和教育部，家政部的总经理可以兼管一般经济部。如果全体大会没有批准所提的

① 公社的正式名称应为“新和谐平等公社”（“New Harmony Community of Equality”）。——俄译者

人选,应当再提出新的候选人。只要全体大会同意,书记、总经理和经理可以一直留任。

执行理事会的任务是:缔结各种合同,执行各种共同决议,对公社的各种工作进行总的领导,监督各项工作是否经常按照全体大会多数通过的并由大会秘书以书面方式通知书记的指示执行。

执行理事会每周应向全体大会报告各部和各项活动的一切工作和收支情况,报告自己对每位经理的考查意见和经理对本单位每个工作人员的意见。对公社的一切报告,每周至少应当检查一次,并将检查结果通知全体大会。总经理和书记的一切报告以及全体大会的一切决议,都应行登记备案,妥为保管,以便随时调阅。全体大会也应当每周登记自己对执行理事会的意见,执行理事会亦用同样方式记载自己对全体大会的工作的意见。

不经全体大会的多数通过,任何人均不得成为新社员;不经全体大会三分之二的人数同意,任何人也不得被开除出公社。关于接纳和开除社员的问题,都应事先在每周召开的全体大会上连续讨论两次。

公社不动产的长期管理工作,由公社委托办理,必须为公社及其现有全体社员谋利益。退出公社的人,便对这种不动产及其收入失去一切要求权,然而对公社在他身为社员期间购置的那部分不动产,则有权要求分到他应得的份额;并且按照计算退社人员所付劳务的办法,来提取和计算这一份额。

任何社员都有权退社,但是应在一星期以前把本人的意愿通知公社。任何以这种方式退社或离社的社员,都有权按照他以前所付出的劳务,从公社产品中取得合理的报酬,报酬的多寡由执行理事会规定,但是退社人员可以向全体大会申诉,同时也应当考虑公社在他身为社员期间的盈亏,以及公社为他及其家属所支付的教育费等等。

公社对社员的私人债务不负责任。除罗伯特·欧文、威廉·麦克卢尔[①]或社员可以预支的金钱财物以外,公社及其代理人在任何时候都不得借贷。社员存入公社的现金,退社时应当归还。全体社员在一切知识领域和在自己对各种问题,特别是对宗教问题的判断方面应享有最充分的自由。社员死后,子女继续享有他的一切权利。社员之间可能发生的一切误会,应由公社调解。

这个制度完全排斥一切保密和非常规行为,所以局外人有充分的可能了解公社的规章和检查它们的实际效果。公社的意向和措施将向所在国政府作全面说明。

本组织法须经全体大会的四分之三社员同意方可修改,但有关问题事先应在连续四个星期内召开的四次大会上讨论。

在《危机》杂志上发表的论文和通知[②]

大不列颠和爱尔兰合作社代表大会致欧美各国政府书

我们认为自己有责任对人类作出重大的贡献,兹以爱好和平、

---

① 威廉·麦克卢尔是欧文学说的信徒,1826 年被欧文带到新和谐公社,麦克卢尔资助过这个公社。——俄译者

② 这一部分收载了《危机》杂志所发表的一些资料,该杂志是在欧文的直接领导下,于 1832—1834 年出版的。为避免重复叙述,对第 6、8、9、10、14 和 16 各期的文章作了删节。其中许多文章和文件,在某种程度上都是集体创造的果实。但是毫无疑问,它们都反映了欧文在 19 世纪 30 年代初期所宣传的主要论点。——俄译者

正义和善意的精神向你们呼吁[①]。

我们知道和觉得,无知和谬见使人们成了没有理性和不幸的人;我们现在清晰地感到灾祸临头;我们深信,根据以往的经验,我们能够使人们成为善良、有理性和幸福的人,而且他们的一切需要也会得到充分的满足;我们也知道促其实现的实际措施。这项最庄严的任务,现在就要解决。我们敦请你们以热烈关怀自己的康乐和幸福的精神彼此联合起来,并同我们联合起来,以便毫不迟缓地着手实行这一伟大的福利事业:让目前活着的人能够稍稍领略一下现代人在新条件产生后为后代人预先准备的那种不断完善的生活和快乐。

我们力图在现有政府的协助下改变社会原则和实践方法,并认为这无论怎样总比单纯更换政府人员为好。我们所希望的不是混乱或不安,而是用好的代替坏的,并且不使人类的成员哪怕是一个人因此受到损害。

管理和领导人类的旧制度已经过时,而每个能够进行判断的人现在都已清楚地看到,在这种制度下,不可能消除恶习和不幸的

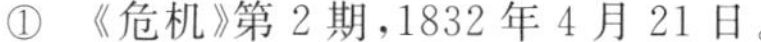

① 《危机》第2期,1832年4月21日。

1829年欧文从美洲回国,正逢英国的合作运动蓬勃发展。这个运动的目的不仅在于组织合作商业和生产,而且要实际应用欧文主义的原则,即建立公社或新村。1831年5月于曼彻斯特举行的第一次合作社代表大会上,决定采取建立合作公社的步骤:规定二百个合作社每社缴款三十英镑,并派一名社员参加头一个公社。欧文反对这个计划,认为资金不足。1832年4—5月在伦敦召开的第三次代表大会,通过了我们在这里译出的《大不列颠和爱尔兰合作社代表大会致欧美各国政府书》,证明上述计划没有成功。——俄译者原因；同时，人人也都显然知道，这种制度只能制造恶习和不幸。

现在，要求建立以实际的知识和经验为基础的新制度；这种制度将消除如此长期贻害人类的一切灾难的根源。我们现在准备建立这种制度，并把它提请你们审查。我们在提出它的时候，深信你们在认真研究之后，一定会承认它是切实可行的，可以立刻付诸实施，以使所有的国家，即不但使欧美各国，而且也使其他各洲的一切地方都获得巨大的益处。

在规划这个制度的时候，我们摒弃一切教派和党派的见解。我们只有一个宗教，它以来自确凿的事实的**真理**为根据；我们只有一个政党，它由那些热烈希望以上述方法在各种问题上取得的这一**真理**变成现实，以便为人类造福的人士组成。

凭借你们现有的权力，并得到你们将要促其得到幸福的人民的赞同，就可以在短期内采取一些措施，使世界上任何一洲都能轻松愉快地生产财富，从而使人类永远摆脱贫困和致贫的原因，最后根除私有财产的争夺。

你们由于所受的教育，最初或许认为我们的这种说法是粗鄙而妄诞的，**然而它并不是这样的**。不错，我们都是默默无闻的人，但在理论上和实践上，对于这个问题作过深刻的研究。我们根据我们所知道的事实毫不怀疑，上述的结果是完全可以达到的。

因此，我们请你们相信我们确实认为：在很短时期内，就可以使欧美两洲摆脱被人误称为文明社会的虚伪而非常有害的状况的可怕后果。我们热烈地希望联合人类的一切优秀力量，在最短期间内实现这一光荣的改革，以便消除某些阶级现在已经不能忍受的人生痛苦，在必要的实际措施可以办到的范围内，尽快地使人人都过健康而幸福的生活。只要对人性和社会具有充分的知识,就能保证得到并永远维持这种生活。

在这些实际措施当中,我们特别请你们注意下述措施:一切人不分男女,都应在你们的领导下受到同样的并且是目前人类知识所能达到的最好教育。其次,应当迅速设立一些新机构或改革原有的机构,以保证每个人在生活上完全满意和舒适,酬谢他们以不断增加的力量用于公共福利。把相当数量的人联合起来,合理地利用他们的劳动,这个目的就不难达到,同时借助于工农业生产,他们的需求也会得到满足。我们真诚地希望这一变革不遇到任何困难——哪怕是暂时的困难,不使任何一个人在身心方面或财产方面受到损失。为了达到这一高尚的目的,我们这方面是不惜任何力量的。不管人们对于在刚刚发生的但是时时刻刻都在不断加强的新条件下所应采取的措施有什么想法,我们都将完全团结一致,反对那种煽动人们使用为害自身的暴力的欲念,并尽可能使他们处于冷静的理性的指导之下,处于仁慈而善良地对待全人类的那种感情的影响之下。

因此,在说明我们对成为古往今来社会基础的主要谬见的看法,以及我们想以仁慈而善意的方法使人类的生活过渡到更高阶段的愿望以后,我们开始陈述我们自己的决定和计划。我们相信,劳动阶级的一切有理性的和心地善良的人,只要他们有可能自由思考和自由表达思想,就一定会同意我们的决定和计划。

我们知道,人人都希望成为幸福的人。

我们知道,任何一个人只要自己的自然需要不能无忧无虑地得到满足，就不可能成为幸福的人。

我们知道，一个人如果不修自己的德行，他就不可能成为一个幸福的人。

我们知道，一个人只要没有习惯于因促进同胞的幸福（绝不因为个性差异或其他理由有任何的例外）而感到最大的快乐，就不可能成为有德行的人。

我们知道，一个人只要被迫继续处于无知、贫困或忧虑贫困的状态，深受偏见和违反事实的观念的影响，就不能有这样的行动。

我们认为，我们已经知道教育的方式，以及可使人们变得比现在和人类过去任何历史时期都更高尚的条件的特殊结合。

我们也认为，我们已经知道一些社会和经济措施，它们可以广泛地满足人们的一切需要，并使生产这些财富的人感到高兴，而无意去占有目前拥有过多财产的人们的财富。

我们知道，劳动阶级的有理性的心地善良的代表们拥有各种力量和可能，依靠自己的团结和实际知识来完成这一人类事业中的伟大革命，而不需要富人阶级或上层阶级的援助，因为这些阶级的知识对于劳动阶级用处不大（真是遗憾，经验证明如此）。现在，大家一定十分清楚，没有劳动阶级的经常帮助，富人是不能生存的。

因为劳动阶级的有理性的代表们希望最短期间在一切人当中建立和平、秩序、善意和幸福，所以他们愿意上层阶级或富人阶级也能像以往那样掌握和实行那种应当采取的措施，以便逐步达到这一期望已久的改革，这项改革将使人类的一切希望和心愿得以实现。

所有的国家都拥有为迅速真正实现这些措施所需要的丰富资源。这些资源足以立刻使欧美的所有劳动阶级的劳动得到最有价值的使用,从而大大增加两大洲的实际财富。事实上,对于保证全世界的和平、秩序、康乐和幸福来说,除了政府方面实行英明的政策,劳动阶级方面应对自身的利益有适当的认识以外,再也不需要什么别的东西了。

我们发表这些意见,不是为了激起不满情绪,而是为了诚恳地向你们和全世界指出目前应当采取的手段,以便迅速制止人类的灾难。

我们力求使你们幸福,力求使全世界得到持久和平,真诚地希望你们同我们合作。但是,请你们相信,我们决定今后不再把自己的力量用来支持那种只能产生暴力、欺骗和分裂的制度。这种制度以虚伪的原则为基础,敌视真正的知识,所以只能不断地制造恶习和罪行。

因此,你们应从下述的两条道路当中选择一条:或者立即开诚布公地直接把我们领上明智、团结、不断繁荣和幸福的道路;或者坚持你们过去和现在的有害无益的行为方式。如果走第一条道路,我们马上就追随你们,给予你们各种各样的援助,使你们避免一切灾祸;如果走第二条道路,我们就不再指望你们援助,也不想把你们当作领袖或领导者。我们不用武力反对你们,因为我们知道,你们如果没有生产阶级的支持,就无能为力;然而这时,我们可以采取一些措施,把自己的事情掌握在自己手里,为自己而生产,并享受我们的劳动和知识给予我们的一切东西。

但是，人类的和平和幸福，在各国现今政府（如果它们有正确的认识，而且愿意采取这样的行为方式）的领导下，通过伟大的光荣改革，可以比较容易和比较迅速地实现，并得到政府的保证。这项改革一定会把世界从无知、压迫和恶习中解救出来，绝不能再加以拖延了。因此，我们热烈地希望各国领导当今政府的人士现在就掌握足够的有用的实际知识，以便根据我们时代所呈现的征候，认清那种目前因劳动阶级的苦难（由于最反常和毫无道德的竞争造成的）而引起的可怕危机。我们希望他们能够看到这种危机，认识和理解通过上述途径所能取得的福利将超过人们的预料，并献身于领导这一光荣的道德革命；我们希望他们也要理解到，如果他们企图继续反对事物的发展和人类的利益所引起的改革，他们和他们的拥护者就一定遭殃。

请你们通过这条道路宣告和平和幸福生活，在人们中间永远消灭无知、隔阂、欺骗、暴力、犯罪和贫困等灾祸。

合作社代表大会决议[①]

代表大会决定，应当着手建设以下述伟大原则为基础的新社会。

（1）每个人的性格是神意为这个人创造的。

---

① 《危机》第7期，1832年5月12日。

这里译出的决议，是1832年5月12日在英国合作社代表大会上通过的。关于这次大会，请参看本卷第191页注①。——中译者

(2) 为了社会的利益,应当合理地培养每个儿童的体质、智能和品德。

(3) 社会在培养每一个身体没有缺陷的儿童的性格中既有可能做得正确,也有可能犯下错误。

(4) **个人竞争制度**必然造成人民群众的贫困、犯罪和堕落,并保持人类的无知和隔阂;世界至今所取得的经验,都在证实这个真理。

(5) **公共合作制度**最有利于消除这一切祸害的根源;这种制度利用正确制定的措施,通过把人们联合起来的途径,由于丰衣足食,由于在合理指导下的辛勤劳动受到尊重,由于联合一切人的力量来为每个人造福,正在把人的性格由坏变好。

公平交易的交换银行[1]

自从广泛使用现代机器以后,人们的勤劳精神萎靡了;以货币表示的人类劳动的价值,已经下降到不能保证衣食丰足,而在许多情况下,甚至不能保证温饱了。机械化日益发展,任何东西都制止不了这种发展,而且也不应当制止这种发展,所以人类劳动的市场价格还要继续下跌;而贫困、犯罪和一切灾难也将以机械化发展的同样的比例不断增加,直到建筑在迄今所依据的那些原则基础上的社会最后地,同时也很快地完全崩溃为止。如果不能采取任何

① 《危机》第 13 期,1832 年 6 月 16 日。

本文发挥了欧文早在《致拉纳克郡报告》中提出的理论。这种理论的基本论点在于,劳动是商品的真正价值尺度。——俄译者

重大的预防措施，按照新的精神来指导人类的体力和智力的话，社会就要完全解体。

认清这些祸害，对全人类来说是一桩幸事，因为这些祸害已经成为一种足够有力的因素，唤起人类的理性去寻找消除祸害的手段，而在这种寻求的过程中，人类的理性也发现了造成无知和贫困的主要原因，以及永远消除它们和最后根绝它们所直接或间接产生的无数祸害的方法。

有一种方法可以切实而迅速地消除无知和贫困的原因，这就是采取完善的财富交换方法，以代替现今的不完善的和不公平的价值尺度——金币、银币和当这些金属货币使用的银行券。

这种新的价值尺度和流通手段，将具备流通手段应有的三个重要特性，这就是：

（1）它的数量可以精确地按照实际财富的增长而轻而易举地增加。

（2）它的数量也可以同样精确地按照实际财富的减少而减缩。

（3）这种流通手段的价值永远不变。

金、银和代表金银的银行券或代表信用的票据，都不具备实际财富的公平交换手段的这三个重要特性中的任何一个。

在人类社会中，所以存在什么灾难或任何一种因无钱而引起的（即使是短期的）忧虑和贫困，主要就是由目前用来交换财富的流通手段存在缺点所造成的。

现在拥有足以制造任何数量财富的生产力，可是却没有可以使这种体力和智力发挥良好效果的流通手段。此外，执政者也不

交换银行

具备对这些力量进行应有指导的必要知识。

为了消除产生灾难的一个最直接的原因，为了准备有助于正确指导体力和智力的手段，我们提议在不列颠帝国的各个部分创办**公平交易的交换银行**。

我们建议，把创办这种银行作为旨在短期内促进英国实现居民中各个阶层的普遍幸福的手段。其他国家的居民也将仿效这个榜样，而且要比仿效至今向人类提出的各种措施都来得热烈。错误的货币制度直到目前仍然是全世界的许多恶习和痛苦的根源，而这个新的**完善的流通手段**将成为全人类美德和幸福的源泉。

这个十分重要的事业的原则和基础，是当劳动人民正处在极端贫困的境地的时候，在《致拉纳克郡报告》中首先向社会提出来的，这份得到拉纳克郡许可的报告，已由《危机》杂志的编辑发表出来。

为了把整个问题叙述得有头有尾，并使我们的建议便于立即实现，我们准备在下周发行一期增刊，或甚至发行几期增刊，以便有志实现这项任务的人能够研究整个问题，详细地考察它，并作出自己的判断。

我们不想使任何人感到意外，所以现在就声明，我们的目的是在最短期间内彻底改造社会本身及其基础。人类灾祸的苦杯已经盈满外溢，再也不能注入新的灾祸了，所以我们有权预言，重大的良好的变革的时代即将来临，旧的东西一定会消失，一切都要开始革新。走向这一变革的第一个重大步骤，就是普遍建立新式的公平交易的“交换银行”。

公平交易的交换银行是通过教育和劳动消除无知和贫困的协会①

在为成立本会而召开的第一次公众会议上，曾经作出决议："本会由**劳动阶级的有理性和情绪正常**的代表，以及各阶层、各教派和各党派的有教养和心地善良的人士组成，以迅速采取坚决的措施来有效地使用不列颠帝国的一切失业者的劳动力，使这个国家一切没有受过教育的人都得到有益知识为宗旨。"

会上决定，**第六项实际措施是**："根据借助劳动券交换**劳动价值相等**的等价物的公平的**劳动**原则，收受食品、衣服和其他物品，以及代理进行各种服务。"

"**第七项措施**是：为了便于**劳动券**兑换国内流通的纸币，将成立一个银行。"

恐怕不必引经据典来论证上述决议的正确性了，因为凡是实事求是的人，以及不愿意闭上眼睛不看联合王国的劳动阶级的普遍贫困和痛苦的人，都清楚地知道作出这种决议的原因。但是，可能有些人没有经历过这种灾祸，不可能判断灾祸的普遍的情况，而是根据当事人的报道得出自己的结论。或许应当对这些人讲几句话。他们大概要问：是什么东西在促使你们成立这种机构呢？我们回答说：**是毁灭性的竞争和生产过剩所引起**

① 《危机》第15—16期，1832年6月30日。

"通过教育和劳动消除无知和贫困的协会"，是宣传按照欧文的计划实行社会改造的思想的团体之一。——俄译者

的普遍灾难。当人们还需要同他人竞争的时候,每个人的幸福都决定于自己的知识的多寡和体力的大小;勤劳的家庭可以充分保证全家有生活上的一切必需品和享受到生活上的许多方便。

但是,自从使用机器代替人类劳动以后,不论机器怎样简单,它们的所有者都可以比没有机器的人得到更多的产品,从而能够获得更多的生活必需品,而所消耗的劳动和精力却比较少。当这些机器得到改进的时候或在机器数量和生产力增加的时候,便有一定数量的人类劳动来同它们竞争,而且这部分人的劳动报酬只能换得少量生活必需品。现在,机械化已经发展到不仅把男人的体力,而且把加入其中的妇女和儿童的体力都利用得非常衰竭的地步。同机器竞争的人陷入贫困的深渊,终日为痛苦和灾难所折磨。

英国机器的巨大生产力,在正确的指导下应当而且能够成为一宗极大的财富,而不是人们诅咒的对象。我们相信,现在一切主张人道的人,都清楚地看到了这种竞争的毁灭性后果,他们也一定希望终止这种可怕的状况。

但是,只有依靠与此相反的原则,即通过利益的联合,或者说,只有当机器被迫**为**人工作,而不是**反对**人的时候,才能达到这个目的。消除这种苦难的方法十分简单,而且效果显著。一切阶级的人所最需要或最必需的东西,是食品、衣服和劳动工具等,其次是家庭日用品、家具等,再次是对于人们的生存和舒适并不十分需要的东西,比如摆设品、挂钟、怀表等。

目前,在**一切**行业里,即在各种各样行业里,都有成千上万的人每天一早起来，不知道怎样去找工作和到哪里去找工作。**他们中的每一个人都能生产出比他本身的需要为多的东西；同时，他们中的每一个人又都需要他人的多余产品。**

农民能够生产出比他们的消费为多的小麦、燕麦、马铃薯、腌肉和干酪等，可是他们每天也需要穿衣服，使用日用品、家具等。而这些多种多样的产品的生产者，也需要农民的多余产品。这就是说，所有的人彼此都需要他人的多余产品，比如裁缝需要鞋子，锡焊工需要衣服，等等。

这些不同职业的人，为了取得他人的产品而采取的一般方式，就是把自己的产品卖给有钱的人或中介人，换成现款，然后再拿这些钱去交换自己所需的东西——有时到生产者本人那里去购买，但通常是经过另一个中介人之手的。如果生产者缺钱，或者中介人不欲购进他所出售的产品，那么，生产者为了达到自己的目的就得付出很大的牺牲，即为了取得自己所需的物品，而把自己的很大一部分产品减价出售。由此可见，生产者完全依赖中介人，而中介人则经常处于优势，因为任何产品经过他们之手，就要被剥去一层皮。这给生产者带来了很大的损失：他在出售自己的产品时吃了亏，而在购买他人的产品时却要付出高价。

现在，不再需要这种中介人了，生产者没有他们也行。生产者只需要彼此直接往来，他们能够彼此互利地、在有利于一般消费者的情况下互相交换产品。一般消费者可能是生产者，也可能不是生产者，然而都要用钱来购买产品。

这样一来，生产者就可以得到一切生活必需品，而在他们需要的时候，也可以得到现款。他们只需要有一个可以存放多余产品的场所,以便交换等价产品。各方面的需要以后会很快地得到满足,而且是以劳动产品交换**等价劳动产品**的公平原则进行的。现在,人们只有找到工作,才能获得所需的东西;而在将来,他们可以不必为此操心,只要每天工作,把自己的产品送入仓库,就立刻可以得到所需的东西。这样,就产生一个新的广大市场,使失业者得到工作,因为将有迄今为止只是生产者的数百万人变成消费者。现在却产生一种反常状态,即生产者生产了大量的产品,好像颇为富裕,可是对自己的贫困处境却不能有所改善。

为存放产品而选定的场所,将叫做公平交易的交换银行。在只有几个生产部门参加这一事业时,这种机构的营业是不可能兴旺的;要想健全起来,它必须拥有各种各样的产品,商品市场上有什么,它就应当有什么。一旦银行做到这一点,这项事业的参加者就可以摆脱贫困和痛苦。

这种制度不仅适用于个人,而且也适用于团体。现在,有四百到五百个合作社分布在联合王国各地。其中的许多合作社拥有某些多余商品。这些商品的种类,视合作社的营业地区是农业区还是工业区而定。这些合作社非常愿意拿这些多余的产品去交换也遇到同样困难的其他合作社的产品,但是它们所处的条件也跟个人所处的条件相同,即它们彼此没有接触,所以不知道对方的需要,或者不了解别的合作社的多余产品的库存情况。

为了解决这些问题,就应当把整个联合王国划分成若干个设有专门联络点的地区,每个地区都成立自己的指导委员会,同本区内一切愿意联合的合作社建立联系。要求各合作社每月或在它们认为合适的其他期限内提出库存多余产品的报表,以及它们所需的特殊物品的货单。每个地区的中心联络点得到这些材料时，就可以转报总管理处所在地伦敦，由此收取少量费用转发给各合作社。这样，需要外社产品的合作社，就可以知道取得这种产品的最近地点在哪里。或者不用这种方法，而由各地区的联络点交换资料，并分寄给地区内各合作社。但是，一切大规模的企业都十分需要简化和划一办事手续，所以最好采用前一种办法。

这样，就建立起一个可使**几百万人**能够知道彼此需要并把自己的力量用来满足这种需要的制度，以代替原来不过五十人或一百人的孤立行动。

然而，这样庞大的全国性机构，应当建立在至诚和荣誉感的基础上，因为没有这种基础，就不能博得人们的高度信任。当选为领导者的人，应当利用一切方法向全体社员灌输这一原则，并经常提醒他们认识自己所面临任务的重大意义。这个任务就是：使人们摆脱贫困和痛苦，走向独立和幸福。

能不能达到这个目的，就在于人们自己：只要他们愿意做，一切都可以办到。俗语说得好，知识就是力量。为了证明这句话也适用于我们面临的任务，是不需要费很多心思的。

明确了解造成竞争的祸害，将会促使人们联合或合作。

具备这种知识，劳动中的合作就会创造财富。

财富、合作和知识创造力量；力量、财富、合作和知识创造权力。

作为这一切的基础的，是真实和正直。也就是说，这一切要素的存在取决于是否真实和正直，如果不真实和不正直，它们就不可能存在；只要进行欺骗，就会破坏信任，瓦解合作，产生个人主义，并且使已经出现的威力消失。

因此,这里摆着两条可走的道路:一条是走向富裕和幸福的道路,另一条是走向贫困和痛苦的道路。如果走上第一条道路,就可以永远消除敌意和灾难。

一切财富都来自劳动和知识。

对于**劳动和知识**,一般是按照**所耗费的时间**给酬的。因此,我们建议用时间作为**价值标准或价值尺度**。

如果能够做到使这个尺度成为整个联合王国的统一价值尺度,那是再好不过了。最终一定会做到这一点的,但是现在,由于生产中存在的条件,暂时还不能做到,而且在没有得到合作社联合组织的全体参加者同意以前,这样做也是不公平的。

为了使这种联合尽量巩固,它就应当经营**各种各样**的产品;**每个**合作社的仓库应当经常存有本社所经营的各种产品,使任何人为了满足自己的需要都不必去找本社以外的其他供应者。如果实行上述的每月编制报表的制度,就可以轻而易举地做到这一点。一当发现某种产品售缺,就要去找生产这种产品的人,向他们说明参加联社的各种好处,请他加入合作社,售缺的产品也就会很快到手。

现在,我们回头来研究价值标准。大家知道,各个不同劳动部门的工资各不相同,**每天从一先令到十先令**。应当把每天**五先令**的工资看作是平均工资,因为可以从英国的大多数十分有益行业的工资都与这个平均数相差不多的事实,作出这一推论。

工作中用去的而被称为**工作日**的时间,在各个劳动部门也不相同。最好把这一切差异化成单一的标准。为了这个目的,我们建议把**工作十小时作为一个工作日，每个工作日按五先令计价**，这就得出每小时等于**六便士的劳动价值尺度**。

现在，我们很清楚，工资低于这个标准的人将十分愿意地赞成我们的原则，然而困难在于，工资等于或高于这个标准的人，是不是愿意同工资低于这个标准的人在同样条件下工作。但是，如果他们了解到不同行业的任何联合，在**它们的全体成员没有打成一片**以前，是不可能认为是完备的，而且了解到在联合起来的情况下，以前没有得到这样高工资的人提供的劳务正如自己本身提供的劳务一样，对于所提出的目标是同样有益的，那么，他们就会明白：他们为了自己的利益，也应当同意这个尺度。

当然，上述的一切只是对男工说的，而与女工和童工无关。女工和童工的报酬应当按照劳动的效果付给。

实行上述措施以后，我们就可以得到像度量衡那样精确的**价值**尺度。当我们说到哩、磅或加仑的时候，我们都清楚地知道它们是固定的标准；但是，当我们谈到金镑或银行券的时候，它们的行市波动会使我们感到混乱。以**工作小时数**作尺度可以补救这个缺点，这种尺度是**各种价值的固定尺度**。

如果有人反对这一点，认为这是对于应当为自己所得的等价物付出适当数量的劳动的工人的品德的过分信任，那么，这种意见本身可以同样适用于那些欺骗人民和在尺秤上弄虚作假的奸商。

在一切劳动部门之间还没有对**工作时间相等劳动也相等**的原则达成协议以前，可以暂按我们所提议的标准，即按一天工作十小时得酬五先令的标准,把现在采用的各种工资的不同定额划一。[①]……

举例说明 一天工作十小时得酬二先令六便士的人的劳动价值,等于一天得酬五先令的人的五小时工作。

一天工作十小时得酬七先令六便士的人的劳动价值,等于每天得工资五先令的人的十五小时工作。

劳动,或时间价值,加上材料价值,就构成各种准备出售的物品的卖价。

因为实际上不容易立即按照小时数确定原料的生产价值或原料在通过它的各生产阶段时所耗用的时间数和劳动量,所以暂时拿这种原料的市场价格作为确定材料价值的基础。

我们建议,把表示用在准备交换的各种产品上的劳动时间或劳动价值的劳动券作为流通手段,以代表新的交换银行库存的财物。

这种流通手段**含有三种特性**,缺少这三种特性,它就不能成为公平有益的流通手段,或者就不适用于所规定的目的。这三种特性是:

(1) 它的数量容易精确地按照实际财富的**增长而增加**;

(2) 它的数量容易精确地按照实际财富的**减少而减缩**;

(3) 它的价值固定不变。

因为只有所耗用的"时间"或"劳动"才能作为合理的价值尺

① 以下,删去一张以工作日的长短为依据的工资计算表,因为它计算得过于简单。——俄译者

度，所以唯有这种劳动券才能具有上述的三种特性。

各种生产品的内在价值，都决定于生产或获得它们时所需的劳动或时间的数量；为了把这一价值正确地表示出来，就应当确定一种借以实现这种生产品的交换的流通手段；这种手段要**精确地**表示出生产产品时所需的劳动或时间的数量。**新的劳动券就具有这三种特性**。

我们已经指出造成劳动阶级贫困的一个主要原因，以及使个人和集体摆脱贫困的最有效方法。现在，简单地列举在创办为了得到上述利益而设立的合作社时而必须采取的各项措施。

应当拟出一份告各区劳动人民书，以说明这种合作社的性质；应该征集一切愿意加入以**等价劳动互相交换**为基础的合作社的人签名。参加的劳动部门越多越好，它们的种类就越多越好。在征集到足够的人数时，就应当由社员组成管理委员会。管理委员会应指派各种负责人员，其中包括主管文牍、财务报告、合作社的各种会议所通过的决议记录的秘书一人。

如果有必要，就应当指派一名管理交换业务或仓库业务的人员和若干名助理；这些人员办理商品的收付业务。

也应当指派若干名监理，以监督全社的业务；他们有全权在需要发行劳动券时签署劳动券。这一切人员都应当具保任职。

应当定期召开全体社员大会，以听取关于社务发展的报告，通过或修改章程和规则，接受关于基金和交换业务的报告。

如果一个生产部门有数名代表，那么，最好由他们以票选方式，从他们当中选出一个对送来交换的物品进行计价的小组委员会,并指定数名在诚实可靠和办事经验方面可使存货人相信的管货人。

应当尽可能使一切交换品都盖有制造者的印章,而且要盖得很清晰,容易辨认。

因为合作社组织需要向合作社的受益人募集资金,所以社员应当按照月份、季度或年度的需要,认缴所要求的金额。

为了支付合作社的日常开支,将对社员送来交换的一切商品收取一定的佣金,即每一先令收半便士。

对非社员交来的商品,每一先令收一便士。

应当为各种账目和一切交易设立相应的账册。

在各种负责人员指派就绪,房屋修缮完毕,合作社的业务章程制定妥善以后,便可以着手接受商品,开始营业。

为了便于估价,在送交商品的时候,应当一并提出关于原材料的**成本**和成品生产所用的**时间**的资料。

仓库主任应向存货人开具证明货已收讫的凭单。商品经估价以后,应向存货人支付劳动券。票面价值以时间单位表示,商品的计价额按一小时合六便士计算。例如,送来的商品被估价为九先令六便士,这就应该支付数额为十九小时的劳动券。

为了使一切参加交换的人便于计算,发行的劳动券的价值单位应当**不低于一小时**。因此,要对不满一小时的时间四舍五入,即把半小时定为三便士,超过半小时而不到一小时的时间折为一小时;而把不满半小时(即三便士)的时间舍去,只留下小时整数。例如,二先令三便士、二先令四便士、二先令五便士、二先令六便士、二先令七便士、二先令八便士进为五小时;而二先令九便士、二先令十便士、二先令十一便士、三先令、三先令一便士、三先令二便士,则折为六**小时**。

劳动券应具有下述形式:

公平交易的交换银行

劳动价值每小时等于六便士

劳动券发行号码:________

凭券向持券人支付价值________小时

(用大写字书写小时数)

的交换商品

监理签字__________

劳动券应当用最牢固的纸张印制,以便长期流通。

合作社的账目应当每晚结清。当天用商品换进的劳动券,应该全部在当晚存入银行,以便次日清晨可以用来换取新的商品。流通中的劳动券的数量,要永远与投入交换的商品的价值相适应。

流通手段由表示单位时间分别为一、二、五、十、二十、五十和一百小时的劳动券构成。

交换任何商品都不得使用纸币。如果某人不生产任何物品而希望从仓库购进某种商品,那么,他得先把自己的货币换成劳动券,然后再拿劳动券去换取所需物品。

只有对商业交易对象,才可以用货币交换。持有货币的人,可把货币换成标有小时数的劳动券,其交换原则同交存其他一切产品时一样,**每六便士合一小时**。但是我们建议,在用货币兑换劳动券的时候不收佣金,以使不从事生产的人能够了解这种交换方法的原则和优点。

产品容易为交换银行受理的各种行业,按照合作社对它们的需要分成下述三类。

第一类

农民、面包师、皮靴匠、屠户、制帽匠、乳品生产者、皮革匠、陶器匠、绒布生产者、卖蔬菜的、开磨坊的、卖服饰用品的、便帽生产者、织袜子的、卖牛奶的、卖化学制品杂货的、卖马铃薯的、制肥皂的、草帽和女帽生产者、裁缝匠、制蜡烛的、白铁匠。

第二类

编筐的、挂吊钟的、扎扫帚的、制鞋油的、编篱笆的、铜匠、制刷匠、制纽扣和服饰用品的、木匠、制梳匠、制桶匠、制刀匠、印刷匠、制浆糊的、钢铁器具生产者、制马具的、卖小五金的、磨研抛光匠、制靴楦的、编席子的、制排笔的、造纸的、制鞋楦和鞋样的、排字工、铸字工、雕版工、石印工、修路用具生产者、制柄匠、铁匠、镀锡匠、文具匠、制工具的、旋工、制伞匠。

第三类

制卧具和床垫者、床铺生产者、制风箱的、制造百叶窗和栅栏的木匠、作细活的木匠、织毯工、木雕工、镀金工、制造各种椅子的木匠、雕刻工、制造壁炉篦和壁炉钳的、织铺地板用呢的、制窗玻璃的、上窗玻璃的、制玻璃灯罩的、制灯的、织麻布的、制熨斗的、制坩埚的、时装缝纫师、制三角板的、绸缎织造工、制炉灶用具的、制玩具的、制箱柜的、裱糊匠、钟表匠。

除了生产阶级中现有的上述行业以外,还应当加上泥瓦匠、油漆匠、水道工和一般木匠等(即不能拿自己的产品去交换的人)的劳务;他们的劳务可以同向仓库交存产品的人的劳务交换。应当把他们的名字告知需要他们干活的人,但是合作社不应当承担风险,保证付给某种报酬。可以介绍双方见面,然后他们可以自行协商;合作社只与向仓库交存产品的人发生账务往来的关系。

另一个重要的意见,是可以用这种标明劳动时间单位的劳动券来支付学费。医师、律师和其他自由职业者了解这种流通手段的优点以后,就不会反对它了。

在设立这种新的交换银行时应当考虑的主要问题,大部分都在上面说过了。当然,在特殊情况下还会产生另外一些问题;虽然事先没有考虑到,可是问题一旦出现,总能找到解决的办法。

在结束本文以前,再一次着重指出在各种业务中必须绝对保持诚实是有益处的。事业的成功,完全决定于毫无条件地遵守诚实和正直的原则。因此,在交存产品的人企图以劣货顶替好货或者用其他方法进行欺骗时,应当向他们解释这种行为不仅损害自己,而且也损害成千上万希望享受合作社的好处的人。如果在向他说明这种行为的不良后果之后,他仍然企图欺骗,那就应当把他开除出合作社,因为一个坏社员就可以使人们对整个合作社不信任。

为了保证得到可靠的成就,就要在一切手续上规定并实施严格周密的制度。

关于社会制度的改革[1]

美利坚合众国的人民五十多年来所得到的好处，比我们的改革法案[2]给我们带来的好处要多，而且多得多。他们得到了共和政府和共和制度，同时，这个共和政府和共和制度又具有任何一个共和国所有的那种最完备和最成熟的形式。这个国家的人民的实际情况现在怎么样呢？他们没有满足于自己的制度所达到的成就，而且有很多理由感到不满，因为从美国拥有的**财富来说**，那里的人民所得的福利，还不如其他各个文明国家的人民。我们是对美国政府和人民的现状进行仔细研究以后，才下这个断语的。美国幅员广大，拥有各种丰富资源，使它能在没有竞争或角逐的条件下从事生产。这种环境可以称为地上的天堂，因为人们在那里都可以享受到人所希望的和能希望的一切生活的舒适，就是把这一切用来满足大大超出地球上现有数量的居民，在数量上也是绰绰有余的。这种环境也使得每一个土生土长的美国人，拥有众多的手段来形成他的代表着民族性的性格，这种性格比以往有过的一切性格更为完美。但是，具有这种手段的美国居民，并不知道自己的特有条件和真正利益，而在精神上甘受僧侣和法学家的奴役。因此，许多人不得不在那里过着贫困

---

① 《危机》第15—16期，1832年6月30日。

② 改革法案是指英国1832年实行的议会改革法案，这次改革修改了下院议员的选举制度，使新兴资产阶级的代表人数增加，而地主贵族的代表人数减少，但是劳动人民群众没有得到任何好处。——俄译者

而痛苦的生活。

为什么会发生这种情况呢？因为世界上的各种旧政权都认为，为了自身的利益，要把它们治下的人民置于最愚昧无知的状态，这是它们所知道的制服人民的唯一手段。因此，在所有的国家里，教会和政府便结成了反对人权、仇视人类幸福和敌视人性向善的同盟。美国人，除了从最龌龊的来源得到的知识以外，并不具备其他任何知识。因此，那里的政府和人民，不知道如何开发自己国家的特有资源。他们本来已经生活在无知、经常倾轧的状态之中，还力图增加毫无益处的私有财产，这种私有财产是少数人从多数人手里夺来的，严重地危害着双方，即危害着这些少数人和多数人。因此，我们不能指望，社会现状所要求的、劳动阶级经受的苦难和压迫所必然引起的那种重大的变革，会在改革法案实施之后立即发生。在美国，人们还不是很有理性的。我们是否有理由希望新的权利会给我们带来较好的结果呢？

没有理由抱这样的希望。我们应当研究我国的一切制度和它们所依据的原则，以便了解它们的实际影响，直到把这种影响的一切最细微的后果都弄得一清二楚。迄今被巧妙地用来迷惑各国人民群众的那些空谈，虽然不会再使我们步入歧途，但是我们应当勇敢而无所顾忌地揭露我们祖先的一切错误，以便正确地评价人们急需知道的真理。

可以设想，我们祖先曾力图使人们养成最完美的性格，保证他们生活幸福。为了这一目的，他们创立了无数以神学原则为基础的制度。从几千年来的经验可以清楚地看到，在现有的一切制度中，根据任何一个神学体系的原则建立起来的制度，即使是实施得非常顺利,也一定使人们失去理性。现在已经明白,只要还让这种制度存在下去,人类的生活条件就不能得到可靠的改善。神学和虚伪必然结下不解之缘,因为神学必不可免地制造虚伪;而当社会制度必然地产生欺骗和虚伪的时候,期待德行、理性或幸福的出现,那是徒劳的。

现在,每一个社会成员,都切实希望人们的这种卑下和罪恶的生活条件能够在最短期间内消除。经验证明,现在的社会未能使群众丰衣足食,居住舒适,受到良好的教育,从事正当或有益的职业。其实,它也无法做到这些。因此,我们认为自己的最崇高的和首要的职责,就是采取各项措施迫使各国政府改变它们的治国原则和方式。

为了这一目的,我们(现在,我们人数很多)制定了一项关于交换人类劳动产品和劳务的新制度。这个新制度完全建立在公平原则之上,执行等价交换的任务。我们在本期和增刊上刊登一篇文章,题为《公平交易的交换银行》[①]。

我们研究了社会的货币制度以后,发现它已变成一种剥夺人们的构造精巧的工具,这种制度使实际生产财富的人失去了他们的合法的劳动成果,使劳动者阶级沦为游手好闲、无所事事者的奴隶。

由于这种一贯的、大规模进行的欺骗,无知和贫困、对贫困的恐惧以及各种恶习、罪行和苦难才得长期保存下来;只要仍然允许对生产财富的人采取这样不公平的态度,无用的社会成员就要占

① 参看上一篇文章,本卷第 200 页。——中译者

有大量财富，而有用的社会成员则注定要忍饥挨饿。

再也不能让这种折磨着一切人的不公平现象继续下去了，因为人人都受到它的损害。笼罩着旧世界的黑暗正在消失，光明即将出现，所以我们现在有可能向邪恶宣布：你只能发展到此为止，不能再往前一步。从今以后，知识、力量和财富将在全世界普遍增加，连世界上的一切穷乡僻壤也要享受到目前在不列颠帝国本土开始的这一伟大变革的好处。**诸位读者，请你们好好地思考一下《危机》杂志这两期的内容**；而在以后几期中，你们还可以看到对于实施这种优越制度所作的说明，因为任何力量都不能阻止人们愉快而满意地采取这种制度。

旧世界在各个方面从头到尾都是建立在欺骗之上的；过去，它只要有可能就利用自己的罪恶活动，使自己存在下去，可是现在就要陷入自设的深渊。可以说，这种变革就像黑夜中的窃贼一样悄悄地来到世界上，而现在的情况也正是这样。目前提议成立的公平交易的交换银行，准备在各地设立分支机构，它将激起人们迅速地实现庄严宏伟和强大有力的新制度的要求和需要。

欧文1833年10月6日在夏洛特街机关内的讲演词①

“现在，有理性的和心地善良的人发现，旧的社会制度不符合

① 《危机》第6期，1833年10月12日。

“夏洛特街机关”，指欧文在1832年成立的“全国劳动产品公平交换市场”，次年迁到夏洛特街新址，这里是欧文主义者在伦敦活动的中心。——俄译者

他们的利益,不生产任何实际财富的人不重视从事生产劳动的人,并且看不起他们。最后,从事生产的有用阶级得出了结论:这种状况不能再继续下去了,真理和正义终要代替错误和非正义,社会应当在这样一种制度的基础上重建——这种制度将照顾到一切人,使每个人都有可能享受到人类劳动所创造的财富。我刚从国内几个人口最稠密的地区旅行归来。那些地方由于目前的危险局势,到处都发生声势浩大的风潮,但这不是旧世界所出现的那种风潮,这不是怀有敌意和仇视的风潮,而是头脑清醒、爱好劳动和有理性的人士的高尚品德的激动。他们对现有社会制度的非正义表示愤慨,决心为那些赋予社会以一切生活舒适和快乐的人确立公平合理的权利。我前些时候离开你们,为的是到伯明翰、曼彻斯特、普雷斯顿等地去参加一些会议,这些会议是其他一些更重要会议的预备会议。在曼彻斯特,举行了全国各地区建筑工人代表大会。在这次大会上,辩论持续了一周之久;由于我们通知各地的基层组织,说我们的关于社会制度的新草案将送交它们审查,结果,还有许多人也纷纷前来参加大会。其中有许多人对于新学说方面的问题还完全是陌生的。可以说,大会的参加者有三类:1)完全不知道新学说的人士;2)部分地知道它的原则的人士;3)有比较清楚了解的人士。最有理性和清楚了解新学说的人士,对于理事会上进行的辩论发生了很大影响,这种情况使人们非常满意。真正的公益原则所发生的作用,认为现今社会制度必然灭亡的信念,以及应用现有的一切力量去谋求自身解放的决心,都是非常巨大的。因此,我们有理由期待:六个月内,我国的劳动者阶级就会清楚地理解自己的真正利益,跟随那些马上就要掌握领导权,并会指出一条彻底

解放的道路的有理性的和情绪正常的同志们前进。

“现在，我向你们简单地叙述一下正在筹划中的伟大改革，这种改革将像黑夜里出现窃贼那样突然地实现，因为一百个人当中，甚至没有一个人略微知道即将来临的事情。这项改革将在不用暴力、不用流血，总之不用任何非正义行动的情况下进行。尽管上层阶级的优越地位是人民现状恶化的原因，就是对待这些阶级也要态度温和，因为我们知道，他们本身就是环境的产物；而这种看法也可以促使我们对他们采取温和慈善的态度；在对待他们方面，应当尽可能不表现出非正义的行为。我们计划在全国范围内采取一些措施，来使全体劳动人民都参加这个新的伟大组织；还打算使这个组织的每一部分都能知道其他部分发生的事情。任何形式的个人竞争都将停止，各种生产都将由全国的协作社来实现。我们早已知道，只要有一个业主同另一个业主竞争，就既不能改善与工人有利害关系的条件，又不能改善与业主有利害关系的条件。因此，除了为每个劳动部门成立全国的协作社以外，再没有其他的选择。这种全国性的协作通过行业的合并或结合的方式来实现。我们将保存分工和协作所提供的一切优越性。各行各业都首先成立联合的基层组织，它们应由人数足够进行营业活动的人员组成。这种基层组织称为区部，本行业的全体成员，都应当参加区部。这既包括直接生产财富的人，也包括促进知识的传播和福利的推广的人。区部应当每周开会一次，它们要选举代表参加郡部。郡部每月开会一次，它们要选举代表参加州部。在大不列颠全国，可以成立十个州部。州部应当监督本州内的生产，并向全国代表大会选派代表。全国代表大会大概要在伦敦召开。现在，我来告诉你们准备

如何把个人组织起来。我们打算把他们组成一个公司或工作组,而且要使与某种生产有关的一切部门,比如使与服装生产有关的成衣匠、靴匠、制帽匠、时装裁缝、女大衣裁缝组成一个公司。各种不同的生产部门都将按这种方法组织起来。这些不同的部门同设在伦敦的全国总机关保持联系。一切公开,对舆论界不保守任何秘密。成本和收入方面的一切账目都据实公布。大概为此要出版一种报纸,名称可以叫做《全国生产阶级大联盟报》,使每个社员都能人手一份。"

接着,欧文先生宣读了《先驱报》[①]最近一期中的几段,并对其中所讨论的问题和该报所表现的出色之处作了一番评述。他还简略地叙述了工人为调整工资和劳动所实行的一些措施;许多业主都同意这些措施。然后他指出:人们认为自己不属于任何一个生产阶级是可耻的时代就要来临;正在成长的一代的最高愿望,将是设法生产某种对于社会有用的东西;只有蠢人才会不顾利害关系而反对如此裨益于人类的改革。在研究现有的状况时,我们发现目前实际利用的人力比起社会拥有的生产力来真是小得可怜。如果把这些生产力利用起来,那么,生产财富的潜力是没有止境的。除了我们政府的无知以外,什么东西也不能妨碍从事生产劳动的人们享受一切可能得到的舒适。不过,我们不能再期待政府的支持了,我们要依靠自己。但是,我们不要对那些闲懒成性,甚至惯于危害社会的人采取非正义的行为。由于数百万被他们奴役的人

① 《先驱报》(*Pioneer*),最初是建筑工人的非正式机关报,后来成为"全国生产部门大联盟"的机关报,从1833年9月到1834年7月在伦敦出版。——俄译者

的一次伟大的行动，他们的一切奴隶和仆人都将在转瞬之间离开他们，使他们的子女不能再继续养尊处优，而要用自己的脑力或体力去从事生产劳动。因此，他们对此不能不伤心难过。他们的处境是可想而知的，不要嘲笑他们，而是要鼓起他们的勇气，叫他们相信自己，并对他们说："过去是环境使你们夺去了我们的一切，你们也果真把我们的一切都夺去了，而且抢掠了我们；但是现在，我们并不对你们进行报复，我们要在从你们的压迫下解放出来以后宽大为怀，同你们共享幸福，把自己的权利和特权也分给你们。你们以前利用墨西哥和秘鲁[①]的一切富源对我们实行暴政，而我们如今发现了更为丰富的矿藏，并用它来结束你们的专横。你们曾是主人，而我们曾是仆人，但是从今以后，再没有主人和仆人之分了。不过，你们的一切需要，你们的一切愿望，都将获得比在旧制度下更加充分的满足。"

我劝告一切有子女的人，要使你们的子女学会一种生产技能，因为有了技能和手艺，将比任何时候都处于更为光荣的地位。科学在不断减少对体力劳动的需要，但是因为体力劳动是工人唯一的谋生手段，所以科学在此以前制造了大量的灾难。近年以来，科学成就的运用竟使人们陷入饿死的境地。在我国，有许多人从早到晚累得筋疲力尽，饿得骨瘦如柴，因为营养不足而纷纷死亡。不

① 秘鲁和墨西哥，是两个拥有大量贵金属矿藏的地方，西班牙殖民主义者从十六世纪起开采这些矿藏，奴役当地的印第安居民，使他们陷入极端贫困的境地。殖民主义者和西班牙国王由于野蛮地掠夺这两个地方的天然资源，获得了使人难以置信的大量财富。仅西班牙国王通过"五一税法"，即征收值五抽一税，到 1603 年就从秘鲁榨取了六千万英镑。——俄译者

能叫体力劳动同科学知识所提供的生产力长期竞赛下去了;现在,已有一些伟大的发明被发明者本人束之高阁而未加应用,因为他们真诚地同情工人的疾苦。但是,只要实行上述的改革,这些发明就可以发挥作用,它们给社会的体力和脑力状况带来的好处将是无法估量的……

欧文1833年10月9日在合作社代表大会上的讲演词[①]

“我们集会的目的,是要做政府和立法当局早就应当做的事情,即要商讨关于财富的生产和分配,以及关于培养每个社会成员的比较完美的新性格的最好方式。为了实现如此良好的变革,我们要大量具备一切必要的手段,而且我们本身可以拥有它们,实际上多年以来已经拥有它们了。但是由于舆论的无知,这种可能性还没有被用来为人民造福。现在,舆论发生了彻底变化。现有的分配方式引起了普遍的不满。但是,只有生产阶级在准备建立可以给人人带来重大好处的新组织。这个组织的方案已经拟就,即将提交诸位审查。方案的讨论要求大家贡献出全部智慧。诸位在开始讨论所提到的优点时,应当抛开教派和党派的偏见,完全不要考虑个人得失。应当牺牲一切私人利益,而使它们让位于社会公

① 《危机》第7—8期,1833年10月19日。

1833年10月在欧文主持下召开的合作社代表大会,奠定了“全国生产部门大联盟”的基础。——俄译者

益。但是,如果我们本身不统一,那就不可能提出要把全世界都联合起来的制度。我们计划中的一切不完备地方,我们要立即修正;还没有拟就的事项要赶快补拟出来。我们也要对一切重要原则达成友好的协议。”

接着,欧文先生相当详细地叙述了现在就要求在社会制度方面采取新措施的某些物质条件,特别是机械方面最近取得的惊人成就。这方面的发明大大降低了体力劳动的价值,以致工人注定只能得到极少的生活资料,即过着饥寒交迫的生活。可见,机械方面的新发明结果成了一场大灾祸,但这还不是唯一的灾祸。主要的灾祸是主人掌握了权力和资本。机械生产力的增长所产生的另一个灾祸,同权力的垄断和分配的不平等有关。如果实行正确的措施,机械生产力的增长可以促进每个社会成员的幸福。为了实现这项对人人都有好处的改革,劳动阶级决定组成一个全国大联盟。这个联盟的下述草案,现在提交大会认真审议。然后,欧文先生宣读草案:

“机械、化学和其他各种知识部门一百年来获得的成就,使体力劳动现在变得不太需要了,所以从市场的观点来看,体力劳动的价值下降得比以往任何时代都低。但是,因为在现代的社会制度下,体力劳动是劳动阶级能够用来为本身和家属谋取生活资料的唯一手段,所以劳动的市场价格的这种下降,必然引起劳动阶级所抱怨的贫困的不断增加。农业和许多工厂生产部门的体力劳动的市场价格已经降到最低程度,而科学发明所造成的生产力却迅速地继续上升。结果,为市场而生产的行业很快就要发生危机,中等阶级和工人阶级以极其惊恐不安的心情估计这场危机即将来临;

这些中等阶级和工人阶级占全部人口的三分之二。同时,不能期待在现有的市场条件下,体力劳动能够在什么时候重新战胜科学知识所创造的生产力。

“因此,工人阶级为了自卫,不得不采取唯一可能的办法去改善自己的生活条件,即实行互相交换劳动产品的普遍制度,并由此使自己立即脱离非生产阶级而处于独立的地位。

“但是,这项措施由生产阶级普遍实行时,会对非生产阶级带来很大的困难和不幸,因为后者现有的名义财富将失去它的具有偶然性质的价值。而如果经政府赞同,在社会的上层阶级的帮助下实行这项措施,那就会对全体居民带来最好的结果。

“不过,已经不能向生产阶级的有理性人士隐瞒:居民的体力和智力以及他们的科学手段,受到了错误的指导,所以一切阶级在道德、政治和商业方面都注定要遇到巨大的灾难;这种灾难显然在增长,而它所引起的痛苦也极大,以致社会上的有理性的和情绪正常的人士产生一个打算最彻底地改革整个制度的真诚愿望,因为这种制度虽然称之为文明社会,实质上却是一种欺骗和伪善的制度。一切阶级都盼望这项改革立即实现,要求采取措施来刺激一切阶级为了这一目的而联合起来,希望尽可能使居民和政府都不因这一改革而受到任何损失,即使是暂时的损失也罢。可以用和平方式实现这一伟大改革的时机马上就要到来了。这是因为不久以前发生的非常政治事件[①],科学发明的迅速增多,家庭生活方面

① 这里显然是指英国辉格党政府对1832年选举制度改革之后蓬勃发展起来的工人运动的残酷镇压。——俄译者

的广泛利用科学成果，特别是在人的本性研究方面获得的成就，以及在良好社会制度研究方面获得的成就——都使欧美居民在思想上作好了准备，以迎接现在就要实行的道德、政治和商业方面的巨大的、根本的变革。

“这种变革现在就要在大不列颠开始，因为它有生产财富的巨大能力，而且这种能力已经大大超过居民对它的实际需要；而且，国家的生产力每大都在不断提高，同时这种提高的极限也是无法想象的。

“在社会现有的道德、政治和商业观念的情况下，这些生产力要起着越来越压迫生产阶级的作用，而不是改善他们的生活条件。然而，幸亏不列颠政府的整个机构具有足够的稳定性，而居民也具有足够的知识，可以使这场变革沿着最有利于所有阶级的方向进行。

“有些人将会怀疑，居民是否具备足够的知识在目前实现这项伟大的改造。但是，当人们看到工会现在实行的措施的时候，他们就会明白，居民已具备足够的理性和力量来实现上述的改造工作，而不想再把它拖延下去了。如果业主和政府不同这些工会的会员联合，不对所有这些措施给予全国性的合理指导，那么，会员们就可以在短期内取得全国规模的威望和权力。工会会员们已经明白：在销售他们所生产的产品时发生的竞争，是使他们贫困和每况愈下的主要的、直接的原因；只要他们各行其是，彼此敌视，他们就永远消除不了这种灾祸。

“因此，他们现在着手建立全国性的生产公司。每一个行业或生产部门，都将形成一个大型的公司或联合组织，以便把大不列颠和爱尔兰境内从事同样工作的一切人都吸收进来。每一种行业或生产部门，都要基于把它们联系起来的那种共同利益，同其他各种行业或生产部门建立联系；联系的形式是根据以劳动产品公平交换等价的劳动产品的原则相互交换它们的产品。同时，各个公司都要从节约和普遍有利的原则出发，只生产质量最好的产品。

“下一步是把业主和工厂主同工人和体力劳动者联合起来。当这两方面都充分认识到这种联合的好处时，政府不仅要感到必须同劳资双方联合，而且也会理解这种全国性联合可以给整个帝国带来好处。

“但是，最希望的是，这种全国性公司或联合组织的法令和决定从严格的公平原则出发，它们的目的只是为全体居民普遍造福，而毫不考虑任何集团的利益，即不考虑教派、政党或个别行业、工厂生产部门、某种自由职业的利益。

“不列颠的资源十分丰富，可以充分地，甚至广泛地保障人人丰衣足食。因此，居民在一切方面都应当得到公平的保障。

“但是，要改变这种理论上的严重错误同实践上的非正义和愚蠢结合起来的条件，只能通过一步一步地和一部分一部分地取得成就的办法来实现：使性格最低的居民上升一个阶段；然后，再使处于低级阶段和第二阶段的居民上升到第三阶段；接着，再使处于第一阶段、第二阶段和第三阶段的居民升到第四阶段，等等；一直到人人都成为有理性的和情绪正常的人，变为生产他们在至今尚不为任何人所理解的新条件下享用的财富的能手为止。这种新条件将比最有特权的阶级在我们所知道的人类历史各个时期存在过的社会制度下所享有的那些条件高出很多。

“为了在社会的所有阶层中实行这种逐步的改造而不使任何人受到暂时的损失,10 月 7 日在根据公平原则交易的全国交换机关召开的合作社和工会全国代表大会,提出了一项全面改组生产阶级的下述计划。

“根据道德原则组成的生产阶级全国性联合组织,应当在伦敦设立一个全国总机关,并设立若干管辖数个郡的州机关、郡机关和区机关。

“全国总机关应设主席和副主席各一人,由十二人组成的理事会,第一书记和第二书记各一人及其助理若干人。

“州机关应设主席和副主席各一人,由九人组成的理事会,书记一人及其助理若干人。

“郡机关应设主席和副主席各一人,由六人组成的理事会,书记及其助理各一人。

“区机关应设主席和副主席各一人,由三人组成的理事会,书记一人。

“区联合组织、郡联合组织、州联合组织和全国联合组织的成员,都有权投票选举各该级的负责人员。

“区联合组织所在区内的各种行业、工厂生产和职业部门的代表,应成为区联合组织的会员,区联合组织应当成为组织健全的基层组织,以维护这些行业、生产和职业部门的利益。

“区联合组织的代表应成为郡联合组织的会员。

“郡联合组织的代表应成为州联合组织的会员。

“州联合组织的代表应成为全国联合组织的会员。各级代表均应以票选方式产生。

“凡是为本组织的会员或整个社会生产财富、增进知识和创造福利而工作的人,或者愿意这样工作的人,并同意执行联合组织的章程和规则,都可以申请加入联合组织。

“应当指定一个州理事会拟定联合组织的章程和规则。”

这种联合体的目的,是由劳动阶级解决他们的全国性任务,以及使每个人都能够了解劳动界所发生的一切情况,并利用定期出版的报告每周互通声气。有几个行业已经组成共济团体,而大多数的行业仍然处在分散状态。同时,就是已经联合起来的那些行业,这样做也是从个体利益出发的。我们所需要的共济团体则是另一种,它要为全体劳动者的共同利益服务。

然后,欧文先生向大会报告说,他准备向大会提出一个文件,这是曾经公布的文件当中最重要的一个。这个文件表明,随着英国进出口的上升,换句话说,随着全国工厂生产和产量的增长,职工的贫困成比例地加深了。可以说,每个人的物质福利都相应地减少了。这个文件证明,在上一世纪末,英国的每人平均得到的产品份额为二十三英镑,而现在,这个数字已经减为十三英镑了。我们每年都提高了生产,可是产品的价值却逐年下降。我们的出口量比四十年前增加两倍,可是出口价值仍与从前大致相等。然而,我国的人口在这个期间至少增加了二分之一。欧文先生指出,这个论断是以政府的报告为根据的,因此是可以相信的。当这份文件被提出来的时候,毫无疑问,它会大大帮助人们擦亮眼睛,迫使他们同意我们对下列问题所持的观点:人们用什么方法才能保证自己的劳动得到公平合理的报酬,以及得到合理而有益的休息;他们作为从事生产劳动的人应当有什么权利。

欧文1833年12月1日在夏洛特街机关内的讲演词[①]

我出去了六个多星期。在这六个星期中，我在传播正确的原则方面所取得的成就，比最近两年所得到的还大。我们结识了许多新朋友，替新社会奠定了一个基础。全体人民都预感到伟大的变革，并希望这一变革在居于工商业国家之首的大不列颠开始，可是人们对于产生这一变革的本源持有各种不同的见解。有些人期待托利党来解救，另一些人则期待于辉格党[②]，还有一些人认为激进派将要负起领导责任。有些人指望依靠政治措施，另一些人指望依靠教会措施。有些人打算依靠高教派[③]，另一些人指望依靠其他教派。然而我们都知道，这些人谁也不会出来帮助改革。这种帮助只能来自工人阶级本身，因为只有他们在受苦，而且也只有他们能够实现这种改造。我早就盼望他们指出改革社会的途径，可是他们还不理解自己的真正利益。不过，我最近到外地旅行以后，确信在他们身上正确和有益的知识已经大大增加了……

① 《危机》第15期，1833年12月7日。参看本卷第216页注。

② 参见本选集第一卷第336页注①。

③ 英国的高教派，它是英国教会中的一个派别。参加这一派的“高教派人士”(high-churchmen)，大部分是高级僧侣和世俗贵族，他们力图原封不动地保持与天主教类似的英国信仰的外观。——俄译者

欧文1833年年底在里子的讲演词[①]

我经常同工人来往,非常了解他们,我也知道全国各地的工人生活条件。我看到业主和工人彼此非常仇视。实际上,这种日益恶化的关系给国家带来的困难,要超过其他任何东西。只有两种方法可以制止这种相互仇视和嫉妒能够产生的恶果。第一种方法是让工人从自己的伙伴中选出领导人员,并委托当选者办理现在由业主办理的事务,即管理一般的生产事务。但是,当我仔细研究如何才能成功的时候,又产生了另一种想法,即认为应当走另外一条比较简捷而且方便得多的道路。我发现业主和工人本来只有共同的利益,而由于无知,双方都没有理解到这种唯一的和共同的利益。但是我发现,整个说来,工人对于这个问题的理解要比业主好得多。我也遇到过许多业主坚定不移地承认这一点,确信必须彻底改变现有的一切制度,并把这项工作视为正义的事业。如果业主和工人分离,那么双方的力量都要受到损失,工人要获得独立,就要经过许多年。但是,如果把手艺、劳动和资本联合起来,那么,在几个星期之内,就可以把社会改革好。

双方的不平等是引人注目的。少数特权人物不仅掌握着资本所特有的一切力量,而且道德力量也在替他们效劳。左右舆论的道德力量在袒护着他们,也就是替他们的一切非正义行为辩解,把工人的不满和怨言说成是不轨和犯罪的表现。各种日报都可以为

① 《危机》第15期,1833年12月7日。

所欲为地发表文章反对工人。然而，如果它们打算报道真情实况，那么，它们撰写反对业主的文章就应当比反对工人的文章多得多。无论怎样，报道真情实况目前还不是一宗最有利可图的买卖。相反地，保护社会上富人的利益却被看成是名利双收的事情。

工人们辛勤劳动，可是他们的这种劳动得到了什么报酬，而且应当得到什么报酬呢？他们应当得到很好的住房，上等的家具，享受合理的教育和娱乐。如果不采取措施来取得这一切，他们就是地球上最大的傻瓜……

北美的情况大大超过了我们，那里表现出行动的真正决心，而不限于口头上的空喊。在那里，人们已经不满意十小时工作日的法律，希望通过保持原工资的八小时工作日的法律；在那里，正采取一些措施准备在明年3月以前达到这个目的。议会议员伍德先生在哈利法克斯发表公开演说，谈到解放黑奴的法律和国家拨款两千万英镑来实施这项法律[1]，使西印度群岛的黑奴得到了很多好处。这些黑奴现在每周的工作不超过四十五小时，而且会因此得到很好的食物、衣服、住房和患病时的医疗。难道可以不给白奴这种好处吗？难道白人的劳动不如黑人的劳动值钱吗？英国的劳动者很快会使全国人民相信，他们的解放也像黑人的解放那样容易实现，不管愚人们和不从事任何生产的有关人员怎样表示反对。

在许多地方，已经为新社会奠定了基础；也有许多业主同意与

① 英国殖民地西印度群岛在1834年实行的黑奴解放，只是空有其名，实际上并没有阻止继续从非洲输入黑人（虽然1807年就已明令禁止）和走私贩卖黑人（一直继续到19世纪中叶）。——俄译者

工人缔结协定。预计无论是业主还是工人,都会组成自己的联盟,派出代表互相进行谈判;那些不服从这种决议的业主将被排挤掉;任何人也不会去为他们工作,他们的企业将落到别人手里。

欧文向社会呼吁①

向社会而首先向议会的应届会议说的真话

在人类过去的全部历史中,还没有发生过比大不列颠和爱尔兰帝国议会的应届会议召开前发生的这次人类事业中的危机更为严重的危机。

在这次会议期间,应解决世界是否仍然要受与一切事实相矛盾的,从而也是虚伪的原则支配的问题。这些原则把人贬低,使人腐化,以致在许多方面把人降到低等动物的水平以下;这些原则使人类注定发生动乱和战争,进行欺骗和说谎;这些原则必然引起人们在平时和战时互相敌对,使人的一生从生到死,都过着充满毫无意义的经常的斗争、荒诞和灾难的生活。或者说,与一切已知事实相符合的真理的原则,在今年内就要战胜虚伪的原则,成为改革后的新制度的基础,成为受新制度管理下的人们的性格的基础。这种制度将完全符合人类的已经形成的本性,完全适应人类的改造事业,完全有利于把一切人都毫无例外地变成有理性、有思想和品

---

① 《危机》第21期,1834年1月18日。

欧文在向伦敦各大报社的编辑寄送这份呼吁书时,附函如下:“您如果是祖国的真正朋友,在道义上具有充分的勇气,并且不考虑党派的关系,就请您把我的下列呼吁书刊登在贵报的最显著地位。罗伯特·欧文。”——俄译者

格高尚的人;这种制度也将保证人人终生都拥有比他们在目前这种包藏着谬误和灾祸的没有理性的制度下高得多的智慧和大得多的幸福。

既然这个使一部分人十分恐惧而使另一部分人特别快乐的时代即将来临,那么,现在就应当向人人说明这个真理,因为人们只有在真理的帮助下,才能得到改造,甚至能够脱胎换骨,得到充满着经常不断的新幸福的再生……

现在,你们这些创造财富、知识和人类所渴望获得的一切东西的人,应当向全世界宣布:你们再也不想支持这种非正义、愚蠢和荒诞的无用制度了;你们从今以后要运用一切力量和才能去建立和支持一种新制度,这种新制度所依据的一些原则完全导源于自然界中到处出现的与人有关的那些事实。如果到处都从人的幼年开始就向他们灌输这些原则,那么,这些原则将保证人们一律公平相待,激励所有的人以最纯洁和最宽大的慈心对待自己的同胞,使他们以好心和善意对待人类大家庭中的一切儿童。

从事生产劳动的人,业主和工人,你们**应当完成**这项伟大的事业。只有**你们才能完成**这项事业。为了使不列颠治下的和全世界的无数受苦受难的从事生产劳动的人得到幸福,你们**应当去完成**这项事业。我衷心希望并且相信,你们**在今年结束以前把它确实完成**。

在你们的阶级当中,有无数的人日日夜夜忍受困苦和心怀忧虑,只要你们不去帮助他们,他们仍将日日夜夜如此。你们知道他们的这种困苦和忧虑吗?你们是不知道的!你们连这种不良的制度用来压迫最正直然而最无力自卫的居民的那些苦难的十分之

一、二十分之一,甚至千分之一,都想象不到。如果知道,你们就不能容忍这些灾难和这种非正义现象继续存在到今年年底了。你们不会这样,甚至它们继续存在的期限比这还短一半,你们也不会同意。你们不相信自己有力量在今后六个月内实现这一伟大改革吗?在你们要**联合**的时候,只要你们**愿意**,就能**联合起来**。谁能抗拒你们的**联合意志**呢?只要你们**始终不渝**,忠于在世界上推广真理和正义的事业,就是世界上的一切力量联合起来,也抗拒不了你们的联合意志。

然而,这不仅仅是你们的事业,这也是人类的每个代表的神圣任务。这是现在的人和今后世世代代人的共同事业。因此,如果我们这一代人**希望**在王国议会的应届会议期间开始实行人类事业中的伟大变革(这一代人也像你们一样希望这样做),那么就会要求在完成和实现这项伟大事业的时候,不使社会发生混乱或不安,不对任何一个人使用暴力。应当由王国,即大不列颠和爱尔兰的生产劳动者的每个联合组织向立法机关呈递请愿书,表示这种意愿。在请愿书中应当声明,必须立即审议这样一个问题:用另一种制度,即保证现在的和将来的各代人生活富裕、有知识、聪明和幸福的制度,来代替现存制度和消除它的一切谬误,是可能而合理的,是容易而有**很大好处**的。

要在请愿书里表明你们的意图,说你们向两个立法机关选派的代表都能够并愿意说明这种措施的实质,并能使拥有正常洞察力的人了解和明白这些措施;这样,两院的一切有理性和心地善良的议员都将会愿意表示赞同这些措施,并认为它们是正确的和有用的。

这种程序可防止各党派之间的利害冲突，把它们的争议引到合理而正当的方向，帮助两院节省讨论的时间；否则，在讨论一些意义很细小的问题上，即在讨论对你们和人类都毫无益处的问题上会浪费许多时间。如果议会不理解人类理性的实在可能性，拒绝你们的友好提议，轻视你们的请愿，那么，在议会辩论不创造财富和知识的人应当做什么的期间，你们就只有一个办法，那就是决心为自己创造财富和知识，并且暂时根据以劳动去交换经过公平计价和借助劳动券而易手的等价劳动的原则，彼此之间实行交换；这样，你们就可以安心等待，不创造任何财富和知识的人总有一天会了解，在最短期内改变现有的整个制度，无论是对他们自己，还是对你们，都有过着富裕生活的保证。

欧文1834年2月12日在夏洛特街机关内的讲演词[①]

欧文先生在会上发言，指出生产阶级可以轻而易举地和确信最后必然胜利地沿着富裕和幸福的道路前进的日子现已来到了。多年的经验使欧文先生相信：等待政府做任何事情，完全是徒劳无益的，因为政府本身就是什么也不生产的权力机关，并且认为工作者阶级处于奴隶地位对它有利。既然政府有这种想法，它就不会去领导解放工作。然而，就是政府改变了想法，它现在也不具备对于正确领导生产阶级去实现他们的伟大事业来说是十分重要的那

① 《危机》第27期，1834年4月1日，参看本卷第216页注。

些知识和经验。接着,欧文先生宣读了他在1815年写给格拉斯哥市长的一封信,以及当时他在这位市长主持的一次公众集会上发表的演说的摘要。演说的题材是关于当时的纺纱生产状况。据欧文先生回忆,他在这次演说中首次呼吁社会注意纺纱工厂的童工状况。欧文先生说:我现在还保存着就这个问题向议会提出的第一个法案的原稿;在我亲自走访两院的议员的时候,他们大部分人都答应支持这个提案。我提出的措施经过大量删除,而法案本身又在许多方面被大加修改以后,才用罗伯特·皮尔爵士法案的名义提出。经过三次会议的连续讨论,法案才被通过,但已面目全非了[①]。从那时起一直到今天,没有提出过一个与我的提案相似的提案。据说,最近一次会议通过的一个法案无法实现。可见,虽然这方面的立法已经有了十九年,可是我们的立法者仍然智力不足,想不出摆脱仅仅是这一方面的可怕灾祸的办法。如果我们按照这样的速度前进,那么,还得过一百年才能通过某些坚决的措施来改善生产阶级的生活条件。在这种情况下,产生一个重要的问题,就是工作者阶级对于自己采取措施来使自己确实摆脱现在的屈辱处境,是不是有了准备。我认为,他们是有准备的。他们最近几个月所获得的巨大成就,使我深信他们现在已经掌握了正确的方向,对于折磨他们的灾祸的原因有了充分的了解。因此,他们准备立即着手谋求自己的解放。工会组织已经遍及全国各地,而德比、约维尔、沃尔彻斯特和北部的业主压迫工会的试图,则是可资利用的良

① 欧文回忆起1815—1817年间为实行工厂法、缩短工作日和限制雇用童工而展开的运动,他曾积极参加这个运动。——俄译者

好事件，因为这向各个工会证明，根据“单则易折，众则难摧”的格言，它们单独行动是容易失败的，但当所有的部门都联合起来的时候，地球上就不会有能够战胜它们的力量。因此，欧文先生得出了结论，正如他衷心相信的那样，大多数工会也已经同意这个结论。这个结论就是：**一切工会应当联合起来，从今以后要像一个人似的行动**。然后，欧文先生谈到，他不想再对与会的人作预先的指示，免得妨害他们的行动。毫无疑问，他们都知道国王约翰颁布的大宪章[①]；把这个宪章称为非生产阶级的宪章不是没有理由的；早已应当给生产阶级也颁布一个大宪章了；我们将把这个宪章叫做“人权宪章”。然后，欧文先生宣读了这个宪章的条款，并在宣读过程中作了说明和解释。

人权宪章

创造财富和知识的人们决定不再把自己的时间和劳动用于次要任务的日子来到了，因为即使次要的任务解决了，也不能使他们的状况发生重要的、有利的变化。但是，从今以后，他们不再考虑本阶级的局部利益，而一心维护人类的共同的恒久的利益，把自己的一切精力贡献于实现本宪章所阐明的那些高尚目的和优点。

第一条　实行税率累进的财产税，税额应当满足政府的一切合理行政开支的需要。

① 国王约翰和他的宪章，指英国无地王约翰（1167—1216 年）及其签署的《自由大宪章》（1215 年）。大宪章标志着英国成立议会的阶级斗争的一个重要阶段。——俄译者

第二条　废除中央政府、郡政府和区政府所规定的其他一切的赋、税、捐。

第三条　人人都有进出一切国家的自由权利,而且这种权利受到保护;各国人民之间可以自由交换一切成就和商品。

第四条　禁止战争,一切国际纠纷都应当通过每年召开的大会解决,大会将轮流在各国举行。

第五条　对一切问题都有发表内心意见的自由,而且不受任何限制。

第六条　不承认某个教会占有统治地位,禁止利用世俗手段支持某一宗教;一切宗教应根据信仰自由权一律受到保护。

第七条　在全国范围内,对于一切由于某种原因而未能通过其他方法在体、智、德方面得到良好教育的人,实施科学的体育、智育和德育。

第八条　为了替世界上每一个人创造最大量的财富,应在全国范围内使一切不能用其他方法找到生产工作或有益职业的人得到工作。

第九条　一切阶级的儿童毫无例外地都应当受到这样的体育和智育,爱好这样的职业,即使他们既能学会为社会生产,又能学会向社会提出要求。

第十条　采取全国性的措施,使穷人和失业者立即得到有益的工作,同时要改造他们的情感和习惯,保证他们生活舒适和幸福。

第十一条　采取全国性的措施,以分配由于在全国范围内使穷人和失业者得到工作而创造出来的新财富,并使这种分配既有利于穷人和失业者，又有利于社会。

第十二条　只要财富的生产不超过每个国家人民的幸福的需要，各种商品与财富的生产和交换，就应有无限的自由。

第十三条　用增进美德和崇善向上的环境来代替目前生产阶级周围的罪恶而有害的环境。

第十四条　现已获得的私有财产，以及根据旧社会的惯例和习惯而占有的私有财产，在其所有主尚未发现这种财产完全没有用处和由于人人都能十分容易地生产丰裕的财富而不再具有交换价值以前，应被认为是神圣不可侵犯的。由于容易生产财富，积累私人财富的**动机**将逐渐消失，就像**蓄水**的动机在水源充足的地方将消失掉一样，虽然水是我们的一切财富中最有实在价值的东西。

第十五条　男女两性的公平权利应到处受到承认。

第十六条　各族人民代表大会应当规定，各国的儿童除了学习本族语言以外，还应学习哪一种语言。

第十七条　应当尽快地采取措施，以结束任何个人之间和国家之间的一切竞争和斗争。这种相争现象目前还很普遍，而且给所有的阶级都带来了无数的有害的灾祸。

欧文先生把宪章宣读和解释完毕以后，又提出并宣读了下列三项决议：

第一，任何法律、决定、惯例或行为方式，只要在应用时对国内或国外的**一部分**人有害，则对人类的任何一部分都不能认为在**原则上**是正义的，或在实践上是**长远**有益的。

第二，这次会议通过《人权宪章》，认为它表述了一切人的天赋权利,对人们很有益处,是目前人们的和平生活和繁荣所迫切需要的。因此,会议建议创造财富和知识的人们马上采取措施,以促使那些不创造财富和知识的人由衷地同意实施普遍适用于一切文明国家的上述权利。

第三,为了在最短时期内实现各国法律和习惯中的这种变革,创造财富和知识的人们应当把本宪章当作座右铭,为首先保证本国人民,然后为保证其他一切国家人民享受这些权利而奋斗不息。

多尔彻斯特的几个被判罪的人[①]

英国大部分居民很久以来就是每天靠二又四分之一便士生活。这些人都是劳动人民,他们创造着全国的一切财富。如果没有他们的劳动,贵族就简直会成为乞丐。另一方面,英国还有一些人从来不工作,就像他们的祖先许多代以来不曾工作一样。这些人既不创造财富,又不创造知识,可是他们每年的收入达十万英镑,有些人甚至达三十万英镑。这些人联合起来保护他们的利益,他们的联合不仅被认为是合法的,而且成了一般权利的产生来源。在这种情况下,如果不叫生产阶级也联合起来保护自己的利益,他们就要处于比现在和以往任何时代的各种奴隶更糟糕的地位。但

① 《危机》第31期,1834年3月29日。

多尔彻斯特地方的六个雇农,由于在“农业工人联谊会”的当地支部举行“非法”宣誓,而在1834年3月被法院判处七年徒刑。欧文和“全国生产部门大联盟”的其他领导者组织了争取撤销这项荒谬透顶的判决的运动,虽未达到目的,但颇受社会的好评。

欧文的这篇演说,是在1834年3月24日为讨论减轻多尔彻斯特的被判罪者的厄运的方法而召开的群众大会上发表的。——俄译者

是，你们今天的会议使我相信，你们的解放日子已经不远了；你们现已知道团结原则的伟大力量，你们已经明白你们解放的主要希望就在于联合和彼此互助。我们今天在这里开会，为的是给生产一切财富的人们创造新的权利。

你们都听说过有三个等级，即君主、贵族和平民。我们除非甘居第三等级，否则最近就应当自己成立第四等级。这个第四等级无论是同其余三个等级合并，还是同它们分开独立，都将成为所有等级中最有力量的等级。请问，如果没有你们，其余三个等级能从哪里得到生活资料呢？他们能从哪里获得力量呢？如果没有你们，他们怎能维持军队的给养，供应军队的装备和武器呢？但是，如果没有这种只有非正义的事业才需要的侵略性的斗争手段，我们就会强大起来。我们应当不分教派、党派、民族和肤色而联合起来。

应当达到两个伟大的目的，并由工会联合会来实现。这两个目的是：

(1) 每个劳动者都要有工作。

(2) 人人都要受到良好的教育，并有机会发展自己的智慧。

这两项任务应当由工会联合会来解决；否则，人们势必认为工会联合会不能为劳动者的利益立法。

在工会联合会内部，首先要让团结的精神居于统治地位，消除一切分歧和产生分歧的一切原因。在联合会里散布敌意的人是联合会的大敌。

然后，欧文先生提出第一项决议案，内称：

“按照会议的意见，从任何公认的正义原则出发，都不能认为多尔彻斯特法院最近对六名工会会员所作的审讯和判决这些做法是合理的。法院的这些措施对这几个普通的、正直的和勤劳的人来说,是严厉而残酷的,不论是法官或陪审员都对他们的行为作出了完全错误的解释。”

欧文留给人类的遗言[①]

(1834年3月29日)

毫无隐瞒地、不怀谬见或恐惧心理地献身于真理

五十多年以前我就发现,一种严重的错误根深蒂固地成为社会的基础,这种错误在制造灾祸,妨碍着幸福的实现;人从本性上显然要在某一发展阶段获得幸福,并且应当经常享受幸福。

从那时到现在,我从来没有间断过真诚而无畏地寻求可使我发现上述错误、消除灾祸和永远为善的那个真理。

我在找到这个真理的时候,曾经利用人所共知的检验真伪的唯一标准,即从真理必须与被证明过的事实始终一致出发,对它作过证明。现在我把这一真理告诉你们,使你们可以利用它来改造自己,使你们的思想革新,使你们的后代可以享受真理——而且只有真理才能保证人类永远得到的那种无限幸福。

我现在打算告诉诸位的这个伟大的真理就是:**世界各国据以行动的制度,是建筑在愚蠢的谬见、极端的无知或两者合在一起的基础上的。对这个制度所依据的原则作任何可能想到的改**

① 《危机》第31期,1834年3月29日。

革,都绝不会给人类带来什么好结果;相反地,这种改革的结果实际上将经常不断地产生越来越多的灾祸。因此,任何有理性而诚实的人都不能再忍受这种制度了。这种制度从其结构来说,必然助长各种各样的伪善和欺骗的发展。它支持伪善和欺骗,叫人们不信真实和诚恳,在有人试图用真实和诚恳来改善人类的生存条件的时候,它总是反对真实和诚恳。这种制度的整体都不具备任何可以补救本身缺陷的本质。它的所谓美德本身,就是严重的恶德。它的所谓善行,乃是粗暴的不义行为和欺骗行为。这种制度下所实施的教育是强化人们思想中的无知,并尽力设法使这种无知永久存在下去。它千方百计助长人们的惰性、刚愎自用和作无益之举,用尽一切手段压制勤劳、积极性和有益活动。它奖励迷信、虚伪和狂想,破坏真理、正确想法和理性。它制造和助长各种凡是人的本性所能接受的低级趣味和下流欲念。它使人的理性陷入完全混乱,纷扰不安,以至张皇失措的境地,这样一来,人就没有任何权利被称为有悟性和有理性的生物。它制造暴力、掠夺和屠杀,并把这种罪行当作高尚的美德来加以颂扬和给予奖赏。它的各种法律以个人和社会的粗鲁无知为依据。这些法律都极其残酷和不义,并与世上的各种偏见结合起来,为的是教人把显然真实和善良的事物叫做虚伪和邪恶的东西,而把显然虚伪和邪恶的东西,却叫做真实和善良的事物。简而言之,它想竭尽全力扶植一切能把大众引向罪恶和贫困的东西,也同样拼命地消灭一切能使大众得到真实知识和真正幸福的东西。只有真实知识和真正幸福的结合,才称得起善行。

大不列颠的居民,在获取财富、威力和幸福的事业方面,是现代各族人民当中最先进的,他们由于这种万恶的制度对于整个人类发生的可怕的不良影响,而制造出并且支持着一种直接反对帝国的每一个人(不管他们的地位、知识或生活条件如何,也不管他们是君是民)要求享受真实幸福和得到真正利益的治国理论和实践。这种制度的日益加深的错误,现在已经严重得迫使政府为了支持这个制度而天天采取最残酷和最不义的手段,并用正义和基督仁慈的法律来为这种行为辩解。

在这种制度下,懒惰、无益和品质恶劣的人管理着和平居民,而有益和真正善良(这种制度使人能够达到的那种善良)的人却受前者的凌辱和压迫。在这种制度下,那些每日每时都在毒害人的身体、破坏人的理性和把人性降到最低生存水平之徒,却得到公然的支持,为他们建立诱人的庙宇来表彰他们。在这里,怂恿人们去干一切可能干的坏事,去犯一切可能犯的罪行,同时还教唆人们去从事那种一贯的、最下流和最无道德的渎神行为。于是,一些用勤劳和善行自卫并保护自己的孤立无援的家属抵制这种可怕的不良影响的人,为了互相支援,为了互相鼓励,采取有理性的和善良的行为而团结在一起;他们立誓要这样做,并为了公共利益而用友爱的善良纽带联系起来。但是,这些人却像猛兽一样被人追捕;他们被投入使他们蜕化的监狱,受到荒谬绝伦的审判;一些无知而心怀偏见之徒认为他们有罪,对他们作了残酷的、卑鄙的和非常不义的判决。

勤劳的人们,有良好习惯的人们,你们再也不能沿着这条道路走下去了!我劝你们再也不能让无知、懒惰、刚愎自用和品行

恶劣的人来主宰你们和你们家属的幸福、生存和命运了；他们终生无所事事，只要你们也像他们那样歇工**三天**，就一定会使这些执迷不悟的人懂得，你们有足够力量可以马上把他们变成卑贱的奴隶，变成社会的被压迫部分，就像迄今为止他们把你们变成这个样子一样。

但是，现在活着的一切人都是这种万恶制度的多灾多难的牺牲者，全都值得怜悯。因此，你们在实现这一伟大而光荣的革命的时候，要尽可能不使任何人受到损害。你们可以轻而易举地达到这个最令人向往的目的。你们在自己的联盟①里，应当根据不久以前通过的那些原则行事；这些原则是理性的和正义的，只要你们的联盟存在，理性和正义就毫无疑问会使这些原则具有永久性法律的效力。

勤劳的人们，财富、知识和社会上一切真正有价值的东西的创造者们，把你们的力量联合起来创造一种合理的、以正义为基础的人类生活吧！在这种生活中，唯一的一种竞争将是比比谁能在生产中为人类创造最多的永久幸福。你们拥有一切必要的手段，只待你们加以应有的利用，就可以完成这一变革。最近一周发生了一些事件②，因此而造成的拖延，就是你们没有负起对自己、对你们的家属和全世界人民的最伟大责任。

有劳动习惯的人们，你们是社会上最正直、最有用、最宝贵的

---

① 欧文指的是“全国生产部门大联盟”。联盟的组织基础，是1833年10月在伦敦召开的合作社和工会代表大会上奠定的，它的章程于1834年2月通过。——俄译者

② 参看本卷第239页《多尔彻斯特的几个被判罪的人》注。

阶层,因为你们为社会创造着一切财富和一切知识,你们创立了“大不列颠和爱尔兰全国生产部门大联盟”,这个联盟是和平的盾牌。一切通晓事理、心地善良和有高度理性的人,不管属于社会的那一阶级,不问是男是女,现在都团结在“全国生产部门大联盟”的周围,而成为它的盟员。既然现在自腐并在腐人的制度的缺乏理性要求作出牺牲,那么,你们就应当自愿地牺牲你们在世上一切珍贵的东西,甚至自己的生命,而不让联盟解体或使它的权利受到些许损害。你们应当理解这一点。

为了你们,我也参加了你们的联盟。既然联盟的领导者今后也像起初那样,一贯表现明智和正义,既然联盟的一切活动都将通知社会人士,所以我决定全力协助我们的盟员和支持联盟。唯有这个联盟,才能防止不列颠帝国发生比以往规模更大的混乱、无政府状态和贫困。联盟已经是保护社会的一支实际力量,而且这支力量将一天比一天强大,因为各族人民很快就要仿效联盟,而在联盟的这种良好范例的基础上,人类社会历史中所完成的一切革命中一次最伟大的革命也将开始,迅速地发展起来,在全世界普遍实现。进行这一革命,不必流血,不使用暴力,不产生其他灾祸,而只通过能够说服人的道德影响。这样,各个人或各个民族将会很快了解,一切反对这种道德影响的企图都是毫无意义和没有益处的。

经验把这些重要的真理灌输到我的思想中,现在,我就把这些真理作为人与人之间能够相传的一份最宝贵的遗产传给整个人类。

欧文1834年4月27日在夏洛特街机关内的讲演词[1]

……上星期一举行的大会[2]，是伦敦工会组织的第一次公开的示威。工会以前对德比事件[3]所采取的各项措施，以及王国各地发生的各种罢工，都不是“全国生产部门大联盟”发起的。它们都是在联盟事先不知道的情况下，在联盟开始行动或准备行动以前发生的。但是，联盟的成员认为自己对那些在他们组织以外独立活动的人必须给予一切可能的援助与支持，这种援助和支持与他们的其他更重要的义务并行不悖。即使联盟在这些不太重要的措施方面连遭失败，这也只能使创造财富和知识的人们比没有这种促进因素时更加紧密地、广泛地和迅速地团结起来；这还会使他们迅速地得到合理而重要的手段，用来保证逐渐地改进他们的生活条件和不断地提高全体居民的稳固的福利。

为了拯救多尔彻斯特的六名兄弟而在星期一举行的盟员大会开得很好，成了到会盟员反对法院对这六个人所作的不义而无理的判决的和平示威。这向全世界显示出正在我国的创造财富和知识的人们中间迅速传播的新精神，以及他们开始实际应用的新

① 《危机》第4期，1834年5月3日，参看本卷第216页注。

② 1834年4月21日，“全国生产部门大联盟”的盟员在伦敦举行示威，有三万人参加。示威的目的，是向内政大臣墨尔本(Melbourne)勋爵请愿，要求赦免多尔彻斯特地方被判罪的六名雇农。——俄译者

③ 1833年11月，德比市企业主开始举行大规模的同盟歇业，这是他们进攻组织起来的工人的表现之一。——俄译者

知识。

联盟因此指出，它认为对这六个人所作的判决是不公正的，并且感到判决的非正义性。判决所追求的目的，主要是反对联合的原则本身，其次才是惩处这六名生活贫苦、心地善良而无辜被治罪的人。联盟也由此表示了它对无辜受难的人的同情，表示了它保护自己盟员的旨意，表示了要把它的原则和任务交付社会讨论的愿望，以及准备揭发各种秘密措施[①]，只要到了它一发觉这种秘密做法引起盟员不安的时候。大会也表明盟员相信他们的联合组织是合法的联盟，相信联盟是为了保护那些没有联盟就不能自卫的人，保护那些没有联盟就要受到只从他们的劳动和困苦中得到好处的家伙们的压迫和各种不公正待遇的人而建立的，相信联盟是为了把它的真诚愿望公诸全世界而建立的。联盟的真诚愿望是：把自己的事业掌握在自己的手里，本着有节制的精神谨慎从事，做到对各方面都有益处，不使用暴力而是怀着道德上的勇敢、仁慈和赤诚的精神。如果再加上坚持精神，这就能克服一切障碍，为全世界作出卓越的榜样。

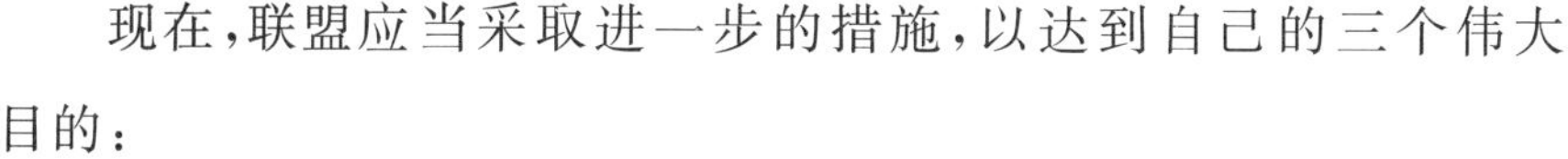

现在，联盟应当采取进一步的措施，以达到自己的三个伟大目的：

(1) 保证全体盟员经常有工作。

(2) 教育全体盟员。

① 欧文显然暗指下述情况：内政大臣墨尔本答应接受关于赦免被判罪的多尔彻斯特雇农的请愿书，但是有一个条件，即递交请愿书的代表团不能率领示威群众前往，而只能单独前往。——俄译者

(3) 为了达到上述两项目的，必须不问宗教和政治信仰的差别团结全体盟员，特别是团结联盟的领导人员。

目前，第三项任务具有最重大的意义，因为必须把目的和实施方法结合起来，团结联盟的一切力量来迅速实现联盟的各种措施。参加联盟的人职业各不相同，来自全国各地，具有不同的秉性和各种各样的品质，同时其中有些人最适于这种工作，而另一些人则最适于那种工作，但是他们都对他们联合起来要做的这一伟大事业缺乏经验。因此，必须经过一段时间，才能确定其中的每个人适于做什么，妥善地把他们安置到最有利于实现联盟的伟大目的的岗位。为了把各种条件互相结合起来，必须长期积累经验，熟悉大规模的社会事业。如果开始时在各种生产部门的工人中找不到很多具备所需品质的人，是不足为奇的，因为上层阶级，特别是那些一贯认为加重工人的劳动和减少工人的报酬对于自己有利的雇主，使工人长期处于无知和受压迫的状态。

但是，工人们在养成了互相团结，心平气和地解决自己的任务，耐心地听取不同的意见，并在一切场合下探寻这些不同意见的原因的习惯以后，便能逐渐地学会办好他们所承担的重大事业。这将培养他们去迅速而成功地达到世界上任何一个国务活动家过去所不能达到的三个重要目的。这些目的就是向一切创造财富和知识的人提供有益的工作，很好地教育他们，牢固地把他们团结在联盟里面。同时，人类应当通过一种完备的社会制度，以便取得这些重要的成果；这种社会制度要唤起人人愿意辛勤劳动，愿意积极参加实现对于享用的人很有好处，同时又有利于一切人，不会给任何人带来损害的条件。

我们应当事先指出宗教和政治的意见分歧以及个人打算历来所发生的破坏性影响,这些意见分歧和打算妨碍了为人类幸福而制订的最高尚和最善良的计划的实现。

我一点也不怀疑,联盟的领导者们都十分了解这些随着他们的成就的增加而在他们面前不断产生的障碍。他们作为知道事业的可靠成就决定于他们的谨慎和理性的政治活动家,将坦然而勇敢地迎接这些困难,并且准备用自己的智慧去克服它们,同时排除在前进的道路上可能遇到的其他各种障碍。

他们也应该考虑到,可能与一切不从事生产的阶级的顽固成见发生冲突。这些阶级在没有了解联盟的真正目的以前,将在一定时期内用尽自己的一切力量来阻挠联盟的胜利前进;如果可能,它们还会把联盟完全消灭掉,不过目前是没有这种的可能的。

从这些考虑和其他可能还要补充的许多考虑出发,我认为将来接受委托领导这一人类重要事业的人们,首先要注意防止自己内部发生各种意见分歧,特别要注意消除各种个人打算,因为个人打算会使他们难于履行伟大的、主要的公共义务,或者妨碍他们履行这一义务……

欧文致大不列颠上院议长答复他关于工会的演说的信[①]

阁下:我拜读了您的关于工会的演说词。据《泰晤士报》报道,

① 《危机》第5期,1834年5月10日。

这篇演说是 4 月 28 日星期一晚间您在上院发表的。演说中的下面一段话,反映了通篇演说的精神。

“上院议长从各界人士那里收到了关于这个问题的报告,特在这里感谢他们在报告里所用的亲切语气。这些报告的作者在报告里表示希望,无论谁敌视工会,他(上院议长)也不会是工会的敌人。现在,他要回答这项呼吁:他正是全国劳动阶级的忠实朋友,然而却是工会的敌人。他还要补充一点:任何最坏的事情,任何可能想出的损害劳动阶级利益和整个国家利益的最危险的举动,都不会带来像这些工会的存在所产生的害处的一半。”

阁下,这就是您所作的论断,从后果来看,这或许是您在议会内外公开发表的一切论断中的最重要的论断。

这个论断必然会把关于劳资之间的利害冲突和关于社会事业中的无理性和有理性之间的矛盾的问题十分清晰地摆在全世界人民的面前。您的论断将在永远有利于各国人民的情况下促使这个问题得到解决。

您可以理解,我对于您的论断只能作如下的答复,而不能再有其他合理和正确的回答。

经验使我完全不能同意您对工会问题的见解。我的坚定、明确而不可动摇的信念,就是认为“大不列颠和爱尔兰全国生产部门大联盟”是在古代或近代任何国家曾经建立的一切团体中一个最能保证在最短时期内使整个人类得到最重要而持久的幸福的团体。

据我看来,它是上天或自然指定用来迅速消除一切充满谬见、造成政治腐败、缺乏理智和正义的社会制度的力量。这些社会制度是由于我们祖先无知和没有经验而产生的,至今还存在于我国和其他一切国家中。

您对“全国生产部门大联盟”所作的评论,显然是从您对一些独立的、个别的工会所持的看法出发的。这些工会是由各种行业或职业的代表,为了在同业主发生小争执时保护自己的利益而成立的,因此常常走上了单独竞争的无知道路。但是,这样来评论“全国生产部门大联盟”的任务,您就无疑要犯重大的错误。如果关于多尔彻斯特工会会员事件向议会提出的第一次请愿得到了满足,如果根据请求成立一个由两院的议员组成的委员会来审查“全国生产部门大联盟”的原则和任务,那就不会产生这种错误了。

由于您不了解实际情况,而您所得到的一切材料又都是由一些**不生产财富**的人,即由一些对于生产和消费问题的知识恐怕还不如您阁下的人所提供的,因此我不得不认为,您容易地而且自然地对工会问题产生星期一晚间在上院发表的那种错误的看法。

您声称自己是劳动阶级的忠实朋友。我听到这句话很高兴,因为劳动阶级现在当然需要在您所归属的上流社会中拥有忠实的朋友。如果您能促进两院的有关委员会公正而全面地调查他们的案件,就是您对他们最诚挚的友好表示。这项调查应在这样的条件下进行:使饱尝现有制度给劳动阶级及其后代带来的沉重苦难的人们能够用自己固有的方式,毫无拘束地表达自己的情感;使他们有可能陈述他们由于贫困的生活条件日益恶化所遭逢的境遇。

阁下,您不要以为可以把解决这个问题的时间再拖延下去。英王陛下、政府和一切居民阶级的利益,都绝对要求本届内阁公正地解决这个问题,而如果它不想把这个问题提交立法机关或报界进行公开而认真的讨论,那就应当引咎辞职。

我已经说过,必须认为“全国生产部门大联盟”是我国和其他一切国家迄今所创立的一切团体中最有益和最有价值的团体。这一点,我现在仍然深信不疑,因为:

(1) 它将**消除**各种团体迄今在反对资本家的暴力和不义行为时**保密的必要性**,虽然资本家对那些为他们创造财富并保证他们过极其舒适生活的人们毫不同情。

(2) 它将废除在接受新盟员或指派盟员工作时所举行的一切可笑仪式和秘密宣誓,并向创造财富和知识的正直人们指出,理解自己所承担的义务的人只说一声“是”或“否”,就比任何冠冕堂皇的空话或荒诞的仪式有更大的约束力和高得多的价值。

(3) 它将结束各部门的罢工,并使生产领导者和工人的利益趋于一致。

(4) 它将消除生产质量低劣的产品的原因或工人技艺下降的原因,经过训练或根据工人的本性,工人是能够学会**高明的本领**的。

(5) 它将使一切愿意有高度工作效率的人能够得到这样的工作,并保证这种可能性的实现。

(6) 它将保证采取各种措施使劳动阶级的全体子女受到健全的、有益的、具有实用性质的教育。

(7) 它将保证随时充分供应能够以某种方式促使人类得到永久幸福的最有价值和真正有用的财富。

(8) 它将保证财富生产出来以后得到正当的、公平的、合理的分配。

(9)它将保护现有的私有者继续占有他们现在持有的财产。

(10)它将根除各国之间的战争和各种斗争,换句话说,就是根除那种为了少数人不当利益而使很多人遭到真正穷困和沉重痛苦的普遍掠夺和屠杀。

(11)它将在全世界范围内消除竞争制度,因为这种制度使某些人得到的利益过多,而使许多最应当得到好处的人得到的利益过少。

(12)它将消灭贫困的原因,消除社会生活中的贫困现象,使济贫税不必征收。

(13)它将保护品行端方的贫者和弱者,免遭道德败坏的、压迫他们的富者和强者的欺凌。

(14)它将使社会上的一部分人,即现在必然处于无知和堕落状态,而在现存制度下还要永远无知和堕落下去的人,变成有理性和有德行的人。

(15)它对人类的其他重大贡献还非常多,在寄给报社的信里把它们一一列出未免过繁。在这些贡献中,应当指出它将消除个人或民族之间的利害冲突和感情分歧,在民族或国家内部以及它们之间树立宽诚仁厚和真正友好的精神。除了"全国生产部门大联盟"以外,其他任何力量都不可能实现人类生活条件的这种伟大变革。

根据这些和其他原因(如果您给我机会,我可以滔滔不绝地说出许多),我不得不对这个联盟所能提供的和只有它才能提供的福利表示我的崇高的评价。因此,我竭力建议阁下大力保护"全国生产部门大联盟",并希望您建议英王陛下和各部大臣予以庇护。

阁下，不能再让闲散的人和勤劳的人之间、具有华而不实知识的人和具有正确健全理性的人之间继续进行极其有害的斗争了；如果斗争下去，恐怕也不会产生闲散的和具有华而不实知识的人现在可以指望的那种后果。

在创造财富和知识而**人数又每时每刻都有增加**的人们中间，一些理性较高的人开始认为，从培养人的良好性格的观点出发，不能把子女送到在旧社会条件下所创办的大学去学习；他们看出，由这种学校教育出来的人才，对整个社会生活的重大改革是最不中用的。

他们也开始考虑：断定人的行为**合法或非法**，现在只取决于政府；当局可以把**最令人愤恨的不义行为**宣布为合法的，而把**最值得赞扬的行为**宣布为粗暴违法的；当局正是经常这样行事的。根据我们昔日的交往，我深信并且希望：您，阁下，是能够这样行事的最后一个人；您会有先见之明，即不再使他人也这样行事了。

既然现在的合法措施不能成为将来的正义措施，所以我要建议人们采取教友会①的原则，在每个适当地区指派三位正直而有健全理性的人，以便对本地区发生的一切问题和纠纷作出最后解决，而不把它们送交法院按照法律处理。

如果将来仍然保存不仅无益而且非常有害的常备军，正像在大多数国家迄今所做的那样，只是为了保护游手好闲、没有用处和包藏祸心的人，并且压迫爱好劳动和心地善良的人，那么，我就要

① 公谊会或称教友会是一个教派，反对一般的教会组织，没有共同信条，不做弥撒，不设牧师职位。——俄译者

建议人们起来抗议,反对这样浪费和不正当使用我们用来创造财富、知识和幸福的宝贵力量;我还要建议人们像教友会那样同意支持这种不道德的措施,也就是说,只是在强迫的压力下才同意支持这种措施,以便使希望富有、仁慈、行善和积德的全体人民的思想和感情能永远为社会所了解和明白。

业主们由于他们现在所处的社会地位,变成世界上最残酷无情的暴君的事极为常见。如果他们只顾自己的利益,不顾工人的利益,我就要建议工人安静而和平地采取自己的措施,从自己的伙伴当中指派明智而能干的人士,来为工人的利益执行现在业主们为**自己的**利益所执行的任务。

根据目前的原则,一个人或一个家族依靠数十万名男工、女工和童工的沉重劳动甚至是屈辱性的奴役劳动获得数千英镑、数万英镑,在某些情况下甚至是数百万英镑;这些工人在天赋方面与他们一样,在智能、德行和体质方面往往甚至还高于他们,然而工作报酬甚低,刚够维持可怜的生活,不能进行任何改善和得到任何快乐。这种原则再也不能认为是有益或合理的了;我国和其他一切国家劳动阶级的有理性和心地善良的代表,再也不能服从这种原则了。保持这种情况,既不符合业主本身的利益,又不符合社会的任何其他部分的利益。只要这种情况存在一天,为整个社会创造的宝贵财富和有用知识的数量将是最少的,而且财富和知识的分配方式也是最有害于全体居民的幸福。

但是,为了不占用您更多的时间,请允许我请求您和您在其中担任要职的政府,放弃你们对于个别的、彼此孤立的和作用不大的工会所持的先入之见,开诚布公地审查“全国生产部门大联盟”的原则和任务。如果这样,你们自然就会发现:在理性的指导下,“全国生产部门大联盟”比大不列颠帝国各地现存的并受到社会支持的其他一切工会或联盟,更能防恶,更能为善。

阁下,我始终是尊敬您的朋友,如果政府采纳我提出的措施,我还会成为政府的好朋友。

罗伯特·欧文。

1834 年 4 月 30 日。

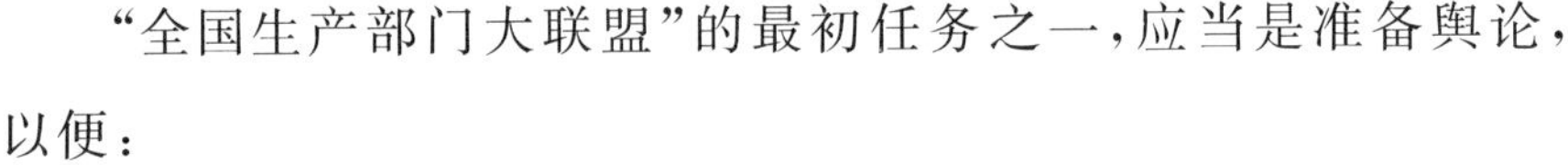

大不列颠和爱尔兰全国生产部门大联盟的初步任务①

“全国生产部门大联盟”的最初任务之一,应当是准备舆论,以便:

(1) 团结一切劳动人民和有理性的盟员,为争取劳动权和人道待遇而彼此协助。

(2) 使劳动人民和有理性的人同不创造财富或知识的人友好团结,以鼓励人人都积极促进人类的普遍幸福。

(3) 制定和采取有效的措施,使创造财富和知识的人能够保证社会的全体成员经常而充分地得到财富和知识……

毫无疑问,以前领导人类获取知识而不生产任何东西的人,由于科学的成就和以事实为基础的真正知识的普遍发展,不仅变成社会上无用的人,而且甚至变成极端有害于人类重大任务的解决

① 《危机》第 7 期,1834 年 5 月 24 日。

的人。正是这一部分人使世界处在互相欺骗和无知的状态,并在各国制造最严重的不义行为和各种形式的压迫,特别是对于那些供应他们所使用或享受的一切物品的人,以及对于那些供应他们各式各样的工具和手段使他们得以保持这种可悲制度的人。

人类中的这一部分人是我国和其他国家所要实行的一切重大和长远改革的真正障碍。只要社会的领导权仍属于不创造财富或知识的人,人们就得不到良好的工作,受不到良好的教育,不能为了自身的长远幸福而团结起来,不能成为有理性或有知识的人。不管过去的政权怎样,现在的政权都不能促进财富的生产、知识的传播和行政的合理管理。在现存的制度下,各国的政权都是财富生产和知识传播道路上的最严重的障碍。

在现有的社会制度下,即在目前条件必然存在的制度下,只能创造出数量极其有限的财富和知识,而且在这个有限的数量中,很大一部分是对社会只有很小价值的财富和知识。只要目前这种腐败的社会制度存在一天,人们所得到的财富甚至还不到居民能够创造出来的财富的百分之一,而所得到的知识甚至还不到居民可以掌握和发展的知识的百分之一。

但是,为了改变这种以错误的理论和实践为基础的可悲状况,首先要使创造财富和知识的人,也要使什么也不创造的人产生新的观点和感情,这样就可以清除不创造财富和知识的人在实现人类早晚要达到的最伟大进步的道路上所设置的障碍。

为了在双方之间的关系方面实现这种必要的目前所渴望的变革,为了在正义的基础上促使拥有资本的一方同提供劳动的另一方结成同盟,双方的态度都必须明确。

当然，通过吃苦耐劳和坚持不懈，创造财富和知识的人可以渐渐积累起为达到他们的目的所需的资本，完全脱离不从事任何生产的人。但是，不事生产的人还可能在一定时间内给从事生产劳动的人制造一些麻烦，运用他们暂时还能左右的旧社会力量去反对后者。不管怎样，如果双方现在能够真诚团结起来谋取互利，并立刻结束相互之间毫无意义的斗争和那种只能导致不事生产的人被消灭的竞争，这对他们双方都是十分有利的。如果现在能够使双方倾听理性的呼声，心平气和地讨论可以设想的利害冲突，并且真诚地希望找到在目前的新情况下对他们最有利的解决问题的办法，那么，他们很快就会发现：为了他们的重大而长远的互利，他们彼此强烈的愤怒情绪，应当缓和下来，以至最终完全消除；双方由于无知而现在用来相互攻击的恶毒的和侮蔑性的词句，都应当收起；双方在彼此的关系方面，应当考虑到终究要团结在一起，以便安然而有信心地充分享受那呈现在美好的人类之前的幸福。

依靠这种团结，不难达到“全国生产部门大联盟”的第三个伟大目的，也就是“制定和采取有效的措施，使创造**财富和知识**的人能够保证社会的全体成员经常而充分地得到**财富和知识**”。双方将会发现，将来拥有的资本大大超过需要，而合理运用资本所要求的才能和勤劳，也大大超过保证生产人类理性可望拥有或享有的一切东西所需要的才能和勤劳。现在，只把劳动人民的一部分体力，而且是很少的一部分体力用于生产有价值的财富，就连这一部分体力也没有得到良好的指导。同时，科学所创造的生产力只有很少一部分发挥应有的作用，而对于这部分生产力的指导，也是非常不合理的。

实际上,现在到处普遍应用的偶然制定的方法所得出的结果,同谋求整个社会普遍幸福和利益的全部措施中能够有益地指导人民劳动力的合理的、有步骤的办法所得出的结果之间存在着差异,这种差异远超过,甚至远远超过没有知识或者得到虚假知识和完全没有经验的人所能理解的范围。但是,人们通过直接的观察就能看到这种差异。

十分遗憾,在我们这个科学昌明的时代,仍然有人对于本身的利益、本身的幸福以及同胞的利益和幸福一无所知;还有人愿意支持这样一种社会管理制度:这种制度以显然不理解或歪曲最常见的确凿事实为基础,因而在原则上是虚伪的,而且每天都在实践中制造最有害的和最可悲的后果……

附录[①]（二）

《危机》杂志编辑部通知[②]

我们已对星期日晚间召开的会议[③]作了尽量全面的报道。但是，关于欧文先生提出的问题的某些重要方面，我们要推迟到下周刊出。最近，欧文先生表现出孜孜不倦的精神，获得了很大的成就。他的全部希望的实现，目前看来有了保证。现在已经看得很清楚，舆论正在转变，倾向于欧文先生许多年以来对社会问题公开发挥的观点；但是社会本身由于存在无知和偏见，而拒不实现迄今所提出的一切社会制度中的最好的而切实可行的制度，并且妨碍这一制度的实现。现在对于各种生产劳动的联盟很快就要建立这件事，可以用不着怀疑。这个联盟就像一个共和国，劳动人民将在其中受到尊敬，而游手好闲的人应当受苦，这全是咎由自取，因为除了懒汉以

---

① 我们认为，必须把这一时期可以说明欧文 1832—1834 年间活动的若干文件作为附录，列于欧文在《危机》杂志上发表的文章之后。这些文件即使有一部分不是直接出于欧文的手笔，但是它们无论如何受到了欧文宣传的显著影响。——俄译者

② 《危机》第 15 期，1833 年 12 月 7 日。

③ 参看《欧文 1833 年 12 月 1 日在夏洛特街机关内的讲演词》。

外,谁也不会受苦。在这个共和国里,社会将这样安排:各生产公司大规模地开展工作,任何一个人都永远不会感到自己受雇于他人,一切命令都由这些公司发布,一切工作都由它们分配,工资由它们支付,售货进款由它们收取,而工人则受到完全公正的待遇。这不是通常所说的“公社”,而是比现在要好的平等环境。这种环境能大大帮助穷人,使人们有空暇和志趣去讨论现在不能解决的一系列问题。这些问题之所以不能解决,与其说是由于问题复杂,不如说是缺乏善良的愿望和兄弟般的感情。有反常情绪的人不能公正地解决需要抽象判断的问题,而在目前,全世界的人都怀有这种情绪。

关于办理劳动产品的公平交换对社会的通告[①]

交换所的仓库定于9月3日星期一开始接受用来交换的商品。当天的办公时间为上午10时至下午4时;星期一以后到9月17日,则为上午10时至下午8时。

关于开办公平交易的交换银行对社会的通告[②]

种庄稼的、种菜蔬的、开工厂的、卖食品的、开代理店的、开货

① 《危机》第26期,1832年9月1日。

② 《危机》第21期,1832年7月28日。

栈的、各种批发商人和零售商人、手工业者，以及其他一切愿意用唯一能够使人们彼此公平利用产品的方式来支配自己的各种各样生产对象和贸易对象的人，即一切愿意按照劳动价值而不通过货币来用自己的劳动产品交换他人的等值劳动产品的人，请把你们的姓名和住址通知本行秘书塞缪尔·奥斯廷先生，并写明你们愿意按照上述方式拿出交换的一种或数种货物。可以亲自向本行秘书索取关于公平交易交换银行的一切资料。

来信务请贴足邮资。

罗伯特·欧文。

1833年建筑工人同业公会

关于成立全国建筑业协会的建议。本会定名为“全国建筑工人总公会”，由建筑工程师、工长、石匠、木匠、家具工、砌砖工、抹灰工、盖屋顶工、锡焊工、玻璃工、油漆匠、白铁匠、采石场和制砖厂工人组成①

本会的宗旨：

(1) 普遍改善建筑工人队伍所有成员的状况，保证他们人人经常有工作。

(2) 保证他们的工作得到公平合理的报酬。

(3) 规定合理的每日工作时间。

---

① 这项建议发表在1833年9月21日的《先驱报》，是欧文执笔的。我们是根据G. D. H. Cole, The Life of Robert Owen（柯尔：《罗伯特·欧文的生平》），1930年伦敦版，第325—326页所载的原文译出的。——俄译者

(4) 教育成年人和儿童。

(5) 举办优良的医疗救护事业,采取能够保证年老工人和残废工人过富裕的和独立的生活的各种措施。

(6) 协调整个工作,筹集足以达到这一切目的的公共基金。

(7) 保证按照公平合理的价格为社会营造高质量的建筑物。

(8) 为全体会员建造良好而舒适的住宅,建立宽敞而有良好设备的工场、建筑材料仓库、支部和中央委员会的会议厅、对成年人和儿童进行道德教育以及传授有益知识的学校和学园。

(9) 此外,在每个州总支部所在地区设立建筑银行。

实现本会的宗旨所需的资金:

资金至少一万五千英镑,由每个会员认购一股或数股,每股金额为五先令。会员人数已经很多,足以实现这项任务。

(1) 参加每一个建筑工人组织的工人,必须年满十八岁,并学过五年手艺。

(2) 每个支部都由选举产生的主席、副主席、司库、书记各一人和助理若干人领导。每个支部均从每十名工人当中选出一名工长,如有必要,可选举一名总工长或管理员。支部每周开会一次。

(3) 区部选举自己的中心委员会,办理本区事务。每个区中心委员会由主席、副主席、司库、书记各一人和助理若干人组成,他们都从支部成员中选出。

区中心委员会照管本区的建筑业务,每天办公。

(4) 十个区中心委员会合成一个州组织。由每个区中心委员会选出两名代表,组成州委员会。

每个州委员会设主席、副主席、司库、书记各一人和助理若干人，均从区中心委员会的代表中选出。

州委员会每三个月开会一次，听取各区中心委员会的报告，调整业务，审查本州的报告。

(5) 每个州委员会选举代表一名，组成设在伦敦的全国委员会。全国委员会选举主席、副主席和司库各一人。

全国委员会每年开会一次，讨论和决定本会的共同工作。

(6) 全国委员会主席任期三年（但有正当理由可以提前罢免），他有权任命若干助理人员组成常设委员会。常设委员会接受州委员会和区中心委员会的报告，每周在《建筑工人报》上报道王国境内有关建筑工业活动的一切重要事件。

(7) 选举时以投票方式表决。

1833年建筑工人联盟宣言①

联合王国各建筑工人团体代表的友好声明

他们在1833年9月24日于曼彻斯特集会，向不列颠境内的同行们发出这项声明

① 建筑工人联盟成立于1831年或1832年，它把以前由个别行会组成的一些全国性联盟统一起来，并吸收地方性的小规模工会俱乐部和工人协会参加自己的组织。联盟的理事会设在伯明翰，这里是欧文主义宣传的重要中心。1833年9月，欧文应邀赴伯明翰在建筑工人代表会议上作报告，并在那里领导了在集中制的基础上改组建筑工人联盟的工作。这篇宣言是欧文执笔的。我们根据 R. W. Postgate, The Builders's History, London, 1923(R. W. 波斯特格特:《建筑工人史》，1923年伦敦版)所载的原文译出。——俄译者

经过我们会议的充分而认真的讨论,我们得出结论:我们和你们都处于不合理的地位;那些不了解我国资源或不知道用什么方法才能有效地加以利用的人们所持的谬见,使各方面的真正利益都受到了牺牲。

我们在这个问题上看得一清二楚,我们发现我国的天然资源和人力取得的资源是无限的,几乎取之不尽,用之不竭,可是我们和一切劳动者阶级都成了那些指导着全国生产力的人的可悲谬见的牺牲品。我们本来可以成为有理性的人,然而他们却使我们处于无知状态;我们本来可以过着富裕的生活,然而却处于贫困的境地;我们本来可以团结一致,然而却在情感、心绪和利益上彼此分离;我们本来可以处于受全人类普遍承认和尊重的地位,然而我们却在语言、习惯、生活条件和社会声望方面落到最低等级,遭到大家的轻视和压迫;我们在利用国家资源方面对本国和全世界人民的贡献,本来可以大大超过以往实际做到的和在目前的谬误条件下可能做到的地步。现在我们明白,至今在建立我国的各种制度时为王国当局出谋献策的那些人,本身就不知道为建立和保持康乐和比较完善的社会制度所必须知道的那些基本原则。

我们知道了这种情况,可是一点也没有考虑如何改善自己的生活条件。我们也理解到:我们的最宝贵资源在全世界被无知地、毫无意义地浪费掉;我们的热忱、经验和无限的发明才能都被极其粗暴地引向错误的道路。我们并不对政府或某一集团抱有任何敌意,可是不得不做出这样的结论:谁也不会或者不肯使我们摆脱折磨着我们的巨灾大祸,而如果我们本身不开始认真地行动起来,不立刻采纳罗伯特·皮尔[①]爵士的“把自己的事情掌握在自己的手里”的忠告，还会有更大的灾祸落到我们头上。

我们决定接受这个忠告，因此成立全国建筑工人同业公会，以便在英格兰、苏格兰和爱尔兰以最大的规模建造各种各样的房屋。

建立我们所通过的制度和组织，我们就可以得到下述结果：

(1) 我们可以比任何工匠在个人竞争制度下所能达到的程度更加迅速地、坚固地、经济地为社会建筑各种各样的住宅和营造其他建筑物。

(2) 我们可以使全国建筑工人同业公会的全体兄弟及其家属不再成为社会的负担，因为他们在年老、年幼、生病或致残时都可以靠同业公会的公共基金来维持生活。

(3) 任何会员，只要他们愿意劳动，就不会没有工作，因为在社会上不需要他们的劳动时，同业公会可以利用他们来为会员自己建筑高级住宅和设备极其完善的其他建筑物，使他们本人及其妻子儿女能够经常生活在只会培养出有理性的、善良的、健康和幸福的居民的良好环境中。

(4) 我们能够按照会员为社会工作的能力和品行，替他们规定公平合理的劳动报酬或工资。

(5) 我们能够解决会员每天可能完成的工作或劳务的数量问题，使任何人都不会感到工作量过重，超过他们的体力或智力。

① 罗伯特·皮尔爵士(1788—1850年)是英国的国务活动家，托利党人，反对1832年的选举制度改革。选举制度改革后，他在托利党内领导为实现自由贸易原则而斗争的“皮尔派”。在他任首相期间，废除了《谷物法》。——俄译者

(6) 我们可以采取措施在不列颠境内各地改造我们的成年兄弟,使他们能够获得新的良好的志趣、习惯、技能和言谈举止方式,生活得更加高尚,能够成为自己的子女的榜样。这是把人培养成为优秀而积极的社会成员所必需的。

(7) 只要情况允许,我们就将采取各种措施,使我们兄弟的全体子女受到良好的指导和良好环境的影响,以便在他们身上培养起未来领导者的**意志、爱好和能力**,使他们在知识和道德方面都成为人类性格的最优秀的创造者或工程师,比至今世界上存在过的这类创造者都高明,甚至比一般能够想象到的都高明。

(8) 我们将采取各种措施,使实际财富的生产者的其他一切集团同我们团结起来,让他们自己、他们的子女、他们的孙子孙女也永远享受这种好处。

(9) 我们将简单明确地用自己的范例向全世界证明,生产超过世界各国居民需要的大量最宝贵财富是如何轻而易举的事;我们也将证明,把现在用来交换我们财物的人为的、不精确的,因而是有害的流通手段,换成公平的、精确的、因而是合理的实在价值的代表者[①],能为生产阶级带来多大利益(一切阶级很快就会明白,它们的利益在于从事高效率的劳动);我们还将证明,由于真正文明的事业得到这种重大成就,那些如今被归咎于人类本性的不良欲念、一切恶习和歪风邪气的产生原因,将逐渐不断地消失,直到它们自消自灭,不再为人们所知道为止,人们只在比较今昔情况时,把它们当作终能引起愉快感觉的历史回忆。

① 欧文所说的公平交换,指的就是以劳动价值为基础的交换。——俄译者

(10) 我们将通过这些方式和现在不难采取的其他方式迅速地打开一条道路，以便消除个人竞争、民族竞争、个人纠纷、民族纠纷、嫉妒、战争的原因，使人人都能得知真正的个人利益所在；我们也将由此不仅在建筑工人同业公会的会员中间建立和平、善意与和谐，而且仿效他们的榜样，在整个人类中间永远地建立和平、善意与和谐。

(11) 我们将保证现在一切建筑劳动部门的精通业务的师傅的社会地位，比他们在师傅同师傅、工人同工人的个人竞争的制度下所处的或可能得到的地位有利得多，而且巩固得多；我们也将打开一条道路，使他们为了本身的利益而真诚地、巩固地和永久地同全国建筑工人同业公会团结一致。

(12) 我们能够通过自己的新组织和实际活动的例子指出一些方法，借以把阶级的个别利益与共同利益结合起来，借以逐步地使一切人都变成"生产阶级解放大联盟"有用的盟员。

全国生产部门大联盟章程①

为使劳动者阶级有可能更有效地保障、维护和创制劳动权而成立的大不列颠和爱尔兰全国生产部门大联盟的章程和规则(1834 年)

第一条　参加本联盟的每一产业部门，都应在最适当的城市

① 我们是根据 G. D. H. Cole, The Life of Robert Owen(柯尔：《罗伯特·欧文的生平》)，1930 年伦敦版，第 191—196 页所载的章程原文译出的。——俄译者

或地点成立自己的总部,总部的内部管理工作由总主事、副总主事、总书记和管理委员会主持。

第二条　每个总部应设立若干区部,区部以所在城市的名称命名或称呼。

第三条　每个总部都是本产业部门的首脑机关,所以拥有一定特权;在其他一切方面,总部执行与区部相同的任务。

第四条　每个区部应吸收住在附近城镇的本产业部门的一切工人参加。区部应由主席、副主席、书记和管理委员会管理。

第五条　每个区部必要时可以设立一个支部或按顺序编号的若干支部。这些支部受设立它们的区部监督。

第六条　由数量不拘的上述各种总部和区部组成“大不列颠和爱尔兰全国生产部门大联盟”。

第七条　每个区都应设有自己的中心委员会,由本区内各个不同产业部门的区部各自选出一名或数名代表组成。区中心委员会每周开会一次以维护和保障联盟在本区的利益,每月向伦敦的执行理事会寄发本区的工作报告,同时提出它认为适当的建议。

第八条　全国生产部门大联盟的总管理权,属于由本联盟的各区中心委员会的代表组成的总理事会。总理事会每六个月召开会议一次,会议的地点由前一次会议决定。联盟总理事会的第一次会议应在1834年9月1日举行,会期视需要而定。

第九条　在总理事会休会期间,联盟由总理事会选出的五人组成的执行理事会管理。

第十条　新区部的成立,应经每个产业部门的总部或执行理事会许可或批准。关于成立区部的申请,应由本区的中心委员会提出，或由预定成立新区部的地区的至少二十名工人以联名呈文的形式提出。

第十一条　执行理事会保管和支配联盟收入的一切资金，调解罢工，购置或租用土地，开办消费品商店、工场等，以及办理与全联盟的共同利益有关的一切工作。

第十二条　用于上述目的的一切经费，由各总部或区部通过可靠而有信用的中介人送缴执行理事会。

第十三条　区部和总部有权支配自己的资金，从中留出执行理事会规定的各项提成。

第十四条　每个盟员通常每周应交盟费三便士。

第十五条　联盟的任何部门的盟员未经执行理事会同意，均不得为了**提高**工资而举行任何形式的罢工或怠工。但是，每当工资**下降**的时候，区中心委员会有权决定应否举行罢工；如果中心委员会不得不下令征收特别费，以支持这种因工资下降而引起的罢工，那就应当把这项命令下达一切支部，而首先是发生工资下降的那个区的支部。而执行理事会在接到关于这个问题的报告时，就应当研究这一事件，并发出相应的指示。

第十六条　在罢工或闭厂拒工期间，每周至少应发给每个盟员十个先令。

第十七条　一切支部都分成几个地方小组，每个小组的人数为二十人或二十人左右。

混合区部和辅助区部

第十八条　凡是区内某一产业部门工人人数过少，不能成立独立区部的时候,这一部门的工人可以参加本区其他任何一个产业部门的区部而成为联盟的成员。如果本区有几个产业部门工人人数都很少,那么,应当允许他们联合组成混合区部,同时为了扩大盟员的范围,应当允许他们向从事生产劳动的一切实际有益的工作者伸出友谊之手。

第十九条 为了使劳动阶级的一切公认的朋友能够参加联盟,可在王国的每个城镇成立辅助区部。每个辅助区部的成员都应当遵守本章程中的一切规定,并与普通盟员一样,应当服从"全国生产部门大联盟"的一切规则。他们无论在何时何地都绝对不得发表违反联盟的这些规定或利益的任何言论或文字。辅助区部的解散可按照本章程第二十二条的规定。

第二十条 如有可能,应在每个区成立从事劳动的妇女的区部。这种区部在一切方面都应被认为是"全国生产部门大联盟"的组成部分。

给因为闭厂拒工而被解雇者安排工作

第二十一条 凡是在罢工或怠工期间,有可能使盟员制造或生产为自己的兄弟(盟员或其他工人)所需而且准备购买的商品或物件时,每个区部都应当置备场所或作坊,以便能够生产这种商品或物件,把它们卖给应当采取措施供应必要物资的区部。区中心委员会在举行罢工的那个产业部门的总部的管理委员会的最高监督下,检查这些措施的执行情况。

第二十二条 每个产业部门的总部,在本产业部门的任何一个区部违反本章程、破坏公共秩序或严重玩忽职守时,有权解散它们。其他一切分支机构，如混合区部或辅助区部，也应一律服从这种监督。

第二十三条　总部和区部的内部管理工作和一般事务，由二十五人组成的委员会管理。委员以票选方式产生，并且要有参加选举的盟员四分之三以上的多数通过。全体委员每三个月更换一次，但是盟员有权改选。总部的总主事和总书记，区部的主席和书记，因他们的职务关系，是管理委员会的当然委员。

第二十四条　联盟的每个总部，都是有关本产业部门一般情况的报道中心。每个区部在每月月底同本部门的总部联系，报告区部的盟员人数、他们在本区所做的总劳动时数和本部基金的收支状况，提出认为对总部可能有用的一切地方性或一般性的资料。

第二十五条　每个区部的管理委员会，每周应至少用一个晚上开会讨论日常工作，如有必要，可以多用几个晚上。

第二十六条　每个总部或区部，每月应至少用一个晚上开会；在这种会议上，向盟员报告管理委员会的上月工作，公布基金收支清单，作出关于本部的一般状况的报告，提出管理委员会认为应当提请会议批准的建议或规章草案，介绍对盟员有兴趣的各种情报或通讯。一切新的负责人员都在本部的会议上选出，而盟员提出的一切申诉，也要在这种会议上审查和讨论。

第二十七条　在总部和区部，应由总主事或副总主事，主席或副主席，或者正副手两人共同主持一切会议，维持会场秩序，根据盟员的意见、愿望说明和提出问题，把决议提交表决，并付诸实施。在总部或区部开会时，盟员在对他们提出请求时应称呼他们的职名。

第二十八条　凡是与本产业部门没有直接利害关系的问题，都不应当在管理委员会或本部的任何会议上讨论；在管理委员会或本部的会议上，任何提案未经提案时出席人员四分之三以上同意，不得通过，而在决定问题时，如果有人要求投票表决，则应当照办。管理委员会的法定开会人数不得少于五人，但必须事先以适当方式向其他委员发出开会的通知。任何一个总部或区部，如盟员不足三十人，便认为不复存在。

第二十九条　每个总部或区部，都有权成立讨论或执行与它有利害关系的任何事务的小组委员会，而且总部或区部的主要负责人，是小组委员会的当然委员。

关于书记的工作

第三十条　总部或区部的书记的职权如下：

参加本部和管理委员会的会议，担任会议的记录，而且要记在专用的记录簿里。

处理本部的一切来往书信；登记愿意参加联盟的人员的姓名和住址，收取入盟费并把所收款项登账以后，发给他们到指定地点举行入盟仪式的证明。

收入盟员的各种缴款，把数额记入小账册，而且要对缴款人编号，从第一号起依次编列，发给每个缴款人载明他的盟费和缴纳数目的证件。

把一切额外的每周缴款和各种捐款记在专门的账簿里；然后，把盟费和各种缴款过入特设的总账里。

书记每周应当得到适当的薪金；如果工作繁重，书记可以配备一名助手。

每个总部或区部的书记应当每两周结账一次，而管理委员会应当检查账目，认真审查各项收支，仔细核对。在确认账目无误以后，管理委员会的三名委员应当在结出总数的那一页账上签字证明。

接受盟员

第三十一条　管理委员会可以指定本部的任何一个负责人或盟员主持接受盟员的仪式，并保管举行入盟式用的服装及其他物品；管理委员会可以为此对这些人规定适当的报酬。

凡是愿意参加联盟的人，都应当提出两名可以证明他的品格和真正职业或行业的证明人。

支部

第三十二条　支部每周应当利用一个晚上在适当地点开会。任何提案和规章草案等等，在没有最后决定向总部或区部提出以前，都可以在这种会议上由盟员预先讨论。

第三十三条　每个支部的盟员有权选举主持支部会议的主席，以及为总部或区部收取盟费或特别费的书记；他们也有权出席管理委员会发布指示和通报情况的会议，转报本支部的建议和申请等。支部的负责人员可以得到薪金或报酬，但要取得支部成员一致的同意。

监察员及其他

第三十四条　为了辅助本章程规定的上述负责人，每个总部或区部可以设立监察员、内部纠察员、外部纠察员和指导员；他们的主要职责是参加新盟员的入盟仪式，防止局外人参加会议。这些人员的选举方式和选举时间，与其他负责人相同。

其他规定

第三十五条　任何盟员如在支部中行为不端应被开除；盟员如果有六个月以上不交盟费，也应被开除盟籍，但是管理委员会认为这种滞交有正当理由时除外。

第三十六条　《全国生产部门大联盟报》是执行理事会的正式机关报和联盟事务的主要消息来源。

第三十七条　每个总部或区部都应当在尽可能短的期限内采取措施筹划资金，以便设立图书馆、阅览室和其他可以使盟员见面进行友好交谈、互相学习和合理娱乐或休息的场所。

第三十八条　只要有可能，每个总部或区部都应当在本地区设立一个或更多的食品和日用品仓库，以便向盟员供应优质商品，而价格只略高于批发价格。

第三十九条　每个总部或区部都应当尽力设立用来接济患病或年老的盟员和支付死亡盟员的丧葬费的基金。这项工作应根据互助会所采取的原则进行，而且这项基金要由愿意参加互助的盟员缴纳少量月费集成。

第四十条　每个总部或区部都有权对本章程未作规定的事项

制定本部的规则，但是不得同本章程的任何条款抵触或者有分歧。

第四十一条　任何一个盟员，不做出规定的暗号，不拿出证明他具有盟员身份和他不曾滞交盟费超过一个月（而且未经管理委员会许可）的文件，都不得参加各级的会议。

第四十二条　对所收进的款项，每二十英镑应指定一名司库保管。这些司库，只有见到由管理委员会的至少三名委员签字的书面命令，而且这项命令是由书记或其他负责人转来的时候，才能支付款项。

第四十三条　书记保管的用于日常开支的金额不得超过三十英镑，而如果没有管理委员会由至少三名委员签字的专门命令，不得支付任何费用。

第四十四条　每个盟员都应当竭尽全力用开诚布公的说服的方法，发挥示范作用的影响，劝导自己的朋友参加联盟，而绝不要使用威胁或暴力手段。每个盟员都应当力求通过这种方法不使一个工人留在联盟之外而到劳动市场上去竞争。由于目前还没有做到这一点，所以企业主能够抵制盟员的要求；如果没有一个工人留在联盟之外，企业主就无法降低劳动的价格。

第四十五条　每个盟员应缴纳三便士的入盟费，作为公共开支之用；入盟费应当上缴执行理事会，每月一次。

第四十六条　虽然联盟的目的首先在于提高工人的工资，反对工资今后有任何下降，要求缩短工作时间，但是联盟的主要的终极目的，应当是采取一些措施，使社会上的无知的、寄生的和无用的人实际上不可能再像现在这样由于错误的货币制度的作用而有权支配我们的劳动果实，以便确立基本的劳动权和人权。因此，盟员不要放过任何一个机会在建立**另一种秩序**的事业中互相支援和彼此协助。只有在这种秩序下,社会上的真正有用和有理性的人才得以管理社会的事务,受到合理指导的劳动和善行才得以享有公正的荣誉和报酬,而懒惰的恶习则将遭到应有的轻蔑和耻笑。

第四十七条　由各区中心委员会的代表组成的总理事会,有权重新审查、修改或取消本章程所列的条款。

附录(三)

罗伯特·欧文

〔苏联〕维·彼·沃尔金

一

18世纪末和19世纪初,是英国社会劳动阶层历史上的最艰苦时期之一。农民群众失去土地,小生产者由于产业革命而沦为无产阶级,这便在英国造成了就当时来说是很大的一批失去个人生产资料而靠出卖自己劳动力为生的人。虽然资本主义大工业正在蓬勃发展,但是从农业和家庭手工业中腾出来的劳动力,仍然超过资本主义大工业对它的需求。新的工业技术设备使广泛使用女工和童工成为可能,因而更加削弱了工人反抗资本主义剥削的力量。另一方面,刚从自己的机房或田地来到工厂的工人,还缺乏后来使他们能够反抗企业主和争得劳动条件相对改善的那种组织性。英国当时没有在产业革命所创造的新条件下保护雇佣工人利益的法律。英国的立法不承认结社的权利,认为罢工是违法的"阴谋"。对雇佣劳动的毫无限制的剥削,在18世纪和19世纪之交,达到了前所未闻的地步。

1793年,英国同经过资产阶级革命的法国展开持续多年的战争。在二十年的时间里,英国领导着欧洲大陆保护封建制度的专制国家的联盟。在进行这一具有反动历史作用的战争的同时,英国的内政也极为反动。战争时期颁布的镇压性法律,力图压制社会下层群众对于他们的悲惨经济状况的一切不满表现。但是,无论法庭或者死刑,都不能消除由农民失去土地和产业革命所引起的国内矛盾。战争不仅没有缓和这种矛盾,反而加深了英国内部的困难,引起赋税加重和食品价格上涨。群众的积愤沸腾起来,在工人阶级中间表现得最为强烈。英国著名诗人骚塞在英国与拿破仑战争最激烈的时候,就指出有爆发革命的危险。保守派分子骚塞对于农民并不特别畏惧,因为他认为农民不够积极,而要发动他们起义,必须有特殊的条件。工人的情况就不同了。在骚塞看来,工人一向爱“捣乱”。工人毫不尊重上层阶级。工人的政治觉悟大大高于农民。骚塞认为,如果工场手工业制度继续发展,而工人数目又不断增加,革命就势不可免。

惩罚和恐怖并不能把无产阶级和无产阶级化群众的自发性抗议运动完全镇压下去。在战争期间(1793—1815年),资本主义企业的工人曾多次罢工,纺织工业和矿山工业的罢工声势最为浩大。1811—1812年,反对使用新机器的运动达到了最高潮。1812年,政府向议会提出一项法案,规定对破坏机器者处以死刑。在上院讨论这项法案时,拜伦出来为工人辩护。但是,他的论据当然动摇不了政府的多数派的立场。法案被通过了,于是1813年,有十八名工人因为破坏机器而被处死刑。

1815年,战争结束了,渴望已久的和平来到了。然而,和平并没有改善劳动群众的状况。继战争的年代而来的，是工农业萧条的年代。对军事物资的需求急剧减少；出口的增加也弥补不了上述需求的减少，因为所有的参战国都已经民穷财尽。失业多，工资低，赋税重——这一切激起了1815—1820年间的革命情绪的新高涨，使社会斗争和政治斗争急剧地尖锐起来。1816年，英国再次爆发反对使用机器的运动。第二年，即1817年，又发生了许多次不同性质的自发性运动，其中既有粮食风潮，又有捣毁庄园和游行示威事件，甚至有人试图举行起义。1819年，运动达到了最高峰。

1819年夏，伦敦和其他大工业中心纷纷举行人数众多的群众大会。1819年8月，兰开夏郡的工人在曼彻斯特举行了声势浩大的群众大会。政府怵于运动的规模，便决定使用恐怖手段加以镇压。8月16日，政府军队无端地攻击在曼彻斯特附近圣彼得广场集会的手无寸铁的工人。十一人被打死，数百人受伤——就是这次无端攻击和平示威群众的结果。圣彼得广场的血腥屠杀，在历史上称为“彼得卢之战”（因为调来攻击工人的军队，曾在滑铁卢与拿破仑的部队作过战），它成了政府加紧镇压一切反对行动的导火线。英国政府通过议会，实施了一些禁止军事操练和携带射击火器、限制集会权利和出版自由的法律。

从某种意义上来说，1819年的运动是英国工人阶级历史上的一个转折点。这一年的示威运动，表明工人阶级已经作为一支独立的力量登上了政治舞台。这时的英国无产阶级还没有完全认清自身的阶级利益，还没有提出社会主义的要求。但是他们已经明白，他们亲身受到的痛苦和贫困，都同现存制度的基础本身相联系。除了提出经济性质的口号以外，他们还提出了一些成为宪章派纲领的先声的政治口号，比如提出了实施普选权、每年举行选举和无记名投票等口号。

*　　*　　*

英国最伟大的空想主义者罗伯特·欧文的观点，就是在这种社会政治环境中形成的。

欧文在1771年生于一个小资产阶级家庭，从十岁起就开始独立谋生，在一家小商店当学徒。在产业革命的条件下，他很快崭露头角，表现出巨大的组织才能，不到二十岁就当上了一家纺织厂的经理。1800年，欧文在新拉纳克(苏格兰境内)管理一家大工厂。在新拉纳克的活动，使欧文声名远播。欧文后来说，在产业革命时期发家的新兴资本家，是英国社会中最丧尽天良和最不学无术的人。同这些人相比，欧文就十分突出地表现出是一位慈善的工厂主。用他自己的话来说，他的任务是“寻求改善贫民和劳动阶级的生活并使雇主获得利益的方法”[①]。

为了达到这个空想的目的，他采取了一系列措施来消除工人的劳动条件和生活条件方面最难以容忍的缺点：他改善了工人的消费品供应工作；创办了模范小学、托儿所、幼儿园和伤病储金会；把每天的工作时间缩短为十小时四十五分钟，这在当时的英国来说，是很了不起的事情。欧文的模范工业企业的盛名广泛流传开来。不仅在英国，而且在欧洲大陆，人们都开始谈论新拉纳克的“实验”的成绩了。

欧文采取的慈善措施虽然十分广泛，但是取得的成就并没有使他自己感到满意。尽管欧文所进行的各种实验丝毫没有使新拉

① 《新社会观问答》(以下简称《问答》)，见本选集第一卷第198页。

纳克工厂的收入少于同类其他工厂，可是欧文的创举却没有得到其他企业主的响应，甚至没有得到他的合伙人的同情。1815年，欧文提出“人道的工厂立法”的思想，并由此展开了更为广泛的活动。欧文的方案甚至在它一开始提出来的时候就是非常温和的。他要求禁止雇用未满十二岁的童工，规定十二至十八岁的工人每天最多工作十二小时，包括一小时半的休息在内。一直过了四年，即到1819年，在企业主长期反对之后，才由议会通过了一项内容已大大经过阉割了的童工法。

1817年，欧文热烈地参加关于失业及其消除措施问题的讨论。他在关于这个问题的报告中，反对各种各样的治标办法，而提出一个“治本的”空想计划：在不摧毁现存制度的基础的情况下，通过成立劳动新村或劳动公社来根除失业现象。欧文确信，这种消除失业现象的办法不仅有利于失业者，而且对政府和统治阶级也有好处。据欧文的计算，为了建立这种新村，对每个失业者需要花费八十英镑。欧文写道，在现行的制度下，社会为每个贫民所花的钱比这个数目大得多，而且对贫民本人和社会都没有带来任何好处。但在新村里，贫民能够养活自己，抚育他们的子女，以后甚至可以归还社会为建立新村所投入的资金。

在1817年的报告里，欧文宣传劳动公社是消灭失业的手段的思想。但是，这个思想在他的意识中不知不觉地发展成为一项根据新的原则改造整个社会的计划。在他看来，公社制度是完全符合人的本性的制度。在继这个报告之后写给伦敦各报的信里，他已经从这个论点作出实际的结论。他把公社说成是一种“新社会体系”。他承认，大批成立起来的公社对于现存制度是危险的。但是,社会如果认清自己的真正利益,就一定会促使新设施代替有害的旧设施。用欧文的话来说,计划将保证“**全人类**的幸福”[①]。由此可见,早在1817年,欧文的著作就已经提出他的理想社会体系的主要论点。1820年,这个体系具备了完整的形式。

欧文的宣传得到了激进知识分子和熟练工人中相当多的一部分人的拥护。但是,这还不是他宣布“新体系”所指望达到的目的。一个具有实践才能的人,需要的是实际的成就。为了用范例证明自己的思想切实可行,欧文决心建立示范性的公社。1824年,他抱着这个目的前往美国,在那里同他的信徒们建立了“新和谐”(“New Harmony”)共产主义移民区。欧文的很大一部分财产都在这次实验中花掉了。如同在资本主义世界内部建立共产主义基层组织的其他尝试一样,这次尝试也完全失败了。四年之后,即1829年,欧文回到英国。

从欧文开始宣传“新社会体系”以来的十二年间,英国发生了巨大的变化。英国的工业经历了一个高涨时期。产业资本的比重增加了。地主和商人寡头统治的旧制度开始出现裂缝。这在国内政治生活方面表现为向自由主义转变。这个时期给工人阶级带来的东西,是废除了禁止结社的法律,政府的恐怖活动有所收敛。工会可以合法存在了。就在这一时期,工人合作运动产生了,它在一定程度上与欧文的宣传有关,但在后来得到了独立的发展。

欧文遭到一系列的严重挫折回到祖国的时候,已经是将近六十岁的老人了。可是,他绝不愿放下武器。经过短期了解新的情

① 《问答》,参看本选集第一卷第206—212页。

况以后，他又以年轻人般的热情开始宣传活动。这一次，他从工人运动的各种新形式中去寻找实现自己目的的支柱。他积极参加从产生时起就受到他的思想的一定影响的教育组织和合作组织的工作，并从1832年起出版《危机》杂志，专门宣传合作社和交换市场的思想。按照他的计划，合作社和交换市场将会使劳动人民摆脱商人的中间剥削。1833—1834年，他提倡把所有的工人组织联合成为一个统一的全国性联盟。他不只进行口头和书面宣传，还亲自参加创立交换市场和"全国生产部门大联盟"的活动，并且在这些组织中为实现自己的理想而奋斗。

欧文重视合作社和交换市场，首先是把它们当作实现他的社会理想的可行途径。因此，当感到实际的运动不符合他的计划时，他就在1834年以后离开运动，又去直接宣传普遍的和平改造社会的思想。从1834到1858年，即从他六十三岁到八十七岁期间，欧文办过多种杂志，出版了几部书和很多小册子，到处作报告和发表演说，利用一切机会宣传他的"新道德世界"的优点，抨击当代现实的罪恶和紊乱。在他生平最后的岁月中，欧文的运动具有纯粹的宗派主义性质。

只是死亡才使欧文停止了宣传。他在病重体衰，已经不能独自登上讲台的时候，还试图作最后一次讲演，但是这次讲演由于气力不足而没有讲完。

二

欧文的社会学说的主要论点，可以说在1820年以前就已经完全形成。1832—1834年他参加工人运动，给他的关于实现社会改造的方法的认识带来了某些新的特征,但并没有影响他对于人类社会的看法,即没有影响他对于人类社会中占统治地位的罪恶的起因的看法,以及关于应当由新社会体系代替现存制度的看法。以后二十几年,欧文只是把他思想中早已形成的体系加以更精确和通俗的说明而已,有时略加变动,有时补充一些新的论据。

虽然阶级斗争在他的周围展开,虽然他曾多年接近工人组织,可是他在社会理论方面一直到死还是一个唯理论者,始终是18世纪启蒙运动者的忠实信徒。早在他的第一部名著《论人类性格的形成》(1813年)中,欧文就肯定社会所遭受的苦难,是由"我们祖先的谬误"①、统治者和被统治者的无知所造成的。在欧文看来,谬误和无知是一切罪恶的根源,而理性和知识则是幸福的源泉。归根到底,他把人的一切道德上的缺陷,都归结为愚昧无知②。在他著书立说的全部活动期间,欧文始终坚信这一"简单的真理"。根据这个观点,欧文认为过去时代的全部历史都是人类无理性的历史。因此,无怪乎说"比起人类历史开始有记载的远古时代,现在任何一个人丝毫也没有更接近幸福"③。按照欧文的意见,人类没有能够实现自己的幸福,是因为他们的理智被种种严重的谬见束缚住了。

欧文认为,人从童年开始就被来自教派、阶级、党派和国家的四层谬见重重包围。人们透过这四层谬见所看到的一切事

① 《新社会观》的序言:《献给英国公众》。参看本选集第一卷第5页。

② 《问答》,参看本选集第一卷第195—197页。

③ 《略论古今社会所造成的一些谬见和弊害》(以下简称《谬见和弊害》),参看本选集第一卷第226页。

物，都不是原来的真面目。这些谬见错综地结合起来，便使人们产生观点上的差异，互相敌视。为害最大的，莫过于来自教派的偏见[①]。有时欧文说得更加尖刻：人类的全部灾难的根源，就是一切宗教的基本观念中包含的各种谬见。宗教迷信是在人类理智发展的初期，由于无知而产生的。在宗教谬见的基础上产生了僧侣阶级，后来这个阶级本身又制造和散布谬见。僧侣阶级教人为恶，然后硬说人性本恶。僧侣阶级自己也对他们散布的那些胡言乱语深信不疑，并说这是“神的”真理。欧文得出结论说：必须消灭僧侣阶级这个“黑暗王国”，必须销毁使这个王国神圣化的神学著作[②]。

理性的社会制度应当建立在自然法的基础上。在欧文看来，支配现存制度的不是自然法（或神法），而是有害的人为的法律。现存的一切设施都在证明人类没有理智。欧文说，在人为法律的世界里，暴力和欺骗统治着一切。人为法律维护不义的事物，使压迫者执掌大权。这种法律的基本目的，是使人民永远处于无知和贫困之中。这种罪恶制度之所以长期存在，原因在于人的谬见已经根深蒂固，而人们的觉悟只能逐渐地提高。人正在从愚昧无知的野人慢慢发展为有理性的人。从这一观点来看，过去的情况是不可避免的。过去时代的圣贤和学者宣扬真理，何以没有成功，这是不难理解的，因为人类当时还没有成熟到能够了解真理的地步。

① 《略论古今社会所造成的一些谬见和弊害》（以下简称《谬见和弊害》），参看本选集第一卷第 226 页。

② 《新道德世界书》，参看本卷第 7—10 页。

人不应过早地突破无知的外壳[①]。

为了人们的幸福,就应当把他们的思想从错误的观念中解放出来,或如欧文所说,应当使思想"新生"。人们思想觉醒的时代就要来到了。任何有理性的观察者都一定清楚地看到:伟大的变革正在酝酿成熟,人类就要向前迈出一大步。不论愚昧无知的势力怎样力图阻碍真理,最后势必在经验面前让步。通过经验得来的知识将驱散无知的黑暗,把人从理智上处于沉迷状态中解放出来;研究自然法将会破除迷信,保证人类的理性获得自由。对宗教的敬意将逐渐消失,合乎真理的知识将日益推广。欧文确信,我们正在走向理性的时代,人类精神复兴的日子就要来到。理性的力量将粉碎目前占有统治地位的虚伪,确立自然法或神法,以取代不公正的人为法律[②]。

欧文认为,在人们的一切谬见当中,关于人的性格的错误学说对社会组织的影响最大。欧文说,按照普遍流行的观念,人的性格是人自己造成的,所以人要对自己的思想、愿望和习惯负责。由于人的性格不同,有的人受到奖励,有的人受到惩罚。人之成为好人或坏人,取决于他的自由意志。由于宗教宣传这种错误见解,便在人们中间产生了憎恨和复仇的心理,许多社会罪恶也由此产生。其实,人从来不能造成自己的性格,而且将来也永远做不到这一点。人的性格是由生活条件即环境形成的。人的本性原来是善良

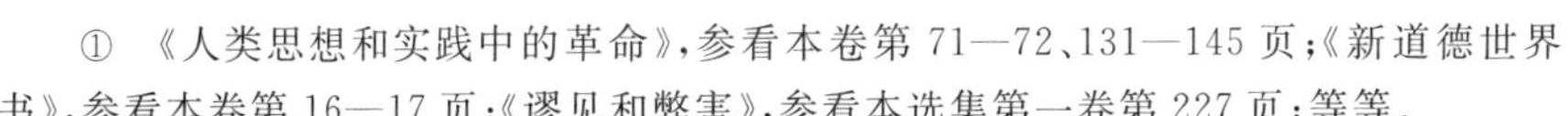

① 《人类思想和实践中的革命》,参看本卷第71—72、131—145页;《新道德世界书》,参看本卷第16—17页;《谬见和弊害》,参看本选集第一卷第227页;等等。

② 《谬见和弊害》,参看本选集第一卷第225页;《致拉纳克郡报告》,参看本选集第一卷第364页;《新道德世界书》,参看本卷第3—8页。

的。人具备成为善人的一切素质。恶的性格是由恶的生活条件造成的。为了使人的善良品质得到发展,就要有尽可能完全适应人性的新条件。

欧文的人性学说,也跟他的社会发展学说一样,追随 18 世纪法国唯物主义者的理论。我们可以看到,欧文不能摆脱爱尔维修、霍尔巴赫和法国唯物主义哲学其他代表人物的社会理论所特有的那种矛盾。欧文宣称无知和谬见是一切社会罪恶的根源。但是另一方面,他又从性格形成的学说出发,断言谬见也和一般性格一样,是由人的生活条件造成的[①]。为了改变社会制度,就要把人类的理性从谬见中解放出来;而为了使人类的理性从谬见中解放出来,就要改变环境的条件,即改变社会制度。欧文站在他所信仰的 18 世纪哲学的立场上,当然不能找到摆脱这种矛盾的真正出路,而且他也没有去寻找这种出路。他有时十分坚定地、几乎是固执地在一次讲演中多次反复说明关于环境形成性格的思想,但也同样固执地宣传:在人们懂得他所宣布的"简单的真理"以后,社会改造是不可避免的。

欧文坚信人都向往幸福。社会环境促使人们牺牲他人的幸福来谋取自己的幸福。于是,人们为了谋取幸福而进行斗争。在现有的条件下,这个斗争起着破坏作用,因为个人的幸福和其他一切人的幸福之间存在着不可分割的联系。因此,必须把人们的教育和生活组织好,使他们意识到:每个人的个人幸福只有随着他人的幸福和整个社会的幸福的增长才能得到增长。"对于人类大家庭

① 《致拉纳克郡报告》,参看本选集第一卷第 347—348 页。

最美好的东西,对于它的每个成员也是最美好的。”尽管这个论点跟上述的关于环境的见解相反,但是欧文却宣称它是一个真理,认为这个真理同几何学的定理一样,是可以用同样合理的方法证明的。

欧文就是根据这些论点建立他的关于社会的“科学”的。如同圣西门和傅立叶一样,他也相信这门科学有远大的前途,将会成为“科学的科学”,在人类历史上开辟一个新的纪元①。十分明显,这决不是关于社会发展规律的科学,而是关于“自然的”、适应人性的社会制度的“科学”。欧文说,对于人性所持的错误观点,是道德堕落和产生违反自然的社会制度的原因。过去在任何时代和任何国家,社会都是一片混乱。社会从来没有成为科学的研究对象。人们甚至从来也没有打算整顿社会,使它井然有序。在欧文看来,建立在真正认识人的本性的基础上的关于社会的“科学”,应当以整顿人的关系中的混乱状况为使命。这种科学就是关于**真正的**生产规律的科学,关于**最好的**分配方式、**最好的**教育制度和**最好的**管理制度的科学。

我们在欧文的著作中,没有见到他企图用自己的理论观点来概述历史发展的进程。对于这个问题,他只有一些粗略的叙述,没有构成体系,同他的社会学说的基本原则也缺乏联系。他把原始社会的状态说成是过游牧部落的生活。当时,人们能够过上动物般的生活,就多少感到幸福了;继之而来的是狩猎牧畜阶段,而当牧场开始不够养活日益增多的人口时,人类又从这个阶段过渡到

① 《致拉纳克郡报告》,参看本选集第一卷第335—338页。

农业阶段。人们由于不敢肯定自己是否能够长久占有土地，所以都不愿意种地，于是达成一种默契，承认在耕种上付出过劳力的人有权占有土地。在欧文看来，私有制就是这样产生的。在评价初期的这种私有制的意义时，欧文有些动摇不定。有时他宣称土地私有制是暴力和不义的产物[①]。有时他又倾向于承认私有制在一定时期内是有益处的[②]。不管怎样，私有制后来发展成了人为的权利，而人的自然权利则作了它的牺牲品。

欧文对于历史问题一般很少感兴趣。他对于社会“混乱”局面的分析，是从英国在产业革命以后形成的各种关系开始的。这个分析，就其广度和深度来说，都远远不如傅立叶的那种多方面而辛辣的批判。欧文的某些论点，证明他的经济观点有些肤浅。尽管这样，他的学说的这一部分还是很有价值的。

在1817年的报告中，欧文指出产业革命是折磨当时英国社会的种种罪恶的直接原因。在1817—1821年间的著作中，他又一再重复并发挥了这个论点。欧文断言现存贫困现象的原因，是新机器的采用使人的劳动的价值下降。新机器大大提高了英国的生产能力。欧文说，现在一个拥有二千五百名工人的企业所生产的东西，相当于苏格兰现在全体居民用五十年前通行的生产方式所生产的东西[③]。

欧文说，在采用机器以前，英国的大多数居民都以农为业。在

---

① 《人类思想和实践中的革命》，参看本卷第112页。

② 《新道德世界书》，参看本卷第13页。

③ 《致工业和劳动贫民救济协会委员会报告书》（以下简称《致委员会报告》），参看本选集第一卷第181页。

工场手工业中,手工劳动占据优势。农业劳动和工场手工业劳动,报酬不低。生活必需品的价格同工资相适应。欧文多多少少美化了不久以前的过去,断言这个时期可以说是居民福利较高的时期。赤贫现象是微不足道的。从事生产的,几乎全是成年男工。假定约有四分之一的居民从事生产劳动,而全体居民人数为一千五百万人,则从事生产者应为三百七十五万人。欧文又假定,“技术设备生产力”约为手工劳动力的三倍,即等于一千一百二十五万个人力。因此,生产力的总和等于三百七十五万加一千一百二十五万,等于一千五百万个人力,即与居民总数形成一与一之比。

技术发明的采用引起了空前未有的变革。新的技术扩展到一个又一个生产部门。技术发明使私人财富增加,而财富增加又刺激了新发明的出现。随着机器的采用,劳动时间延长了;生产部门开始使用女工和童工。然而最惊人的,是新技术设备所引起的生产力的增长。到1817年,人口仅仅增加到一千八百万人,而从事劳动的人数,则增加到六七百万人(等于人口总数的三分之一,而以前为四分之一),“技术设备生产力”增加到相当于两亿多个人力的程度。于是,人口总数与生产力之比,现在为一比十二,而劳动人口与生产力之比,现在为一比三十。全国创造财富的能力增加了十一倍。欧文说,英国可以用自己的生产满足本国的全部合理需求,可以使自己的产品遍布世界市场。欧文认为,生产力的这样巨大发展本身,乃是一件大好事。欧文绝不反对机器。“社会希望以花费最少的人力劳动获得最多的有益产品。”然而他又深信,在现存的社会制度下,正是这个过程导致贫困现象大大加深。技术

发明使财富积聚在少数人手中,使大多数居民沦为奴隶[①]。

生产力增长带来的好处,并未被社会上大多数人普遍享有。机器本来是财富的源泉,反而成了贫困的根源。机器同工人竞争。由于机器的劳动代价低廉,机器便把工人从生产中排挤出去,并降低在业工人的"劳动价值"。工人无力抵抗机器的竞争。很大一部分工人,在生产上成为多余的人。按照欧文的意见,在同法国的战争结束后,采用机器的这一切后果特别清楚地表现出来。由于战争结束,对产品的需求减少了,失业和赤贫现象大为加剧,工资不断下降。工资总额的减少,又引起居民购买力的下降。数量迅速增加的商品,却找不到消费者。销售困难有增无已,甚至世界市场也吸收不了这么多的商品。供给超过需求,商品充斥市场,生产不断萎缩,失业人数增加。"世界上充满了财富……但到处却是苦难深重!"[②]

欧文写道,迄今为止采取的一切消除贫困和失业的措施都毫无效果,只要社会继续维持现有的生产制度,情况必然日益恶化。摆脱当前的危机,可能有三条出路:或者拒绝使用机器;或者让"多余的"工人死绝;或者建立一种组织,使穷人和失业者得到有收益的职业,同时使机器协助他们劳动,而不是取代他们劳动[③]。如果听任事态照旧发展下去,结果必然会使千百万人饿死。容许这样,就是违背情理的残暴行为。那么说,也许应该限制机器生产吧?

① 《致拉纳克郡报告》,参看本选集第一卷第319—320页。

② 《谬见和弊害》,参看本选集第一卷第223页。

③ 《致委员会报告》,参看本选集第一卷第181—182页。

欧文认为这条出路是行不通的。第一,因为要同其他国家竞争,所以不能这样做;第二,这等于重新回到野蛮时代去。因此,只有第三条出路可走,让机器为劳动者服务,而不叫它夺去劳动者的面包。欧文说,社会应该这样安排:使全体居民都能分享到生产力依靠科学的发展所取得的利益①。

人类的目的是谋取幸福,可是就实现这个人们向往的目的的制度来说,再也没有比世界各国现行的制度更坏的了②。在现行制度中占统治地位的个人主义和竞争,是违背人性的。在“神法”面前,人不是单独的个体,而是大集体的一员③。自私自利的原则已经过时了。社会陷入无政府状态,根据自私自利的原则拯救不了社会,因为这个原则是一切灾难和恶欲的根源。只要还有人离开他人独自生活,社会罪恶就会加深④。在欧文看来,人类的一切设施都在证明社会制度缺乏理智。其中占据首位的要算私有制。私有制是敌对、欺骗、舞弊、卖淫、贫困、犯罪和不幸的根源。私有制是不公平和不合理的。欧文确信,私有制对于上中下各阶级都是有害的⑤。只要私有制存在,人类就不能得到幸福。

欧文说,在现存的个人主义制度下,人们之间的一切关系都是不正常的。在这种制度中盛行的追逐享乐的竞争和虚伪的宗教,

① 《致拉纳克郡报告》,参看本选集第一卷第308页。
② 《谬见和弊害》,参看本选集第一卷第223—225页。
③ 《人类思想和实践中的革命》,参看本卷第118页。
④ 《讲演词二》,参看本选集第一卷第270页。
⑤ 《新道德世界书》,参看本卷第11页。

也使男女之间的自然关系变得不正常。在欧文看来，目前的家庭形式是使人们服从国家和教会的非理性法律和教规的手段之一。现代的家庭生活充满着欺骗、伪善和暴力。婚姻不是基于情投意合，而是出于彼此欺骗，然而，这样的婚姻却不顾人性的意旨，硬要求双方白头偕老。尽管以必须教育子女为借口，但也丝毫不能为这种违反自然的关系推卸责任，因为在这种家庭里，子女不可能得到良好的教育。欧文在总结他对分裂社会的灾难所作的批判性研究的结果时，有时提到"三位一体的祸害"。在他看来，这"三位一体的祸害"就是宗教、私有制和现行婚姻制度。

关于商品流通制度的分析，在欧文对于现存社会关系的批判中占有十分显著的特殊地位。欧文对于这个问题的论点，尽管在理论上还很幼稚，但是仍然值得重视，因为这些论点是他的一项实际措施——组织交换市场——的基础。

欧文坚决认为，绝不能说目前生产的财富还不够。从这个论点出发，他有时作出如下的结论：当代的重大问题不在生产方面，而在分配方面。这个不正确的论断，虽然与他对社会祸害的本质所持的上述观点相矛盾，但却引起他去研究当时资产阶级改革家大感兴趣的"价值尺度"问题。欧文说，目前生产的足够数量的财货不能自由畅销，原因就在于交换的组织不完善，在于现有的"价值尺度"不完善。

欧文推断说，人们很早以来就互相交换经济财富了。交换的第一阶段是以物易物。在进行这种直接交换时，劳动是衡量物品价值的尺度。一定数量的劳动换来同等数量的劳动。随着需要和交往的发展，这种交换方式就变得不方便了，而为商业所取代。商业的原则是以最少的劳动所取得的财富,来换取尽可能多的东西。为了进行商业活动,就要求有人为的价值尺度——货币。在一定的发展阶段,这种制度是有益的。它曾促进人们的发明才能和进取精神。但是另一方面,货币制度也助长了人们的愚昧无知的自私心和个人主义。人们互相敌视,追逐财富,产生许多不义行为——这就是货币制度的自然结果。人们学会了很好地进行生产,却是忘记了合理地进行消费。人为的交换工具使人们有可能伪造财富的真实价值。货币可使坏人骗走人们手中那些用辛勤的劳动创造的财货,使社会上的最坏分子发财致富。欧文说,创造财富的人自然应当享有他创造的财富。换句话说,工人有权享有自己劳动的全部产品。企业主利用人为的价值尺度,不向工人付足他们的全部劳动价值。因此,在欧文看来,采用人为的价值尺度,才使剥削成为可能。另一方面,这种人为的价值尺度还是一种极大的祸害的根源:它用一些价值较小的金属限制人们去创造财富。欧文得出结论说,人为的价值尺度阻碍进步,现在已是抛弃这种尺度的时候了[①]。

要做到合理地分配财富,使劳动者也能享有财富,就必须用自然的价值尺度取代人为的价值尺度。只有人类劳动才能作为自然的价值尺度,因为它才是一切财富的源泉。每种商品的价值,都应当取决于制造它所必需的人类平均劳动时数。劳动本身的价值即工资,也应当用这种单位来确定。采用自然的价值尺度,可保证生

① 《致拉纳克郡报告》,参看本选集第一卷第324—328页;《新道德世界书》,参看本卷第27—29页;《人类思想和实践中的革命》,参看本卷第100—102页。

产和消费的协调。市场上需求的大小,基本上取决于工人劳动所得的报酬。报酬不足,就会使市场缩小。在采用自然的价值尺度时,由劳动者的消费总额决定的商品需求量,可以同供应量保持平衡。随着生产力的增长,工人的报酬和福利也将提高。工人将从自己的劳动产品中取得"公平而固定的份额",并从人为的劳动报酬制度的奴役下解放出来[①]。由此可见,欧文正如我们所看到的,并不主张彻底行使工人享有他们的"全部"劳动产品的权利。他让工人从产品中得到"公平的"份额,这就使企业主可以获得一定的利润。

欧文屡次谈到,自然的价值尺度是根除资本主义制度的祸害的手段。他认为采用这种价值尺度,可以同时容许私有制和资本主义存在。如果欧文只限于用这种计划来改造流通制度,那么我们可以认为,他的理论只不过是广泛流行的那种力图不经过根本改变生产关系而企求铲除不平等祸害的小资产阶级空想方案的一个变种。其实,正如我们所知道的,欧文早在1817年批判社会制度时,就已经大大越出这个界限。1820年,他在提出"自然的价值尺度"理论的同一著作中,更发挥了共产主义公社的思想。欧文学说的这两个部分的相互关系,他自己也往往阐述得不够明确。但是在大多数情况下,在他的著作中流通制度的改革总是服从共产主义改造计划的,把它作为共产主义改造计划的一个组成部分,作为走向彻底改变社会制度的基础的一个途径[②]。

---

① 《致拉纳克郡报告》,参看本选集第一卷第309—314、324页。
② 《危机》杂志,第1卷第13期第50页,第15—16期第59页。

三

欧文认为,旧制度是建立在谬见的基础之上的,充满着虚伪和无知、贫困和压迫、暴行和犯罪,他提出一种新制度来取代它,这种新制度是建立在真理和科学的基础之上的合理制度,以保证人人享受物质生活和精神生活的幸福为目的。在这种制度下,虚伪没有立足之地;在这种制度下,将不知贫困和非人道行为为何物;在这种制度下,既不会有奴隶和农奴,又不会有剥削关系。新制度的原则是共同劳动、共同占有、权利平等和义务平等[①]。在新制度下,个人利益将同公共利益一致,脑力劳动和体力劳动之间不会再隔着一条鸿沟[②]。新制度将根除笼罩着社会的混乱和无政府状态,破天荒第一次组织有计划的经济活动。欧文说:“至今,人们只会在战争中联合行动,以保卫自己的生命和消灭他人的生命;而现在,为了维持生命的和平目的而共同进行生产,也同样是必要的。”

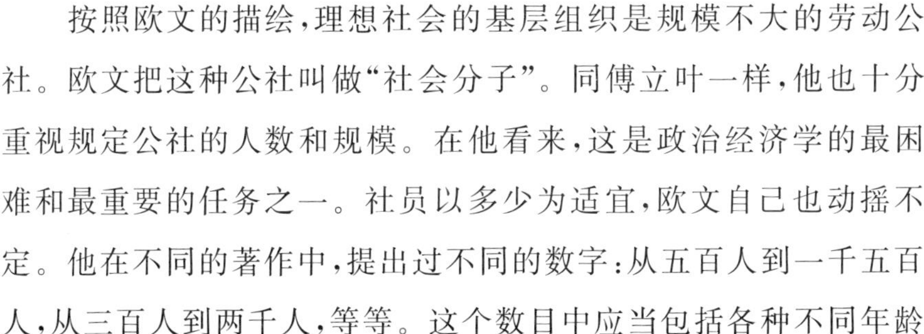

按照欧文的描绘,理想社会的基层组织是规模不大的劳动公社。欧文把这种公社叫做“社会分子”。同傅立叶一样,他也十分重视规定公社的人数和规模。在他看来,这是政治经济学的最困难和最重要的任务之一。社员以多少为适宜,欧文自己也动摇不定。他在不同的著作中,提出过不同的数字:从五百人到一千五百人,从三百人到两千人,等等。这个数目中应当包括各种不同年龄

① 《新和谐公社组织法》,参看本卷第 185 页。

② 《致拉纳克郡报告》,参看本选集第一卷第 338—340 页。

的人，欧文按照年龄分配给他们各种社会职务。每个社员应当有半英亩到一英亩半土地。欧文希望这个标准以后能够降低。

同大多数的空想主义者一样，欧文非常详细地描述了公社的外貌，以及公用建筑、住宅和厂房的布局。主要建筑群放在公社境内的中央，成一个正方形，其中的各种房屋又把这个正方形分成若干个小长方形。公共厨房、食堂、学校、阅览厅和会议厅，都设在中央地区这些建筑物内。正方形的四边是住宅、三岁以上儿童的宿舍、医院和招待所。正方形建筑群的周围辟有花园，花园的外围是工场、养畜场、啤酒厂、面包房、田地和牧场，花园中栽有排列成行的果树。

欧文说，在现在的个人主义制度下，财富积累在少数人手中，成为剥削大多数人的手段。而在公社中，就没有而且也不可能有这种积累。公社中的积累，只是储存产品以防歉收，或者用来同邻近公社交换。公社的经济活动的目的不是积累，而是满足社员的需要。在现在的社会里，劳动者被截然分成两类，一类只从事农业劳动，另一类只从事工业劳动。这种划分使产业工人离开生活资料的产地，减少同大自然接触的机会，所以在经济方面和精神方面都是有害的。在欧文的理想公社里，也同在傅立叶的法郎吉里一样，这种区分将要消失。在他设计的公社里，工业劳动和农业劳动互相结合，并且在一定程度上偏重后者。公社里没有脑力劳动和体力劳动之间的矛盾，因而也将消灭城乡之间的矛盾，而把城市生活和乡村生活中的优点结合在一起。

欧文对于公社的劳动组织的情景的描画，不像傅立叶叙述法郎吉那样的详尽。欧文说，既然全体社员的权利和义务一律平等，所以他们都要从事一定的公益劳动。“任何人都没有权利要求别人为自己做那种自己不愿为别人做的事情。”因此,公社里不可能有通常所说的那种阶级划分。但是,公社里有年龄的划分。欧文把年龄的划分叫做“阶级”,每个“阶级”的职责各不相同。欧文在写《新道德世界书》的时候,对这种按年龄划分职责的观点已经十分明确了。

第一“阶级”由公社中的五至七岁念小学的儿童组成;第二“阶级”的成员是七至十岁的儿童,他们已经获得一些有益的实际知识,并且参加家务劳动和园艺工作;第三“阶级”由十至十五岁的少年组成;第四“阶级”由十五至二十岁的青少年组成。每个人从十二岁起,除了学习科学知识以外,还要学习一种手艺;从事生产劳动的基本队伍是第五“阶级”,由二十至二十五岁的青年组成。第六“阶级”(二十五至三十岁的人)的主要职责,是保护和分配公社的财物。这一组成员,每天只作两小时的直接生产劳动。但是,他们要负责监督和改进一切社会机构,从事科学研究和艺术工作;第七“阶级”(三十至四十岁的人)负责管理公社的内部事务,组织和领导各部门的生产;第八“阶级”由四十至六十岁的人组成,主持公社的对外往来工作,比如接见社外代表,交换产品,成立新的公社,等等。六十岁以上的老人“阶级”,是公社组织法的捍卫者①。

欧文虽然反对现存制度下的技术进步所带来的不良社会后果,但是他总是附带声明,社会不应当拒绝采用可以减轻人类劳动的发明。社会应当关心提高劳动生产率,共产主义制度则能保证

① 《新道德世界书》,参看本卷第35—46页。

机器在公社中不再是劳动的竞争者，而成为劳动的仆人。因此，在新社会制度下，人们将比现在更为广泛地使用机器。欧文确信，公社采用一切科学技术成就，就能在普通的劳动条件下生产出数量超过需要的一切必需品，即创造出无数的财富。应当指出，欧文认为农业生产的进步与其期待技术革新，不如指望精耕细作，依靠在土地单位面积上投入大量的人类劳动。在这方面，他甚至不惜采取技术上倒退的措施，主张不使用犁耕地，而改用铁锹翻地，即实行畦作制。按照他的意见，这是使任何数量的劳动者都能得到有益而固定的工作的可靠手段。他认为土地耕作方法上的这种改革，比克朗普顿和阿克莱的发明更富有效果。这就能用同样面积的土地养活比现在多好几倍的人口。

有一种十分流行的偏见，认为只有个人所有制才能充分刺激人们进行紧张的劳动。欧文坚决反驳了这种偏见，肯定公共利益比个人利益更能促进人们劳动。公社的管理机构，根据公民的能力和公共利益分配公民工作，按照他们的需要分配公社的劳动产品，并举办公共食堂[①]。公社有“无数的财富”，所以这不会有任何困难。任何人都有求必应，人人都能从公共仓库中领取他所需要的一切。另一方面，谁也不愿意超过需要多拿一点。积累财富将是不明智的事，就像在水量超过需要的地方贮水一样。

由于土壤、气候和其他条件的不同，每个公社的生产将与其他公社的生产有所不同。因此，每个公社的某些产品在数量上可能

① 《在伦敦中心区酒家的讲演词》，参看本选集第一卷第264—265页；《致拉纳克郡报告》，参看本选集第一卷第354—355页；《新道德世界书》，参看本卷第27—29页。

超过自己的需要。拿这一部分多余的产品去同其他公社交换，以取得本公社不生产的产品。所交换的产品的价值尺度应当是劳动，而交换工具则应当是代表一定数量劳动的货币符号。货币符号的担保品，是公社的库存产品。在新公社制度的基层组织跟旧制度同时并存的情况下，公社要向旧社会出售一部分产品，以便获得纳税所需的款项[①]。

欧文十分重视教育工作，这是和他的关于人的性格形成的学说契合的。教育是决定性格的环境的重要组成部分。在未来的公社中，教育要同生产密切联系，因为生产本身就是教育的要素。每个儿童除了受普通教育以外，还要学习能够承担起社会交给他的义务的技能。欧文认为，这绝不是说要把儿童培养成只能从事狭窄的固定职业的工作者。教育的目的，是培养能够独立地和合理地思考并积极地从事社会活动的人才。一个人应当受到全面的教育，以便能够从事全面的实践活动。儿童应当从幼年起就受集体的道德教育。但是欧文认为，学校教育不宜开始过早，同时它应当尽可能采用直观教学法。大部分知识不应当在学校里从书本上得来，而是通过直接观察和研究自然界与生产过程得来的。儿童年龄越大，就越要积极参加生产。

欧文坚决反对当时的各种宗教及其荒诞的迷信，反对它们的危害社会福利的教义，反对不学无术和品德恶劣的僧侣，但是他又认为在未来社会中，必须保存某种新式的宗教。未来的宗教是清除了各种偏见的合乎理性的宗教。欧文说，这些偏见必须连根铲

① 《致拉纳克郡报告》，参看本选集第一卷第359—360页。

除,人类应该重新得到思想的完全自由和人类的自然权利。公社里不应当有任何宗教上的偏执或派系纠纷,否则就不可能有和谐和快乐[①]。欧文的理性宗教的教义,实质上只不过是承认有一个人类理性所不能了解的万能的创造本原存在。但是,欧文并不认为一切人都必须遵守这个教义,因为在他看来,信仰的无限自由是使社会改造成功的条件之一。宗教应当宣传热爱他人,即使他不是信教的。欧文宣称,宗教的真正而主要的内容不在于词句、公式和仪式,而在于积极的爱的实践,在于主动地协助他人获得幸福。人在观察无穷的世界及其规律时产生一种无以言状的惊喜的感觉,这便是真正的敬奉神灵。显而易见,欧文所需要的宗教,是把宗教作为他所宣传的新社会和新道德世界的最高标准[②]。

在欧文的理想公社里,管理机构是非常简单的。我们说过,各种职责(包括管理职责)由不同年龄的各组人分担。在《致拉纳克郡报告》(1820年)和《新道德世界书》(三十年代末和四十年代初)中,欧文都是主张这样做的。欧文指出,按照年龄原则选拔领导者有着无可置疑的优点,即在这种制度下,不会产生"选举与竞选运动的弊端"[③]。在欧文设计的公社里,如果不把各种按年龄划分的组的大会算作权力机关,那事实上就谈不到有什么专设的权力机关了。但是必须指出,在实践中,欧文却不得不放弃按年龄区分的原则,仍采用选举原则。根据"新和谐"公社组织法,公社的执行权

---

① 《在伦敦中心区酒家的讲演词》,参看本选集第一卷第268—269页。

② 《人类思想和实践中的革命》,参看本卷第161—163页。在评述欧文的思想遗产时,不能过于计较他晚年对于降神术的迷恋,因为这是他年迈衰老的征兆。

③ 《致拉纳克郡报告》,参看本选集第一卷第355页。

属于社员大会**选出的**理事会,而各种专业的领导权则属于由各该专业部门的工作者**选出**来的人员[①]。

至于中央政权,欧文认为在建立公社时期,当新教育制度和新社会条件对社员尚未显出效果时,应该为它保留一定的权力。但是将来在新制度巩固以后,用欧文的话来说,公社就不会给中央政权添很多的麻烦了。公社的内部管理机构,将轻而易举地执行自己的任务,而毋需外来的帮助。为了实现这个目的,不需要法庭,不需要监狱,不需要刑罚;只有在人们不了解人的本性的地方,即在以个人竞争的愚昧制度为基础的社会里,才需要这些暴力工具。以关于人的性格的科学为基础的新制度,毋需使用暴力就能获得现在无法得到的成果。新制度可使现在需要用暴力手段来制裁的罪恶不能滋长。中央政权的重要职责之一是进行战争。但是,随着理性和科学的王国的建立,中央政权的这个最后职责也将消失。人们一旦认清战争的危害和战争行为的狂妄,就会设法防止战争。欧文的最终理想是各自治公社的自由联盟。

在新道德世界中,将产生和培养出新的人,即在身体、道德、智能方面全新的人。社会成员具有共同的利益和目的,彼此之间没有产生矛盾的根源,体力劳动和脑力劳动相结合,实行以关于人的性格的科学为基础的正确教育——这一切将为人的本性和才能的充分而全面的发展创造条件。欧文说,现代的人同他所能发展到的高度比较起来,只不过是一小块残缺不全的碎片而已。我们在现代社会中看到的,一方面是完全从事使人愚蠢

① 《新和谐公社组织法》,参看本卷第188—189页。

的体力劳动的人，另一方面是欧文认为只能危害社会的人，即神学家、医生和法学家，等等[1]。在新社会中，在适应人的本性的新生活条件下，人将恢复自己的完整性。那时，不会再有只跟着犁走、翻一翻干草或在制造某些小物件时完成一些活计的这种活机器了。那时候的人，将不是从事有害健康的劳动、麻木不仁地看望着周围事物而不去了解也不加以研究的人，“代之而起的，是一个朝气蓬勃、实用知识丰富的劳动阶级。他们的习惯、知识、态度和性情，都将使他们之中最低劣的人也远胜于古往今来的社会环境所造成的任何阶级中的最优秀的人物”[2]。欧文说，同现代人的体力比较起来，将来人所具有的体力将是巨人般的体力。普遍的富裕将根除人们的自私自利的习惯。教育将使人们学会合乎理性地感觉、思考和行动。欧文确信，对人的本性的规律有科学认识的社会，与以前的一切社会不同，它将是一个和谐的社会。

四

欧文深信，他所宣布的伟大变革的时机业已成熟。变革是势所必然，问题只在于变革将怎样进行。欧文早在 1817 年就已经感觉到，不仅在真理的认识方面，而且在劳动群众的情绪中，都在酝酿着“伟大的变动”。他断言，劳动群众的困苦生活条件有引起以

① 《新道德世界书》，参看本卷第 23 页。

② 《致拉纳克郡报告》，参看本选集第一卷第 352 页。

暴力推翻现存制度的危险[1]。在他看来,社会正走向混乱状态[2]。后来,他在谈到两个彼此对抗的力量时,对这个问题发表了更为明确的意见。他说,这两个彼此对抗的力量,一方为政府和贵族,另一方为人民。政府和贵族由于密切勾结,还能掌握政权。同时人民也已经相当强大,足以团结起来,抗拒贵族的意志改造社会。欧文知道,双方都想把自己的利益看成是与对方不可调和的。这种矛盾的进一步尖锐化,就要引起革命。但是这条革命的道路,并不是欧文的道路。他害怕现存的制度被"外行而粗鲁的"人的双手所破坏[3]。他认为自己的任务是防止革命,争取用和平方法解除社会危机。

从欧文的唯理论观点来看,这种用和平方法向新社会制度过渡的可能性,是不容置疑的。欧文认为,问题的实质在于使正确的原则获得胜利。而在欧文看来,任何党派里面都有能够领会这些正确原则的明智的、深谋远虑的人士。真理是人人都能接受的。人们为他们所**错误理解**的利益分离开来。实际上,富人和穷人、统治者和被统治者是有着共同的利益的。统治机构对一切阶级的幸福都起破坏作用。甚至在欧文的活动同工人运动有着密切联系的时期,他也坚决表示反对阶级斗争的原则。在 19 世纪 30 年代末和 40 年代初,欧文为了实现自己的主张,建立过一个包括各民族和**各阶级**的协作社。

① 《问答》,参看本选集第一卷第 211 页。

② 《在伦敦中心区酒家的讲演词》,参看本选集第一卷第 261 页。

③ 《谬见和弊害》,参看本选集第一卷第 228 页。

从欧文对待阶级斗争的态度，自然引申出他对待国家的态度。不错，各国政府迄今所执行的，都是错误而有害的政策；但是欧文认为，这是错误教育所形成的错误观点的结果。既然一切有理性的人都能理解真理，既然社会改造符合一切阶级的合理利益，那么，有什么理由认为不可能使政府站到改革方面来呢？应当开导那些没有理性的统治者。因此，欧文始终不渝地一再试图说服各国政府实行他的社会改造计划，结果都是劳而无功。1817 年，他向英国议会提出自己的改革方案；1818 年，又向欧美各国政府和神圣同盟参加国的阿亨会议呼吁。三十年以后，即在 1849 年，他还力图证明英国政府的政策是不合理性的，力图说服英国女王维多利亚相信他的计划是合乎理性的①。

这些呼吁的一再失败，并未能治愈欧文空想的盲目症，虽然在他的言论中有时也可以听到失望的音调②。按照欧文的想法，由政府实行改革，是社会改造的基本的和最简捷的途径。欧文宣称，应当利用旧的政府，就像建筑铁路取代原有道路时利用旧的大车道一样③。无论什么样的政府，都不可能长期拒绝实行理性所指引的政策。即使为了自救，为了避免灭亡的危险，政府也应当接受合乎真理的制度。

国家的阶级本性如何，国家的政治制度如何，欧文认为从社会改造的利益来看，都是无关紧要的。在英国工人阶级争取政治权

---

① 《人类思想和实践中的革命》，参看本卷第 72—77 页。

② 比如，在《危机》杂志（第 3 卷第 27 期第 219 页）和《新道德世界书》（参看本卷第 60—61 页）中。

③ 《人类思想和实践中的革命》，参看本卷第 111 页。

利和争取议会改革的斗争年代里,欧文既承认宪章派的政治要求是正义的,同时又警告他们不要指望政治改革就会改善人民的状况。欧文认为,那种以为扩大政治权利就必然会改进社会机构的意见是错误的。他以美国为例来证明这一点。欧文指出,从美国的革命文献来看,它的政治制度是建立在最激进的原则之上的,但是那里却存在经济危机,日趋贫困的工人阶级,贫富之间的经常斗争。

在现存的社会机构下,任何一种政体(专制制度也罢,君主立宪制也罢,共和制也罢,民主制也罢),都不能保证人民的幸福[①]。欧文认为,能否组成劳动公社,并不取决于争得政治权利或普选权。

欧文认为,走上社会改革道路的政府的主要任务是建立公社;公社保证失业者就业,成为以共产主义原则改造整个社会的起点。欧文说,新制度要从组织失业者就业开始[②]。国家应当从现在的占有者手中赎买土地,分成许多地段,并在这些地段上建筑必要的房舍,招集失业者作为未来新村的居民。但是,由于失业者是在恶劣环境中成长起来的,受过旧社会的虚伪恶习的熏染,所以为了重新教育他们,养成他们过公社生活的习惯,欧文有时主张把他们编成一支特殊的劳动大军。因此,政府最初也应当指派受过专门训练的官员来领导各个新村及其工作[③]。但是欧文相信,新的生活

① 《新道德世界书》,参看本卷第61页。

② 《致拉纳克郡报告》,参看本选集第一卷第366页。

③ 《问答》,参看本选集第一卷第206页。

条件很快就会使公社社员变成能够按照理性来思考和行动的人。那时,公社就将合乎要求,变成理想社会的自治基层组织。

欧文相信,从旧社会过渡到新社会,不会损害任何人的利益。占有财富和掌握权力的人应当知道,人们绝不会打主意强行剥夺他们现在还认为有价值的东西。社会弊病将被消灭,而且不会对统治阶级施加任何暴力,不会使他们受到任何损失。消灭现存的反常制度,不是新旧世界斗争的结果,而是正确思想获胜的结果。社会一旦清楚地看到新组织能给自己的成员带来莫大的幸福,就会迫不及待地希望享受这种福利。只要成立一个公社,就足以促使人们愿意成立更多的公社,公社的数目便将迅速增加。经过不多几次试验之后,人人都会看清公社的优越性。在新制度下培养出来的个人的性格和行为,将生动地证明新事物秩序的完美,于是旧社会就会很快消失。欧文在他的一篇著作中断言,为了改造社会,在欧美只需要五年,而在全世界也只要十年[①]。

欧文虽然断定由政府采取适当的措施来改造社会机构,是社会向新制度过渡的最简单和最合理的方法,但是他并不认为这是唯一可行的方法。他也十分重视个别人物或团体(一方面是郡当局或大资本家,另一方面是中等阶级或工人阶级的联合代表)的主动精神[②]。据说,这些人物或团体可以带头创办公社以作示范,而这种示范又会起巨大的作用。欧文自己举办"共产主义移民区"的试验,正是为了这个目的。在 19 世纪 30 年代初,这种思想曾经推

① 《人类思想和实践中的革命》,参看本卷第 124 页。

② 比如参看《致拉纳克郡报告》,见本选集第一卷第 52 页;以及其他等。

动欧文支持工人的合作社和工联。然而,正如我们已经指出的那样,欧文由于接近工人运动,在这些年中曾对他在此前后所坚持的整套观点作了若干修改。

国家作为改良者的作用,在这个时期退居次要地位,甚至受到怀疑。社会改造被看作是工人团体(工会和合作社)的独立活动的结果。欧文创办的《危机》杂志(1832 年),在头几期中的一篇社论中写道,劳动阶级有力量和本领改革人与人之间的关系,而且毋需富人的帮助;“如果政府不帮助我们,我们自己就把这一事业担当起来”①。

因此,在 1831 年和 1832 年的两次合作社大会上,欧文和他的信徒们使大会通过了决议,主张采取立即建立公社的措施②。1832 年这一年,欧文还在一篇讲演中满意地指出,在劳动人民中间正在展开一个运动,这将“导致建立一个人数多得惊人的新政治团体,其成员不是游手好闲的阶级,而是裨益社会的劳动者阶级”。欧文说,只有劳动者阶级才能实行必要的变革③。但是,欧文同时仍然相信,变革将是和平的和没有痛苦的;他仍然希望,政府无论如何都不会反对改革。

我们已经说过,1832 年,欧文曾领导建立交换市场或劳动交换银行的运动。一些工人合作社,在这以前就作了组织专门机构来直接交换工人劳动产品的尝试。欧文通过自己的宣传,使运动

① 《危机》杂志,第 1 卷第 3 期第 11 页。

② 同上,第 1 卷第 30 期第 119 页;第 3 卷第 15 期第 113—117 页。

③ 同上,第 1 卷第 7 期第 28 页。

的声势更加浩大，并从理论上论证这是彻底改变社会基础的手段之一，是向新社会制度过渡的途径[①]。

有一个时期，组织交换市场的思想把建立公社的思想推到次要的位置。我们所介绍的欧文关于价值和货币的学说，就是欧文的交换市场计划的基础。据欧文推断，在现存制度下，每个劳动者都不得不出卖自己的劳动，把劳动换成货币，而且在出卖劳动时还要受到一定的损失。劳动者得到货币，还要向商人购买用来满足自己需要的物品。由此可见，他无论是作为生产者还是作为消费者，总要通过中介人，而中介人便从中夺去他的一部分劳动产品。货币制度是欺骗劳动人民的工具。然而，生产者没有中介人是完全可以的。他们只要彼此直接联系，就可以做到这一点。在生产领域中，合作社有助于达到这个目的；在流通领域内，交换市场有助于达到这个目的。交换市场负有排挤商人的使命，就像机器排挤了手工劳动一样。合作社和交换市场彼此互相补充。

按照欧文的计划，交换市场活动的基本原则是生产者按劳动的估价彼此直接交换产品。1832—1834 年间在欧文直接领导下经营业务的伦敦交换市场，既从合作组织收进商品，又从个人手里收进商品。由专门的估价员确定生产商品时所用的原料价格和所需的工作时间。然后，按照对交来的商品所估的“工作小时数”发给生产者劳动券，但要扣收十二分之一的管理费用。每人都有权凭劳动券从交换市场的仓库里换取所需要的，与劳动的估价相等的产品。但是必须附带说明，“劳动估价”实际上具有相当程度的

① 《危机》杂志，第 1 卷第 13 期第 51 页；第 15—16 期第 59 页。

假定性质,因为原料和劳动都要先按通用的货币单位估价,然后再按六便士等于一小时的比例,把货币单位折成“劳动”单位。当然,只有独立手工业者和生产合作社能向交换市场出售自己的产品。对于没有生产资料的工人,交换市场本身是无力援助的。但是,合作市场既是合作运动的产儿,反过来又刺激了新的生产合作社的建立,而这些合作社则吸收了一定数量的工人。

交换市场在初期取得很大的成绩。它的劳动券很受私商欢迎。但是,在生产分散而无计划的条件下,组织“劳动”交换的计划中的内在矛盾很快就暴露出来了。在资本主义社会里,商品供求的相对平衡是在市场上通过价格的波动来达到的。以交换市场为媒介的交换制度,使市场失去了这种调节作用。本来以为实行新的交换制度之后,某种产品的生产和需要之间会自然达到一定的协调。其实,只要生产资料还是私有财产,只要生产还是无组织的,只要生产还不受统一的经济计划节制,就没有而且也不可能有这样的协调。进入交换市场仓库的,既有畅销的商品,又有滞销的商品。前一种商品很快就脱手了,但是仓库里却积压着难以出售或根本无人问津的商品。交换市场的主顾交来产品后领得劳动券,可是仓库里却没有他们所需要的东西,于是就不得不拿着劳动券去找私商。交换市场的收购和销售之间的比例失调现象迅速扩大。劳动券开始贬值。后来对所收商品提出了更为严格的要求,并进行比较严格的估价,结果引起了不满和争吵。供应食品的人,不再把销路畅旺的产品提供给交换市场去换取已经贬值的劳动券。交换市场不得不采取妥协办法,即在收进商品的时候,不仅计算“劳动耗费”,而且也考虑市场的需求;此外,还用现款收购某些

商品。但是，各种办法都未能挽救住这一从根本上就有缺陷的首创事业。1834 年，交换市场倒闭，积压的商品实行拍卖，欧文还拿出两千多英镑弥补亏损。

交换市场的倒闭，证明使十九世纪许多社会思想家感到困惑的一种思想，即在无组织的商品生产的条件下“组织交换”并消除市场的无政府状态的思想，完全是荒唐无稽的。但是，必须再一次提请注意，欧文跟小资产阶级空想主义者不同，他决不是不了解单靠改良交换制度而不同时改造生产制度是不能彻底消灭资本主义社会的弊端的。在他看来，交换市场并不是万能灵药。在他看来，这只是应当全盘代替现存资本主义机构的一整套组织中的一环。无怪乎差不多在建立交换市场的同时，他还提出了一个经过广泛考虑的（虽然是空想的）改组生产的计划。

在这些年里英国工会的蓬勃发展，推动了上述计划的产生。甚至工会运动的参加者本身，当时也没有完全认清工会的今后发展的道路。1832 年议会改革的斗争及其使工人失望的结果，大大促进了英国无产阶级的阶级觉悟的提高。毫无疑问，那时工会里出现了想把工会变为无产阶级的阶级斗争机关的倾向。但是另一方面，在工会的最积极会员当中，也不乏欧文的拥护者，他们力图使工会沿着和平建设合作社的道路发展。因此，欧文产生一种思想，打算利用工会运动来达到彻底改造社会制度的目的，这是不足为奇的。关于改造社会制度的空想，他是从来没有放弃过的。

欧文的新计划的方案十分简单。这就是把工会改组为全国性协会（national companies）或同业公会，由它们掌握各有关生产部门。这样，工会组织似乎就会变成合作社组织。由协会的联盟掌握全国的生产[1]。各协会一方面这样地掌握生产,同时通过交换市场组织彼此之间的交换。这种合作制度是在旧的经济制度内部建立起来的,而不是用暴力摧毁旧的经济制度。当然,把社会看作是一些专业化工人协会的总和的观点,在很大程度上是同欧文的理想不相符合的,而且他本人对这一点也是认识得非常清楚的。欧文认为协会是走向彻底的共产主义的一个阶段。《危机》杂志关于这一点写道,这还不是公社制度,但这是向平等迈出一大步[2]。

欧文在为实现“合作社计划”而斗争的时候说,迄今为止,世界都是由什么也不生产的人统治着,他们并且鄙视生产全部社会财富的人。富人联合起来保卫自己的利益,而劳动人民却被剥夺了联合的权利。从事工业生产的人,创造财富和知识的人,即生产社会上一切有价值的东西的人,应当联合自己的力量建立统一的组织,加强自己的联盟,以建立一个开明而公正的人类生活制度。联合起来的“第四等级”,将是社会上最强大的等级,它的敌人能用什么来同它抗衡呢?欧文天真地希望,企业主也会参加劳动人民的这种联合组织,并会理解他们的利益是和劳动人民的利益一致的。在欧文看来,这是上策。但是另一方面,欧文也知道,情况常常会使企业主变为残酷嗜血的暴君。他们可能拒绝同工人结成统一战线。如果这样,工人就从自己人中选出新的领导人。欧文认为,工会向议会请愿是正当的做法。他警告议会说,财富和知识的创造

① 《危机》杂志,第3卷第15期。“协会吸收一切阶层,分配一切工作,发放一切工资,受理一切付款。”

② 《危机》杂志,第7—8期。

者再也不能容忍现存的制度了，他们能够而且应该使社会过渡到正义的制度。如果议会不满足请愿书中的要求，他们无须议会的帮助也能实现这种改造。他们只要决定为自己生产一切产品，并通过劳动产品交易市场互相交换，就可以达到这个目的①。

欧文的合作社计划，实际上是同请求维多利亚女王政府组织劳动公社的计划一样的幼稚。当然，在不需要大量资本和复杂机器的生产部门，组织生产协会和把工会变为同业公会的思想，是可能获得很大的成就的。无怪乎欧文的宣传，首先得到建筑工人工会的响应，他们在1833年成立同业公会。建筑工人通常为承包商工作，他们的同业公会可以提出排挤这些中介人而在同业公会和出包人之间建立直接联系的任务。然而，联合起来的工人不经过暴力革命剥夺资本家的生产工具，而能够掌握像采矿业、冶金业这种部门的生产，则是难以想象的。只有企业主以及为其利益服务的国家机关完全俯首就范，才能做到这一点。

欧文满怀着乐观的希望。他对建筑工人写道："用不了五年时间，你们就可以实现这项为不列颠帝国全体居民造福的改革（即过渡到合作社制度）。"1834年，各工会联合成立了"全国生产部门大联盟"（总工联）。按照欧文的想法，这个大联盟应当实现他的消灭资本主义和组织新社会的计划。但是，无情的现实很快就粉碎了欧文的空想愿望。资产阶级绝不愿意坐视工人阶级为了社会主义的目的而联合起来。承包商接二连三地实行同盟歇业，以回击建

① 《危机》杂志，第3卷第6期第42—43页；第7—8期第62—63页；第15期第113—117页；第21期第161—162页；第27期第219页；第31期第253页；等等。

筑工人组织同业公会。建筑工人的工会由于缺乏足够的基金,不能坚持斗争,甚至还来不及显示出同业公会的作用就垮台了。“总工联”刚一成立,就暴露出内部的意见分歧,它的许多活动家都不赞同欧文的思想。不过,参加大联盟的许多组织都投入了罢工斗争,在大联盟中,阶级斗争和总罢工的思想开始深入人心。同时,工人组织的领导者也受到了政府的迫害。

在实现合作社计划当中遇到的重重障碍,甚至逼得根本否定阶级斗争的欧文也承认:可以采用总罢工作为“和平地”影响统治阶级的手段。对于工人运动活动家遭到迫害事件,他在《危机》杂志上写道:“他们终生无所事事,只要你们也像他们那样歇工三天,就会使这些执迷不悟的人懂得,你们有足够的力量可以马上把他们变成卑贱的奴隶。”[①]但是,这番主张总罢工思想的言论,已经是欧文从事工人运动的尾声了。1834 年 8 月,“全国生产部门大联盟”解散了,存在的时间不到一年。

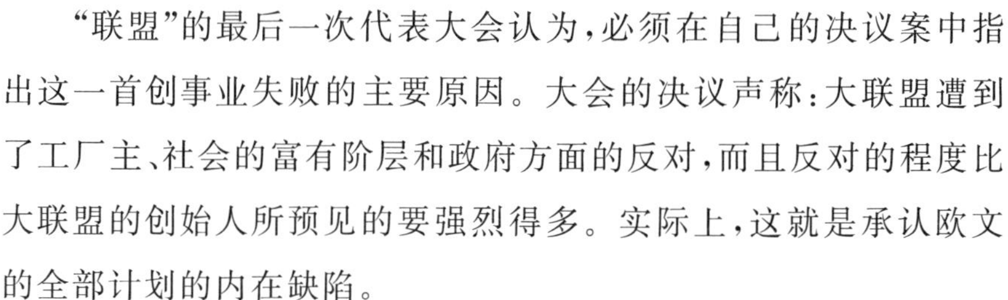

“联盟”的最后一次代表大会认为,必须在自己的决议案中指出这一首创事业失败的主要原因。大会的决议声称:大联盟遭到了工厂主、社会的富有阶层和政府方面的反对,而且反对的程度比大联盟的创始人所预见的要强烈得多。实际上,这就是承认欧文的全部计划的内在缺陷。

* * *

欧文的理论体系,也同他的实践计划一样,有许多矛盾的东西。在 19 世纪来说,他的唯理论哲学是幼稚的和陈腐的。在 19

① 《危机》杂志,第 3 卷第 31 期,见本卷第 246 页。

世纪20至40年代残酷的阶级斗争的条件下，他竟毫不动摇地相信和平改造社会的可能性，这是令人难于理解的。毫无疑问，同其他空想主义体系一样，欧文的学说也具有小资产阶级的特点。恩格斯在《英国工人阶级状况》中指出了欧文的社会主义的严重缺陷。这些缺陷是：他对待资产阶级宽容，他的性格“驯顺温和”，他的原则“抽象”，他不理解历史的发展，他反对工人阶级的“愤怒”，即对阶级斗争持否定态度，他宣扬“慈善和博爱”[①]。

欧文的社会主义“是在无产阶级同资产阶级之间的斗争尚未发展的最初时期”[②]出现的，这就是使它具有成为“批判的空想的”社会主义学派之一的特点的原因。欧文的思想在19世纪20年代开始渗入英国工人阶级，在30年代初最为流行。“全国生产部门大联盟”的失败，是欧文主义发展中的转折点。后来，欧文主义的宣传再也不受到群众的热烈欢迎了。英国无产阶级强大的阶级运动，即宪章运动，把欧文的空想主义推到次要地位。同一切空想主义体系一样，随着现实的阶级斗争的发展，欧文的体系也失去了任何历史根据，而他的学派则蜕化为反动的宗派。

虽然如此，欧文的历史功绩仍然是伟大的。他同其他伟大的空想主义者一样，对资本主义作了在当时来说是鲜明而深刻的批判。他不知疲倦地为他所理解的工人阶级的利益服务了四十年。他为共产主义——尽管是空想式的共产主义——的思想宣传了四

① 恩格斯：《英国工人阶级状况》。《马克思恩格斯全集》第2卷，人民出版社1957年版，第525页。

② 《马克思恩格斯全集》第4卷，人民出版社1953年版，第500页。

十年。为在立法上限制每天的工作时间,为实行劳动保护,为对工人群众进行教育,为对儿童实施公共教育而坚持不懈和满腔热情地进行斗争。他也曾试图(在伟大的空想主义者中间只有他一人如此)把社会主义改造问题同工人运动联系起来,虽然由于理论不充分而遭到了失败。在被科学共产主义誉为自己的先驱者的伟大思想家和活动家中,欧文完全有资格占有最前列的一席地位。

罗伯特·欧文传略

〔苏联〕费金娜

罗伯特·欧文1771年生于北威尔士的一个小城——纽汤。父亲是个手艺人，只能供儿子在乡村小学受初等教育。他四五岁时进乡村小学，七岁时就当低年级的小先生。他大量阅读各种书籍，以补充学校所学知识的不足。九岁时，欧文离开学校，到一家食品、小百货店工作，自谋生活，仍旧酷爱读书。

欧文十岁时离开父母，身上未带分文就去伦敦找他的大哥。从此以后，他便走上了独立生活的道路，从此再没有得到父母或兄长的物质帮助。欧文到伦敦后不久，就在斯坦福德一家批发商店里找到工作。他在这里工作了四年，利用老板的藏书继续自学。后来，他回到伦敦，在一家服饰品商店当店员，每年工资二十五英镑，并供给食宿。繁重的工作使少年欧文往往每天只能睡五小时。因此在1787年，他便欣然离开伦敦，到曼彻斯特找到了同样的工作，但是条件已经比较优越了。

曼彻斯特当时正大闹技术和经济改革，结果使这里有了世界上最大的棉纺织企业。1789年，十八岁的青年欧文辞去商店的工作，从哥哥那里借了一百英镑，和一个朋友合办一家生产走锭精纺机的小工厂。但是过了几个月，他的合伙人为了吸收另一个更有钱的企业主参加，便把他排挤出去。欧文利用分得的三台走锭精纺机,自己办了一家小工厂,共有三个工人,由他自己领导,结果取得了很大的成就。

这时,欧文的组织才能已被人们所赏识。一家大纱厂的厂主德林克沃特请他去当经理。欧文应邀开始管理一个有五百名工人的工业企业,当时他还不到二十岁。他很快就改进了生产过程,提高了产品质量。后来,他甚至成了这个企业的股东,但还是离开那里,尽管德林克沃特愿意取消原来的聘约,提出只要欧文继续留任,可付给他任何高额的薪金。这时,欧文在纺织业方面已经是知名人士,不久就成了一家大公司——“乔尔顿公司”(Chorlton Twist Company)的一位经理。

欧文在曼彻斯特期间,继续丰富自己的学识。不久以后,他便在曼彻斯特知识界享有声望。1793 年底,他加入曼彻斯特“文学哲学协会”,并积极参加协会的工作。这个协会联系着当地经济学和社会科学其他学科的知名人士。欧文曾在协会作过多次关于社会经济问题的报告。这个时期,对于他的未来活动,毫无疑问有很大帮助。

欧文的实业活动范围日益扩大。在格拉斯哥旅行期间,他结识了他未来的妻子——格拉斯哥的一个大企业主和慈善家戴维·戴尔的女儿。他又到新拉纳克(在苏格兰)去参观戴尔同环锭精纺机发明人阿克赖特合办的纱厂,在 1799 年以自己与人合办的一家公司的名义,从他未来的岳父手里买下了这个工厂。欧文接管这个企业后,迁居老拉纳克(在苏格兰),并在同年——1799 年——与戴维·戴尔的女儿结婚。

1800 年 1 月 6 日,欧文在新拉纳克开始担任拥有两千名工人的大纱厂的经理，同时又是这家工厂的股东。他的社会活动也就在这里开始了。

欧文把本厂的每日工作时间缩短为十小时又四十五分①，为工人的子女举办托儿所、幼儿园和模范学校，设立工厂商店，工人可以从这里买到比当地一般零售价便宜百分之二十五的食品和服装。厂方批发买进优质商品，由工厂商店零售给工人，所得到的少量利润，在支付一切开支后，每年约盈余七百镑，用作学校经费。欧文非常重视教育，认为它是培养性格的手段和改造社会的前提。虽然欧文的教育思想并没有在新拉纳克完全实现，但是新拉纳克的学校制度使得欧文的声名鹊起。欧文在著作中经常强调，儿童幼年生活中的印象容易在他的意识中长期保留下来。欧文说，德育应当从幼年开始，同时教育者所应依靠的不是儿童的记忆力，而是儿童的想象力，要唤起儿童对事物发生兴趣。新拉纳克的教学，对各种年龄的儿童都规定有娱乐和休息课目；年幼儿童的学习，全都是游戏课目。学校不收未满五岁的儿童；为这种儿童专门设立游戏园。在游戏园里，教导儿童不要欺负自己的小朋友，而应尽力协助小朋友，使他们快乐和高兴。1816 年，欧文在新拉纳克创办一所幼儿园，儿童在这里不同书本子打交道，而去认识日常生活事物。激发儿童的好奇心，为的是通过亲切友好的谈话来回答儿童提出的有关各种事物的性质和用途问题。

在 1806 年危机时期，工厂暂时停止生产，但欧文仍然全额支付工人的工资。尽管欧文采取了这一切措施，工厂的利润仍然很

① 按欧文自述为十小时半，参看本卷第 100 页。——中译者

高,因为欧文是一位优秀的组织者,而他的工厂管理也是十分出色的。但是,因为他用一部分利润创办的事业,在他的合伙人看来是没有生产利益的,这就造成他同这些股东之间的意见分歧,妨碍他执行规模日益扩大的计划。

其他股东的股份占资本总额的九分之八,所以表决权操在他们手里。欧文不愿意在管理企业方面没有行动自由,因而在1809年,提出以有利于原业主的条件,把工厂买了过来。欧文组织了新的合伙公司,自己的股份比以前增多了,但是他的新的合伙人仍然占有多数。新公司存在到1813年。严重的意见分歧再度爆发,迫使欧文在1812年辞去经理职务。他的合伙人坚决要求投标拍卖工厂,企图廉价把它盘下来。但是,他们的打算落空了。欧文又与同情他的计划的一些人,组织了新的合伙公司,在原公司宣布拍卖时买下这个工厂。

从1813年起,欧文除继续领导工厂以外,还常常离开新拉纳克,日益把时间和精力用来广泛宣传自己的思想。他的头两部著作即《关于新拉纳克企业的报告》和《新社会观,或论人类性格的形成》,就是这个时期的作品。后一著作引起了社会上的广大人士的注意,并曾多次再版。1816年初,在欧文创办的教育和教学机构的新建筑物落成时,他发表了《在新拉纳克性格陶冶馆开幕典礼上的致辞》。从此以后,欧文的声誉更高了,希望了解欧文的工厂管理方法和社会措施的个人和代表团,纷纷来访问新拉纳克。

1815年以后,欧文领导了争取工厂立法和限制每日工作时间的斗争。在格拉斯哥的一次公众大会上,欧文提出一系列改进棉、毛、麻、丝纺织企业的童工和成年工人状况的措施。欧文没有得到企业主们的支持，于是他到伦敦去，向政府和议会提出一项法律草案，其中规定：禁止雇用不满十岁的童工，限定不满十八岁工人的每天工作时间为十小时半以内，禁止未成年工人的夜班劳动，保证他们能够受到学校教育。为了监督这些规定的实施，欧文建议建立工厂监察员制度。为了搜集关于成年工人和童工状况的资料，欧文走访了许多工厂区。他查明了剥削工人（特别是童工）的一些可怕事实，如每天的工作时间长达十四至十五小时，使用八岁的童工，厂房不合卫生条件，进行体罚等等，都是到处存在的普遍现象。欧文利用统计材料继续为争取通过自己的法律草案而奋斗。为了进行更广泛的宣传，他出版小册子《论工业体系的影响》，阐述他旅行调查以后所得的结论。1816 年，下院成立一个审查法案的委员会，欧文向该会提供了他在旅行期间搜集到的材料并陈述了新拉纳克的劳动条件。但是，害怕自己的专横可能受到哪怕是微小限制的工厂主们，发动了反对这项法案及其起草人欧文的运动。他们想尽方法诬蔑欧文，破坏他的名誉。为此，有一伙工厂主前往新拉纳克，去搜集关于欧文的无神论思想方法和他袒护非国教徒等材料。

欧文为了维护这项法案，作了两年不屈不挠的斗争，因为法案在工厂主的压力下一再遭到砍削。1818 年，他两次发出保护这项法案的呼吁书：一次是给首相的，另一次是给反对法案的工厂主们的。

被修改得面目全非的法案终于在 1819 年成为法律，这时欧文对它已经兴趣索然，表示自己对所通过的这种形式的法律不承担责任。

差不多在为改善劳动条件而奋斗的同时,欧文还为实现他所制订的消除失业的计划进行了坚决的斗争。1817 年 3 月他向工业和劳动贫民救济协会成立的工业贫民救济委员会提出的报告书,成了欧文活动的一个新方向的起点。他在报告书里提出了成立以工业为副业的农业合作公社使贫民就业的计划。

1817 年 8 月,他发表一篇演说,攻击占有统治地位的教会和一般的宗教教义,尖锐地揭露它们所宣传的荒诞迷信和谬见。欧文在这篇演说里宣布,他不信奉任何宗教。欧文的这篇演说,使他失去了统治阶级中的很多朋友。

欧文的反宗教声明,加深了新拉纳克工厂的合伙股东对他的不满。但是,他在 1818 年出国到大陆上的法国、瑞士和德国旅行时,似乎还没有什么情况威胁他在新拉纳克的活动。他在这几个国家考察了学校教育事业,结识了一些政治活动家,并向神圣同盟阿亨会议提出两份《关于劳动阶级的备忘录》,在其中重申了他的学说的主要思想。

欧文回到英国以后,继续领导新拉纳克工厂数年,同时越来越注意宣传自己的思想。1819 年和 1820 年,他先后两次竞选议员,但都没有成功。在这两年中,他写成了使他成名的《致拉纳克郡报告》,他在这篇著作中阐述了他的社会理论和以合作新村为基础建立新的社会制度的计划。他把这份报告呈送给拉纳克郡的一个谋求解救居民贫困问题的委员会,当然不会收到任何实际效果。

在 19 世纪 20 年代后半期,欧文运动达到了很大的规模,合作社组织在欧文思想的鼓舞下相继成立。但是,欧文本人在这些年还很少参加这种运动。他在同其他股东取得最后协议,辞去新拉纳克工厂的管理工作以后，于 1824 年到了美国，试图在这里实现他建立合作新村的计划。他在印第安纳州从腊普派（或称和谐派）教会手里买下三万英亩土地和地面上的建筑物，成立了“新和谐公社”。一直到 1829 年，欧文的大部分时间都是在美国度过的，只是偶尔回英国办理新拉纳克工厂的事务。他同这个工厂最后断绝关系，是在 1828 年。但是，“新和谐公社”的实验也同在资本主义社会条件下建立类似公社的其他一切实验一样，在 1829 年以彻底失败而告终，几乎使得欧文的全部财产荡然无存。他所建立的公社解散了。欧文把一部分土地租给愿意保持公有经济的人，其余的大部分土地都不得不分散出卖。欧文的“共产主义”创举在资本主义条件下的失败是必然的，但是这个失败由于宗教上的意见分歧、民族偏见、特权阶级人物的个人主义倾向（他们加入了公社，但不愿意同劳动阶级人物同样劳动）、消费的增长超过生产等等而提前到来了。

欧文打算在墨西哥获得土地以便进行新的实验，但是没有成功，于是他把四个儿子留在美国，自己回到英国去了。这四个儿子随父亲迁到美国以后，就在那里定居。

欧文在美国发表的最后一次长篇演说，是谈论宗教问题的。这是他同坎贝尔牧师的辩论，后来出版了单行本。

欧文回到英国以后，继续同占有统治地位的宗教进行斗争。他在进行反宗教宣传的初期，倾向于无神论，而到后来，他的言论令人感到有越来越强的自然神论的倾向。

欧文的家庭生活始终没有摆脱不和睦的苦恼，这主要是由于他的无神论观点同他的笃信加尔文教的妻子的宗教观点的矛盾，以及妻子对子女进行宗教教育而引起的。欧文专心致志于范围日益扩大的活动和经常外出旅行,留在家里的时间越来越少。他按照自己的思想生活,并为这些思想而生活。

欧文在自己的子女中,只得到长子罗伯特·戴尔·欧文的支持和拥护。他是父亲在社会活动和文化活动方面的助手,曾积极参加欧文在美国进行的实验工作,以及《危机》杂志的工作,担任杂志的合编人。罗伯特·戴尔·欧文著有一部自传,名叫《我的经历》(*Threading my Way*),在1874年出版。

19世纪三十年代,是英国合作社运动和工会运动蓬勃发展的时期,当时的合作社常把消费合作和生产合作的职能结合在一起。欧文曾积极参加与这些运动有关的许多创业活动。一些合作社受他的思想的影响,后来都以组织欧文式的公社作为自己的任务。

1832年,在欧文的领导下,创办了“全国劳动产品交换市场”,根据劳动估价交换产品。这个市场得到工会和合作社组织的支持。市场设在夏洛特大街,这里就成了欧文主义在伦敦活动的中心。

三十年代初期,欧文也曾积极参加工会运动。1833年,按照欧文的方案,成立了“全国生产部门大联盟”;联盟的宗旨是联合全体生产者,彻底改造工业制度和社会制度。1834年2月,这个联盟通过了一个宪法或章程。按照这个章程,每个生产部门都成立独立的总部,各有自己的规章制度,各有自己的机构和管理委员会。在每个区,各个不同生产部门的区部组成区中心委员会,由这些中心委员会的代表组成全联盟的最高理事会,再选出由四名理事组成的执行机关。“全国生产部门大联盟”显然受到了欧文思想的影响。

这一切空想事业很快都失败了。从1835年起，失望的欧文便离开了工人运动。因为对政治改革和政治斗争采取否定的态度，欧文没有参加宪章运动。

欧文组织劳动公社（“和谐大厅”或称“皇后林”）的最后实验，从1839年开始，一直继续到1845年。但是，欧文的一些新创举只是再一次证明：在保存资本主义制度基础的条件下改造社会的尝试都必然破产。从1844年到1847年，欧文大部分时间住在美国。他在美国讲演和作报告，表现出了他那种年龄所罕见的精力。1848年革命期间，他正在巴黎。他在这里出版各种小册子，宣传他的体系，想把路易·勃朗、拉马丁和法国当时的其他政治活动家吸引到自己方面来。

欧文虽已年迈，但几乎在去世前几天还继续不倦地进行活动，不过已经远远离开了当时的工人运动。他给官方人士写过无数的信件和呈文，论证他的从道德和社会方面改造人类的学说。他召开过“世界改革家”代表大会、社会活动家代表大会等，在这些人数不多的会议上作报告和发呼吁，阐述他的道德观点和经济观点。欧文在他生前的最后五年，醉心于招魂术，从此在他的思想中招魂术现象同他的社会理论结合起来了。他的报告和讲演已经不着重经济和政治问题，而专谈道德问题和同宗教的斗争问题了。

日益衰落的欧文主义这时在伦敦的活动中心，是“文艺科学社”。到这里来的欧文主义者，极力想使欧文相信他还领导着声势浩大的社会运动，但在实际上，欧文主义早已过时了。

1857年，英国成立了“全国社会科学促进协会”，欧文给该会送去五篇报告,在协会的会议上宣读了两篇。次年,在利物浦召开的该会代表大会上,他还想作报告,可是刚说了几句话,就因为体力不支而中断。

欧文的最后一部著作是他的《自传》,在 1857 年出版;《自传》的第二卷于 1858 年他逝世前不久出版,其中附有早已发表过的重要论文和报告。欧文在 1858 年 11 月 17 日逝世。

欧文著作目录

1812 年

1. A Statement regarding the New Lanark Establishment.
《关于新拉纳克企业的报告》,1812 年匿名发表。

1813—1814 年

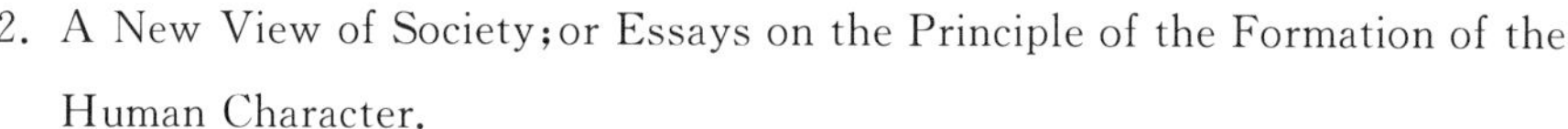

2. A New View of Society;or Essays on the Principle of the Formation of the Human Character.
《新社会观,或论人类性格的形成》,1813/14—1840 年间屡次再版。

1815 年

3. A Bill for Regulating the Hours of Work in Mills and Factories,1815.
《调整工厂工时法案》,1815 年。
4. Observations on the Cotton Trade of Great Britain,1815.
《论大不列颠的棉花贸易》,1815 年。
5. Observations on the Effect of the Manufacturing System.
《论工业体系的影响》,1815—1818 年间屡次再版。

1816 年

6. An Address delivered to the Inhabitants of New Lanark on Jan. 1,1816.
《1816 年元旦向新拉纳克居民的致辞》,1816—1841 年间屡次再版。
7. Report of the Committee on the State of Children in Manufactories. Parliamentary Papers,1816,v. Ⅲ.
《工厂童工状况调查委员会报告》,载《1816 年议会记录》,第 3 卷。

1817 年

8. Report to the Committee of the Association for the Relief of the Manufacturing and Labouring Poor, referred to the Committee of the House of Commons on the Poor Laws. 1817.
《致工业和劳动贫民救济协会委员会报告书,提交下院济贫法委员会》,1817 年。

9. New State of Society. Mr. Owen's Second Address, delivered at the "City of London Tavern" on August 21, 1817. 1817.
《新社会状况。欧文先生的第二次演说,1817 年 8 月 21 日在"伦敦中心区酒家"发表》,1817 年。

10. A New View of Society, extracted from the London Daily Newspapers of July 30 and Aug. 9 and 11, 1817.
《新社会观,摘自 1817 年 7 月 30 日、8 月 9 日和 11 日伦敦市的各日报》,1817 年。

11. Peace on Earth—Good Will towards Men: Development of the Plan for the Relief of the Poor and the Emancipation of Mankind. 1817.
《在地上平安——喜悦归与人:论救济贫民与解放人类的计划》,1817 年。

1818 年

12. A Letter to the Archbishop of Canterbury on the Union of Churches and Schools. 1818.
《关于教会和学校结合问题给坎特伯雷大主教的信》,1818 年。

13. A Letter to the Earl of Liverpool on the Employment of Children in Manufactories. 1818.
《上利物浦伯爵书论工厂雇用童工问题》,1818 年。

14. Reply on behalf of the London Proprietors to the Address of the Inhabitants of New Lanark. 1818.
《代表伦敦企业主答新拉纳克居民》,1818 年。

15. Two Memorials on behalf of the Working Classes; the First presented to

the Governments of Europe and America, the Second to the Allied Powers assembled... at Aix-la-Chapelle. 1818.

《代表劳动阶级提出的两份备忘录;第一份提交欧美各国政府,第二份提交神圣同盟的阿亨会议》,1818年。后来收进《理性制度的问答》,作为该书的附录。参看本目录第60条。

1819年

16. Proposed Arrangements for the Distressed Working Classes... in Three Letters to Mr. Ricardo. 1819.

《在给李嘉图先生的三封信中……关于安排贫苦劳动阶级的建议》,1819年。

1821年

17. Report to the County of Lanark of a Plan for Relieving Public Distress and Removing Discontent.

《关于消除社会贫困和不满的计划给拉纳克郡的报告》,1821年出版,1832年再版(即本选集第一卷所收《致拉纳克郡报告》。——中译者)。

1823年

18. An Explanation of the Cause of the Distress which Pervades the Civilized Parts of the World... 1823.

《关于世界文明地区普遍遭受穷困的原因的解释》,1823年。

19. Report of the Proceedings at the Several Public Meetings, held in Dublin... on the 18th March, 12th April, 19th April and 3rd May. 1823.

《关于1823年3月18日、4月12日、4月19日和5月3日在都柏林召开的几次群众大会的报告》,1823年。

1825年

20. Address to the National Association for the Promotion of Social Science, on its Second Annual Meeting. 1825.

《在全国社会科学促进协会第二次年会上的演说》,1825年。

21. Owen's American Discourses: Two Discourses on a New System of Society, as delivered in the Hall of Representatives of the United States.
《欧文在美国的演说,在美国众议院发表的两篇关于新社会制度的演说》,在 1825 年曾出版数次。
22. Speech by R Owen at New Harmony, April 27, 1825.
《罗伯特·欧文 1825 年 4 月 27 日在新和谐公社的演说》,1825 年。

1827 年

23. Address delivered by R. Owen at a Public Meeting in Philadelphia, June 25, 1827. 1827.
《罗伯特·欧文 1827 年 6 月 25 日在费城召开的群众大会上的演说》,1827 年。
24. An Address to the Agriculturalists, Mechanics and Manufacturers of Great Britain and Ireland... 1827.
《对大不列颠和爱尔兰的农民、技工和工厂主的讲话》,1827 年。
25. Memorial... to the Mexican Republic and to the Government of Coahuila and Texas. 1827.
《给墨西哥共和国以及科阿韦拉和得克萨斯政府的备忘录》,1827 年。

1829 年

26. Debate on the Evidences of Christianity held in the City of Cincinnati... 1829 between R. Owen and A. Campbell.
《1829 年罗·欧文同坎贝尔在辛辛那提市关于基督教验证论的辩论》,从 1829 年到 1900 年曾屡次出版。

1830 年

27. The Addresses of R. Owen... Preparatory to the Development of a Practical Plan for the Relief of All Classes. 1830.
《罗·欧文为准备推行解救一切阶级的实际计划所作的演说》,1830 年。
28. Lectures on an Entire New State of Society.

《关于新社会全部状况的讲演集》,在 1830 年出版,1841 年再版。

29. The New Religion, or Religion Founded on the Immutable Laws of the Universe. 1830.

《新宗教,或以宇宙的永恒规律为基础的宗教》,1830 年。

30. Outline of the Rational System of Society.

《理性社会制度论纲》,从 1830 年到 1871 年曾多次出版,并被译成几种外文。

1832 年

31. Association for Removing the Causes of Ignorance and Poverty by Education and Employment. Address to All Classes in the State... by R. Owen. 1832.

《通过教育和劳动消除无知和贫困的协会。罗・欧文……向全国各阶级的讲话》,1832 年。

1833 年

32. The Address of R. Owen delivered at the Great Public Meeting held at the National Equitable Labour Exchange, Charlotte Street, Fitzroy Square, on May 1, 1833. 1833.

《罗・欧文 1833 年 5 月 1 日在菲茨罗伊区夏洛特街全国劳动产品公平交换市场举行的群众大会上所作的演说》,1833 年。

33. Address to the Operative Builders, Aug. 26, 1833. cf. Postgate, R. W., Revolution from 1789 to 1906. London. 1920.

《1833 年 8 月 26 日对建筑工人的演说》,参看波斯特盖特:《从 1789 到 1906 年的革命》,伦敦,1920 年。

34. Lectures of Charity delivered by R. Owen at the Institution of New Lanark.

《罗・欧文在新拉纳克性格陶冶馆所作关于慈善的讲演》,1833 年出版,1834 年再版。

1835 年

35. Lectures on the Marriage of the Priesthood of the Old Immoral World,

delivered in the Year 1835, before the Passing of the New Marriage Act.
《1835 年新婚姻法通过前关于不道德的旧世界中神职人员的婚姻问题的讲演》,1835 年出版,1840 年再版。

1836 年

36. The Book of the New Moral World, containing the Rational System of Society. Part I.
《新道德世界书》(内载关于理性社会制度,第一篇),在 1836—1840 年间曾屡次再版,并被译成几种外国文。

1837 年

37. Essays on the Formation of the Human Character. cf. A New View of Society(No. 2).
《论人类性格的形成》,参看《新社会观》(本目录第 2 条),1837 年出版,1840 年再版。

38. Six Lectures delivered in Manchester previously to a Discussion between Robert Owen and J. H. Roebuck.
《罗伯特·欧文同罗巴克展开论战以前在曼彻斯特所作的六次演说》,1837 年出版,1839 年再版。
39. Robert Owen and Roebuck J. H. , Public Discussion.
《罗伯特·欧文同罗巴克的公开论战》,1837 年出版两次。

1838 年

40. The Catechism of the New Moral World.
《新道德世界问答》,1838—1840 年出版数次。
41. A Development of the Origin and Effects of Moral Evil and of the Principles and Practices of Moral Good. 1838.
《论恶行的起源和影响以及美德的原理和实践》,1838 年。
42. A Dialogue... between the Founder of "The Association of All Classes of All Nations"... 1838.

《"各国各阶级总协会"创办人与……的对话录》,1838 年。

43. Exposition of Mr. Owen's Views on the Marriage Question. 1838.
《关于欧文先生对婚姻问题的观点的解释》,1838 年。

44. The Marriage System of the New Moral world.
《新道德世界的婚姻制度》,在 1838—1840 年间屡次再版。

1839 年

45. Robert Owen on Marriage, Religion and Private Property and on the Necessities of Immediately Carrying into Practice the Rational System of Society to Prevent the Evils of Physical Revolution. 1839.
《罗伯特·欧文论婚姻、宗教和私有财产,兼论立即实行理性社会制度以预防实际革命所产生的灾祸的必要性》,1839 年。

46. The Temple of Free Enquiry, a Report of the Proceedings Consequent on Laying the Foundation Stone of the Manchester Hall of Science, with an Address by Robert Owen. 1839.
《自由探讨的神殿。关于曼彻斯特科学宫奠基后活动的报告,附罗伯特·欧文的演说词》,1839 年。

47. Report of the Discussion between Robert Owen and William Legg, which took place... March 5 and 6, 1839.
《关于罗伯特·欧文同威廉·赖格在 1839 年 3 月 5 日和 6 日展开论战的报告》,1839 年。

1840 年

48. Manifesto of R. Owen, the Discoverer and Founder of the Rational System of Society and of the Rational Religion.
《理性社会制度和理性宗教的发现者与奠基者罗·欧文的宣言》,在 1840—1841 年间出版数次。

49. Socialism, or the Rational System of Society. Three Lectures delivered in the Mechanic's Institute... 30th March, 3rd and 6th April, 1840.
《社会主义或理性社会制度。1840 年 3 月 30 日、4 月 3 日和 6 日在……

技工训练所发表的三次演说》,1840 年出版,1841 年再版。

1841 年

50. An Address to the Socialists on the Present Position of the Rational System of Society... delivered in May 1841. 1841.
《1841 年 5 月……关于理性社会制度的现况向社会主义者发表的演说》,1841 年。

51. Address to the Tories, Whigs, Radicals... to All Producers of Wealth and Non-producers in Great Britain and Ireland, on the Necessity of Providing a Sound Practical Education... for the Population. 1841.
《关于必须为居民提供健全的实用教育问题对托利党人、辉格党人和激进派……对大不列颠和爱尔兰的财富生产者和非生产者……发表的演说》,1841 年。

52. A Development of the Principles and Plans on Which to Establish Self-Supporting Home Colonies and Signs of the Times.
《论建立自给自足的国内移民区的原理和计划以及时代的标志》,1841 年出版两次。

53. Lectures on the Rational System of Society, derived solely from Nature, as propounded by R. O., versus Socialism derived from Misrepresentation... 1841.
《关于罗·欧文所提纯粹出于自然的理性社会制度与出于谬见的社会主义的演说》,1841 年。

54. Public Discussion between John Brindley and Robert Owen... What is Socialism?... held in Bristol... Jan. 5, 6 and 7, 1841.
《罗伯特·欧文和约翰·布林德利关于"什么是社会主义"问题的公开论战,1841 年 1 月 5 日、6 日和 7 日于布里斯特耳进行的公开论战》,1841 年出版两次。

1842 年

55. The Book of the New Moral World... Parts Ⅱ, Ⅲ. 1842.
《新道德世界书》,第 2 篇,第 3 篇,1842 年。

1844 年

56. The Book of the New Moral World, Part Ⅳ—Ⅷ. 1844. 1849.
《新道德世界书》,第 4—8 篇,1844 年。1849 年收集成书出版。

1849 年

57. Letters on Education... addressed to the Teachers of the Human Race in all Countries. 1849.
《教育问题书信集……致各国人民的教师》,1849 年。
58. The Revolution in the Mind and Practice of the Human Race. 1849.
《人类思想和实践中的革命》,1849 年。
59. A Supplement to the Revolution in the Mind and Practice of the Human Race.
《人类思想和实践中的革命补遗》,1849 年出版,1850 年再版。

1850 年

60. Catechism of the Rational System. 1850.
《理性制度的问答》,1850 年。
61. Robert Owen and James Bronterre O'Brien, State Socialism! 1850.
罗伯特·欧文和詹姆斯·布朗特尔·奥勃莱恩:《国家社会主义!》,1850 年。

1851 年

62. Calculations Showing the Facility with which the Paupers and Unemployed... May Be Enabled to Support Themselves within Most Desirable Circumstances by Cooperation. 1851.
《关于贫民和失业者……通过合作办法能够在最有利的条件下自行维持生活的设施的估计》,1851 年。
63. Letters on Government as It Is and as It Ought to Be, addressed to the Government of the British Empire. 1851.

《论政府的现状和应有状态。致不列颠帝国政府函》,1851 年。

1853 年

64. The Future of the Human Race.
《人类的未来》,1853 年出版,1854 年再版。

1854 年

65. The New Existence of Man upon the Earth. 8 Parts. № 1—5,1854;№ 6—8,1855.
《人在地球上的新生活》,共八篇,1854 年出版第 1—5 篇,1855 年出版第 6—8 篇。

66. Robert Owen's Address to the Human Race on His Eighty-fourth Birthday,May 14,1854,with his Last Legacy...1854.
《1854 年 5 月 14 日罗伯特·欧文八十四岁诞辰对人类的讲演及其最后遗著……》,1854 年。

1855 年

67. Inauguration of the Millennium. 1855.
《千年至福的开始》,1855 年。

68. The Millennium in Practice. 1855.
《实现中的千年至福》,1855 年。

69. Report of the General Preliminary Meeting on the Coming Millennium,1st Jan. 1855.
《1855 年 1 月 1 日关于即将来临的千年至福总筹备会议的报告》,1855 年。

70. Tracts on the Coming Millennium. 1855.
《即将来临的千年至福论丛》,1855 年。

1857 年

71. The Life of Robert Owen Written by Himself,with Selections from His

Writings and Correspondence.

《罗伯特·欧文生平自述和著作通信选集》,第 1 卷,1857 年出版,1920 年再版。

1858 年

72. The Human Race Governed without Punishment. 1858.
《不以惩罚制度管理的人类》,1858 年。
73. Supplementary Appendix to the First Volume of the Life of Robert Owen vol. I. A. 1858.
《罗伯特·欧文生平自述和著作通信选集第 1 卷附录增补》,1858 年。

* * *

译成俄文的欧文著作,只有《论人类性格的形成》一书。本书曾出版数次:1865 年和 1881 年,在彼得堡由 И. И. 比利宾出版;1893 年,在莫斯科也由 И. И. 比利宾出版;后来在 1909 年,收入 B. B. 比特涅尔编的《知识通报》,在彼得堡出版。

罗伯特·欧文主编或参加出版的期刊

1. The Crisis. 1832—1834.
《危机》杂志,1832—1834 年出版。
2. The New Moral World. 1835—1845.
《新道德世界》,1835—1845 年出版。
3. Weekly Letters to the Human Race. 1850.
《给人类的每周通信》,1850 年出版。
4. Robert Owen's Journal, explanatory of the means to well-place, well-employ and well-educate the population of the world. 1850—1852.
《罗伯特·欧文氏杂志》,说明世界各国人民获得良好境遇、良好职业和良好教育的方法。1850—1852 年出版。
5. Robert Owen's Rational Quarterly Review and Journal, 1853.
《罗伯特·欧文氏理性评论季刊》,1853 年出版。
6. Robert Owen's Millennial Gazette, 1856—1858.

《罗伯特·欧文氏千年至福新闻》,1856—1858年出版。

关于研究欧文的文献

К. Маркс. Капитал, т. I. М., 1949, стр. 101, 507.

马克思:《资本论》,第1卷,人民出版社1953年版,第82、615—616页。

К. Маркс. Политический индифферентизм, Маркс и Энгельс. Соч., т. XV, стр. 92.

马克思:《政治冷淡主义》,《马克思恩格斯全集》第18卷,人民出版社1965年版,第336页。

К. Маркс. Письмо к Кугельману от 9 октября 1866 г., Соч., т. XXV, стр. 418.

马克思:《1866年10月9日致路·库格曼的信》,《马克思恩格斯全集》第31卷,人民出版社1972年版,第533页。

К. Маркс. и ф. Энгельс. Манифест коммунистической партии, 1938, стр. 135—141.

马克思和恩格斯:《共产党宣言》,《马克思恩格斯全集》第4卷,人民出版社1958年版,第499—504页。

Ф. Энгельс. Положение рабочего класса в Англии, Маркс и Энгельс., Соч., т. III, М.-Л., 1930, стр. 517.

恩格斯:《英国工人阶级状况》,《马克思恩格斯全集》第2卷,人民出版社1957年版,第525页。

Ф. Энгельс. Антн-Дюринг, Маркс и Энгельс., Соч., т. XIV, стр. 19, 31, 152, 264—268, 298, 311, 358.

恩格斯:《反杜林论》,人民出版社1972年版,第16、31、153、273—276、310、322、340页。

Ф. Энгельс. Развитие социализма от утопии к науке, Маркс и Энгельс., Соч., т. XV, стр. 509, 516—518.

恩格斯:《社会主义从空想到科学的发展》,《马克思恩格斯全集》第19卷,人民出版社1963年版,第207、214—218页。

Ф. Энгельс. Предисловие к книге"Крестьянская война в Германии", Маркс и

Энгельс. ,Соч. ,т. XV ,М. ,1933,стр. 142.

恩格斯:《德国农民战争第二版序言》,《马克思恩格斯全集》第16卷,人民出版社1965年版,第446页。

В. И. Ленин. О кооперации,Соч. ,изд. 3-е,т. XXVII ,1936,стр. 396.

列宁:《论合作制》,《列宁全集》第33卷,人民出版社1957年版,第428页。

В. И. Ленин. Три источника и три составных части марксизма,Соч. , изд. 4-е,т. 19,стр. 7.

列宁:《马克思主义的三个来源和三个组成部分》,《列宁全集》第19卷,人民出版社1959年版,第7页。

А-н. Арк. Роберт Оуэн. Его жизнь,Yчение и деятелъностъ,М. ,1937.

阿尔科:《罗伯特·欧文及其生平、学说和活动》,莫斯科1937年版。

М. Беер. История социализма в Англии,М. -П. ,1923—1924.

比尔:《英国社会主义史》,上、下卷,商务印书馆1959年版。

С. Вебб и Б. Вебб. История тред-юнионизма,М. ,1923.

韦伯夫妇著:《英国工会运动史》,商务印书馆1959年版。

В. П. Волгин. История социалистических идей,ч. 2,М. -Л. ,1931.

沃尔金:《社会主义思想史》第二部,莫斯科—列宁格勒1931年版。

А. И. Герцен. Роберт Оуэн,Соч. ,т. 7,Женева,1879.

赫尔岑:《罗伯特·欧文》,《赫尔岑全集》第7卷,日内瓦1879年版。

Н. А. Добролюбов. Роберт Оуэн и его попытки общественных реформ. Полное собрание сочинений,т. IV ,М. ,1937,стр. 339.

杜勃罗留波夫:《罗伯特·欧文及其社会改革试验》,《杜勃罗留波夫全集》第4卷,莫斯科1937年版,第339页。

Э. Доллеанс. Роберт Оуэн,Харьков,1923.

多列安斯:《罗伯特·欧文》,哈尔科夫1923年版。

Дж. Д. Г. Колл. История рабочего движения в Англии,Л. ,1927.

柯尔:《英国工人运动史》,列宁格勒1927年版。

Дж. Д. Г. Колл. Роберт. Оуэн,М. -Л. ,1931.

柯尔:《罗伯特·欧文的生平》,莫斯科—列宁格勒1931年版。

В. Либкнехт. Роберт Оуэн. Его Жизнь и общественно-политическая деятельность.

威廉·李卜克内西:《罗伯特·欧文及其生平和社会政治活动》,俄文版。

Max Beer. Geschichte des Sozialismus in England, Stuttgart, 1913.

比尔:《英国社会主义史》,斯图加特1913年德文版。

G. D. H. Cole. The British Labour Movement, London, 1922.

柯尔:《英国工人运动史》,伦敦1922年英文版。

G. D. H. Cole. The Life of Robert Owen, London, 1930.

柯尔:《罗伯特·欧文的生平》,伦敦1930年英文版。

R. E. Davies. The Life of Robert Owen, London, 1907.

戴维斯:《罗伯特·欧文的生平》,伦敦1907年英文版。

Dictionary of National Biography (Since 1917), London, vol. XIV, pp. 1338—1346. "Robert Owen".

《英国人名辞典》(1917年以后),第14卷,伦敦英文版,第1338—1346页"罗伯特·欧文"条。

Edouard Dolléans. Robert Owen, Paris, 1907.

多列安斯:《罗伯特·欧文》,巴黎1907年法文版。

Edouard Dolléans. Individualisme et socialisme. Robert Owen, Paris, 1907.

多列安斯:《个人主义和社会主义。罗伯特·欧文》,巴黎1907年法文版。

The History of Cooperation in England: Its Literature and Its Advocates. 2 vols., London, 1908.

《英国合作史及其文献和鼓吹者》,两卷,伦敦1908年英文版。

Lloyd Jones. The Life, Times and Labours of Robert Owen, 2 vols., London, The Labour Association, 1900.

琼斯:《罗伯特·欧文的生平、时代和活动》,两卷,伦敦劳工协会1900年版。

W. Liebknecht. Robert Owen. Sein Leben und sozialpolitisches Wirken, Nürnberg, 1892.

威廉·李卜克内西:《罗伯特·欧文及其生平和社会政治活动》,纽伦堡1892年德文版。

J. McCabe. Robert Owen, London, 1920.

麦凯布:《罗伯特·欧文》,伦敦 1920 年英文版。

Frank Podmore. Robert Owen:a Biography,2 vols. ,London,1923.

波德摩尔:《罗伯特·欧文传》,两卷,伦敦 1923 年英文版。

Raymond William Postgate. The Builders' History,London,1923.

波斯特盖特:《建筑工人史》,伦敦 1923 年英文版。

William Lucas Sargart. Robert Owen and His Social Philosophy,London,1860.

萨加特:《罗伯特·欧文及其社会哲学》,伦敦 1860 年英文版。

Helene Simon. Robert Owen; sein Leben und seine Bedeutung für die Gegenwart,Jena,1905.

西蒙:《罗伯特·欧文的生平和他对现代的意义》,耶纳 1905 年德文版。

Helene Simon. Robert Owen,Jena,1925.

西蒙:《罗伯特·欧文》,耶纳 1925 年德文版。

Beatrice Webb. The Cooperative Movement in Great Britain,London,1893.

比·韦伯:《大不列颠的合作运动》,伦敦 1893 年英文版。

Sidney webb. Socialism in England,London,1899.

悉·韦伯:《英国的社会主义》,伦敦 1899 年英文版。

图书在版编目(CIP)数据

欧文选集．第2卷/(英)罗伯特·欧文著；柯象峰，何光来，秦果显译．—北京：商务印书馆，2017
(汉译世界学术名著丛书：120年纪念版：珍藏本)
ISBN 978-7-100-14444-5

Ⅰ．①欧…　Ⅱ．①罗…　②柯…　③何…　④秦…
Ⅲ．①欧文(Owen,Robert 1771-1858)—文集　②空想社会主义—英国—文集　Ⅳ．①D091.6-53

中国版本图书馆CIP数据核字(2017)第154803号

汉译世界学术名著丛书
(120年纪念版·珍藏本)
欧文选集
第二卷
柯象峰　何光来　秦果显　译
黄鸿森　沈桂高　校

商务印书馆出版
(北京王府井大街36号　邮政编码100710)
商务印书馆发行
北京新华印刷有限公司印刷
ISBN 978-7-100-14444-5

2017年12月第1版　　开本710×1000　1/16
2017年12月北京第1次印刷　　印张22
定价：110.00元